MW01068383

EL ROSTRO HISPANO
DE JESÚS

Raúl Zaldívar - Miguel Álvarez -
David E. Ramírez

Prólogo de Luciano Jaramillo

EL ROSTRO HISPANO DE JESÚS

Una visión cultural, hermenéutica y pastoral

Editorial CLIE
www.clie.es

EDITORIAL CLIE
C/ Ferrocarril, 8
08232 VILADECAVALLS
(Barcelona) ESPAÑA
E-mail: libros@clie.es
http://www.clie.es

© 2014 Raúl Zaldívar - Miguel Álvarez -
David E. Ramírez

*«Cualquier forma de reproducción, distribución,
comunicación pública o transformación de esta obra solo
puede ser realizada con la autorización de sus titulares,
salvo excepción prevista por la ley. Diríjase a CEDRO
(Centro Español de Derechos Reprográficos, www.cedro.org
<http://www.cedro.org>) si necesita fotocopiar o escanear
algún fragmento de esta obra».*

© 2014 Editorial CLIE, para esta edición en español

El rostro hispano de Jesús
ISBN: 978-84-8267-850-4
Depósito legal: B-26781-2013
Vida cristiana
Temas sociales
Referencia: 224856

Impreso en USA / Printed in USA

ÍNDICE GENERAL

Prólogo

Este es un libro de múltiple utilidad que toda persona interesada en el ministerio entre hispanos e inmigrantes debe leer, estudiar y aplicar. Útil no solo para el predicador y maestro que quiera profundizar en el tema de los temas: la persona de Jesús, su vida y enseñanzas contextualizadas en nuestro medio y cultura, sino útil para cualquier persona que desee penetrar en el mensaje eterno de la Palabra divina y comprender su significado y proyección para nuestro tiempo. Tres campos, entre otros, cubren con suficiencia y profundidad la temática de este libro: a) el campo teológico, b) el campo exegético y c) el campo pastoral, y los tres se complementan.

En el campo exegético se nos dan herramientas, criterios y recursos novedosos para penetrar el sentido del texto bíblico y desentrañar el significado viviente de la vida, persona y mensaje de Jesucristo. Los autores nos convencen de la actualidad de ese mensaje aquí y ahora, en el medio en el que Dios nos ha plantado, que es nada menos que en el de un país que no es originariamente el nuestro, pero que hemos adoptado como el «nuestro», y dentro de una cultura que evoluciona de la relativa uniformidad anglosajona a la pluralidad de mil colores y sabores que nosotros los hispanos, latinos o latinoamericanos le estamos insuflando.

Descubrimos entonces que el Evangelio de Jesucristo y la misión evangelizadora es *encarnacional*. El mensaje eterno e inmutable de verdad y vida toma la forma, «se encarna» en la realidad humana y la cultura que pretendemos evangelizar. Los autores nos enseñan que no hay otro camino para ser relevantes que el de la contextualización: contextualizar el mensaje y el ministerio y contextualizarnos nosotros mismos como mensajeros, realizando un ministerio *encarnado* en la realidad del inmigrante hispanolatino.

Para lograrlo debemos conocer el pueblo y la cultura; saber de su historia, de sus características, falencias, logros y fracasos y, sobre todo, de sus anhelos y proyecciones. Es en este punto en donde la primera parte del libro presta una invaluable ayuda de orientación y proyección antropológica moderna que orienta la acción pastoral dentro del marco de la desafiante realidad humana y social del inmigrante.

Este individuo y la comunidad que integra presentan un reto múltiple que abarca desde la complejidad de su tejido social rico y variado, aunque singular y unificado por la lengua y algunos rasgos comunes que caracterizan lo que llamamos «el inmigrante hispano», hasta los retos no menos importantes de la adecuada preparación teológica y ministerial necesaria para atender adecuadamente estos retos. Será la única forma de desempeñar un ministerio provechoso y adecuado en este medio.

Descubriremos que la predicación y el culto, el canto y la enseñanza, las relaciones pastorales y el ejercicio del liderato y el contenido de nuestro mensaje, basado en los principios eternos de la Palabra de Dios, se hacen más eficaces si los revestimos de las formas que apelen a la idiosincrasia de nuestro pueblo y apunten sobre todo a sus más sentidos anhelos, necesidades y esperanzas como inmigrantes. Este ejercicio antropológico de contextualización nos prepara para poner en práctica lo que Miguel Álvarez llama en la segunda parte del libro, «un modelo contextual innovador».

La hermenéutica como interpretación toma entonces formas y matices reveladores de lo que constituye el pensamiento teológico de nuestros pueblos latinos. Jesús mismo, como sujeto teológico que habla a la mente de nuestro pueblo y se mete en su corazón, se coloca en el centro de esa teología para hacerse realidad viviente, transformadora, a través de la predicación, la enseñanza y la evangelización.

Lo hermoso e interesante de este ejercicio, tal como lo proponen sus autores, es que nos proporciona un marco hermenéutico novedoso y funcional. Miguel Álvarez nos pasea por el panorama rico y variado de las «diferentes teologías latinas»; y estudia a Jesús específicamente como sujeto hermenéutico dentro del pensamiento y la experiencia latina, dentro de la nueva realidad que vive el inmigrante en los Estados Unidos. Este ejercicio hermenéutico se enriquece con la exploración de las corrientes teológicas y sistemas interpretativos que cruzan el espectro latino de este país. Este ejercicio nos ayuda a responder a la pregunta «¿Cómo interpreta el hispano las Escrituras?», y se nos propone un «método de interpretación integral» que incluye desde los agentes (la Palabra, el Espíritu, la historia y la tradición), hasta la misma comunidad de fe que en último término integra todos estos elementos para colocarlos al servicio del creyente y de la Iglesia. Estamos así preparados para afrontar los desafíos que la realidad latina nos presenta a nuestro ministerio desde el racismo y la discriminación, hasta el complejo problema migratorio con todas sus falacias y falencias.

Vamos entonces descubriendo —como decíamos al principio— la utilidad de este trabajo tan bien pensado, estructurado y presentado. Los hermanos Zaldívar, Álvarez y Ramírez están contribuyendo con esta obra a que el pueblo y la iglesia cristiana latinos hagan de sus ministerios en los Estados Unidos un instrumento de redención del inmigrante, facilitando y orientando la inalienable misión profética que Dios le ha dado a este pueblo y a esta iglesia en este específico tiempo de la historia.

Raúl Zaldívar nos describe lo que él llama «el rostro sufrido» de los hispanos en los Estados Unidos. Este interesantísimo ejercicio histórico con acertadas pinceladas sicológicas y socioculturales nos sitúan de frente a la realidad de carne y hueso del hombre y la mujer latinos, que debemos comprender para evangelizar y evangelizar para redimir. Y cuando logremos, como lo hace el autor, delinear un perfil del «hombre latino» o de «la mujer hispana», podremos entonces confrontarlos con el perfil de Jesús, ya no solo como un ente abstracto o sujeto teológico de una predicación lejana, sino como una realidad viviente integrada a su pueblo inmigrante, y solidario con sus necesidades, angustias y anhelos. Zaldívar delinea de forma genial a un Jesús con rostro de inmigrante, el mismo que exige un replanteamiento teológico del contenido y de la forma de nuestro mensaje.

En este mensaje debe aparecer el Jesús solidario con el hombre y la mujer latinos en sus ansias, proyecciones y desvelos. El rostro sufriente de Jesús que participa de la frustración y el dolor del inmigrante hispano que busca liberación, esperanza y solución a sus problemas profundos; entre otros, la separación familiar, la pobreza y la explotación, la discriminación y el racismo.

Aparece entonces una *nueva ética* basada en los principios eternos de la moral bíblica, pero replanteada por las realidades de un pueblo y un individuo como es el inmigrante, que exige respuestas concretas a sus males concretos de cuerpo y alma; a sus frustraciones y dolores causados por el *pecado* de una sociedad que en muchos casos se confiesa «cristiana», pero que en muchos de sus actos y actitudes contradice los principios fundamentales del mensaje y el Evangelio de Jesucristo.

De acuerdo con estas premisas, la Iglesia debe ejercer entonces su función profética a plenitud: a) denunciando el pecado, b) anunciando el Juicio de Dios, c) proclamando un mensaje de esperanza que comprende el hoy de nuestro pueblo y se proyecta hacia el más allá.

David E. Ramírez concreta y describe este ministerio en la parte conclusiva del libro. Se impone, nos dice, una nueva definición del ministerio de la Iglesia hispana. Ministerio en el que el inmigrante se convierte en «instrumento de misión», y emplea el hermoso pasaje de la historia de Noemí y Rut para ayudarnos a descubrir las penurias y pesares del inmigrante y las necesidades que acusa como desafío a la Iglesia hoy en día. Estos desafíos exigen un especial conocimiento de la realidad integral y concreta del inmigrante y una preparación ministerial de acuerdo con la misma realidad. Es decepcionante, por no decir escandaloso, que en ambientes como el del sur de la Florida, Texas, California y otros, donde un gran porcentaje de la población está compuesta por inmigrantes latinos, abunden los seminarios, institutos y escuelas teológicas que siguen practicando un modelo de educación tradicional anglosajón.

Así es difícil ejercer, como dice David E. Ramírez, un ministerio encarnado en el siglo xxi y en la realidad latina. Es, pues, grande el desafío de la preparación de ministros y agentes de evangelización estrechamente relacionados con la realidad migratoria hispana, que comprendan sus anhelos, su cultura y sus formas de expresarlos en la vida, en la oración, la adoración y el culto.

Solo así el pueblo y el individuo se convierten, como propone David E. Ramírez, en auténticos instrumentos de misión. Y podremos hablar con propiedad de una genuina *pastoral hispana* para nuestro pueblo latino inmigrante en los Estados Unidos.

Luciano Jaramillo
Presidente de la Sociedad Bíblica Internacional

Introducción

Esta obra tiene su lugar dentro del contexto hispano de los Estados Unidos. Es un intento por describir, en parte, la realidad humana, hermenéutica y misional del conglomerado que forma la comunidad cristiana en este país. A causa de la diversidad cultural, el libro toma en cuenta diferentes ideas y opiniones sobre la vida y el pensamiento de ella. Está escrito por autores que coinciden en aportar ideas y opiniones esperanzadoras. Esto último influye mucho en la presentación de un perfil variado y representativo de la diversidad, que es evidente en el pensamiento hispano en los Estados Unidos. La idea de escribir esta obra ocurre en un tiempo en el que un gran segmento de esta población sufre como consecuencia de las desventajas migratorias que surgen como respuesta a los ataques terroristas contra este país americano ocurridos el 11 de septiembre de 2001. A partir de esa fecha, las leyes migratorias han cambiado de manera notable y los grupos nativistas radicales del país han aprovechado la coyuntura histórica para rechazar a la población más indefensa entre los inmigrantes: los hispanos indocumentados.

Cuando se dio la ocasión de escribir este libro con Raúl Zaldívar, este inmediatamente entendió su idea y su propósito. Muy bien recuerdo las palabras de Raúl mientras transitábamos por algunas calles de Chicago: «es obvio que ese libro tiene su lugar y hay que escribirlo». Después de algún tiempo de diálogo ambos acordamos que era necesario redactar una propuesta que representara las ideas que habíamos compartido. Por otro lado, Raúl y yo también estuvimos de acuerdo en invitar a David Ramírez para que fuese el autor de la tercera parte del libro. Obviamente la experiencia misional de David ayudaría a establecer un balance en la concepción y la elaboración final del manuscrito. Por fin los tres convergimos en una reunión de trabajo, en Cleveland, Tennessee, donde nos pusimos de acuerdo para comenzar la tarea: Raúl Zaldívar se encargaría de la parte jurídica y teológica, David Ramírez estaría a cargo de la sección pastoral y yo abordaría la hermenéutica.

La experiencia de escribir esta obra en colaboración con mis colegas Raúl y David me ha enriquecido personalmente. Ambos son un ejemplo de compañerismo y solidaridad. Cuando se trata de crear e innovar, ambos son ejemplares. Los conozco desde hace muchos años y siempre me ha impresionado la calidad de su servicio en el reino de Dios y la habilidad que tienen para trabajar en equipo. Además son hombres muy flexibles y poseen una capacidad de liderazgo muy distinguida. Lógicamente, el lector de esta obra se dará cuenta de las diferencias en las opiniones de los autores pero también notará la solidaridad en el compromiso de estos con los hispanos de los Estados Unidos y su misión en la Iglesia cristiana. Esto último hará que el lector tenga un marco de referencia idóneo para interactuar con los temas aquí presentados.

Cuando aceptamos el reto de escribir este documento, tuvimos la convicción de que era una obra necesaria. La idea del libro era bastante clara, lo que resultaba difícil era el área de la integración de las ideas de los tres autores en representación de un conglomerado tan inmenso. En verdad, lo que mis colegas y yo hemos hecho es iniciar un proceso que intenta pintar el rostro hispano de Jesús desde la perspectiva humana, hermenéutica y misional, mediante la integración de las opiniones de tres autores hispanos inmigrantes.

No hay duda que *El rostro hispano de Jesús* es como un cuadro que tiene muchas formas y variaciones. En ese cuadro deben estar representados todos los hispanos. Para que eso suceda se hace necesario que cada uno de los autores incluya su parte en la obra. Esta pintura incluye multitud de combinaciones de colores, razas, acentos, culturas y tradiciones. Desde diferentes perspectivas, los intérpretes hispanos han dibujado usando el perfil de Cristo a una comunidad creciente, entusiasta y dispuesta a servir a su Señor. Pero más aún, cuando esta obra llegue a la comunidad destino, todavía harán falta aquellos que continuarán la pintura para llevarla a una siguiente etapa que es la tarea de la evangelización global transcultural, para la cual, Dios, en su propósito eterno, ha reservado a los latinos para darle el toque final al cuadro que presenta *El rostro hispano de Jesús*. Históricamente, a los hispanos no se los ha conocido como un pueblo misionero, así que esta será, sin duda, la última fase del cuadro que describe *El rostro hispano de Jesús* y para lograrlo, hay que comenzar a pintarlo ya.

En la primera sección de este libro, Raúl Zaldívar presenta una descripción y un análisis antropológico que ayudan a la formación de un criterio histórico para entender la realidad humana de la comunidad hispana inmigrante. Zaldívar es un autor prolijo y su contribución literaria a la comunidad latinoamericana es notable. Su formación en ciencias jurídicas y sociales le permite observar algunos elementos jurídicos, sociológicos y teológicos que forman parte de la teología de los inmigrantes hispanos en los Estados Unidos.

En la segunda parte, mi contribución consiste en ofrecer la propuesta de una hermenéutica hispana, con la presentación de un método diferente para entender la Escritura. Mi experiencia ministerial y teológica en el contexto centroamericano, especialmente en los últimos años de la guerra fría que afectaba a aquella región, me formó. Mi experiencia misionera en Asia me permitió ampliar mi comprensión del pensamiento de los inmigrantes, en particular cuando estos se trasladan a otro país por causa del Evangelio. En los Estados Unidos Dios me ha permitido servir como un educador y líder administrativo de mi denominación. A eso se debe mi insistencia en una metodología que sea idónea para tratar la Escritura con una mentalidad inclusiva.

En la tercera sección del libro, David Ramírez documenta la propuesta de una teología pastoral hispana que es solidaria con la realidad de los latinos en los Estados Unidos. Ramírez interpreta la condición inmigrante de la familia de Noemí, según el relato histórico del libro de Rut. En su posición misional y pastoral Ramírez presenta un análisis paralelo de la historia de los personajes alrededor de Noemí con la historia del pueblo hispano inmigrante en los Estados Unidos. Dentro de ese marco se presenta una línea mesiánica de esperanza, la cual se concreta a través de la redención lograda y aplicada en la persona salvadora de Jesucristo. Ese entorno le sirve como base para presentar un marco misional que amerita atención inmediata dentro del contexto de la pastoral hispana.

Los tres autores somos hispanos inmigrantes. Esto último es necesario aclararlo para que el lector comprenda mejor el marco de la discusión. Evidentemente hemos consultado y dialogado con otros hispanos que han nacido en los Estados Unidos, y con otros que también emigraron desde Cuba y Puerto Rico, en situaciones y circunstancias diferentes. Esto nos ha permitido ser capaces de ofrecer un ámbito de reflexión que propone un reordenamiento del pensamiento teológico entre los hispanos, que también incluye un diálogo serio sobre la condición actual de los inmigrantes de origen latino en este país.

La lectura de este libro requiere un conocimiento general de situaciones y contextos típicos de la historia de los pueblos y las culturas latinoamericanas. Además, requiere un estilo franco y abierto que permita ofrecer una alternativa idónea para el diálogo sano ente colegas de diferentes trasfondos culturales. La intención de los autores es ofrecer claridad y entendimiento del rostro hispano de Jesús, particularmente aquella área que tiene que ver con la realidad de los hispanos inmigrantes en los Estados Unidos. Con este libro el lector podrá entender mejor y formarse una opinión más acertada de las situaciones típicas que vive la comunidad hispana inmigrante en este país.

Miguel Álvarez,
Catedrático de Teología Exegética
Allentown, Pensilvania

El rostro de un pueblo sufrido.
Una aproximación social, jurídica y teológica

Raúl Zaldívar, catedrático de Teología Sistemática

A. Introducción

Fue en realidad una iniciativa del Dr. Miguel Álvarez,[1] obispo de la Iglesia de Dios, la de escribir *El rostro hispano de Jesús* con el objeto de presentar a un Dios que conoce nuestra historia; que conoce cómo hemos sido explotados y humillados en nuestros propios países de origen por las multinacionales estadounidenses; un Dios que entiende nuestra legítima aspiración a vivir una vida más digna y que nuestros hijos tengan mejores oportunidades para que desarrollen todo su potencial y puedan ser hombres y mujeres de bien; un Dios que mira nuestro diario sufrir cuando seguimos siendo explotados por las grandes compañías que nos pagan el salario mínimo porque la codicia de sus corazones no les permite ser solidarios y nos llevan a trabajar hasta la extenuación; un Dios que mira los insultos y el rechazo racial que sufrimos por parte de una sociedad que se cree que es superior. El rostro hispano de Jesús muestra a un Dios que mira cuando en una redada somos llevados a la cárcel, tratados como criminales y después de varios meses nos echan del país de un puntapié en el trasero sin importarles un pepino si tenemos hijos, esposo o esposa, que dejamos tirados con un profundo dolor y con una confusión mental inhumana por no saber cómo van a comer al día siguiente. El rostro hispano de Jesús no es blanco, rubio, de ojos azules o verdes. El rostro hispano de Jesús es un

---

1. Miguel Álvarez es un conspicuo teólogo de origen hondureño que fue presidente del Seminario AsiaPacífico de la Iglesia de Dios en Manila, Filipinas, por espacio de 10 años. Después se trasladó a los Estados Unidos donde ha vivido ya por muchos años. Como obispo de la Iglesia de Dios, que tiene que pastorear a más de doscientos pastores de la región Noreste de los Estados Unidos, ha tenido que conocer con profundidad y de primera mano la experiencia de muchos inmigrantes de primera generación que vienen a los Estados Unidos en busca del tristemente célebre sueño americano. En el marco de esta realidad, Dios pone en su corazón sistematizar reflexiones teológicas en torno a este fenómeno. Entendiendo la importancia de abarcar el tema desde diferentes ángulos, nos propuso escribir *El rostro hispano de Jesús,* tanto al profesor David Ramírez como a mi persona desde el campo de nuestra especialidad.

rostro de pelo negro, tipo indio, ojos negros o cafés, piel oscura y manos callosas. El rostro hispano de Jesús es el rostro de una persona que nos entiende, que nos ama, que empatiza, pero sobre todas las cosas, que nos da una esperanza, que nos dice que no estamos solos, que Él está con nosotros hasta el fin del mundo. El rostro hispano de Jesús que nos llama al arrepentimiento y a que le adoremos en espíritu y en verdad. Los hispanos que vivimos en los Estados Unidos o en Europa[2] necesitamos conocer ese rostro de Jesús, y necesitamos levantar a Jesús para que los angloamericanos o europeos vean que Dios también tiene un rostro hispano, como tiene un rostro negro o asiático, porque Dios tiene el rostro del hombre: *De tal manera amó Dios al hombre...*

Sin lugar a dudas, el dibujar el rostro hispano de Jesús es una enorme tarea y hemos tratado de hacerlo de la mejor manera y para lograr nuestro cometido, esta ponencia se ha dividido en cinco áreas. La primera tiene que ver con el origen de los rostros hispanos en Estados Unidos y España. En segundo lugar, nos centramos en el fenómeno de inmigración: aquí se trata todo lo que tiene que ver con la realidad tanto histórica como jurídica del pueblo hispano. En tercer lugar, nos centramos en un tema teológico como es la salvación, tema que es relacionado con el pueblo hispano. La cuarta área de trabajo es la ética, que comienza hablando de la ética de situación para luego abordar aquellas conductas más comunes entre el conglomerado hispano. Al final, nuestra última área de trabajo trata de lo relacionado con la Iglesia, donde se analizan temas de trascendental importancia, como la responsabilidad social de la Iglesia, el ministerio profético o las iglesias santuario, entre otros.

Es de suma importancia dejar claro que nuestra intención es que nuestros hermanos hispanos o sudamericanos conozcan algunos aspectos que podrían ser obvios y de poco interés para los eruditos pero de gran valía e información para ellos. Es en ese sentido que se ha intentado usar un lenguaje amigable al tocar temas que son pertinentes para cada uno, pero a la vez, que la reflexión les mueva el tapete y los haga tomar conciencia de nuestro papel en la sociedad y por consiguiente los lleve a tomar las acciones pertinentes para realizar grandes cosas que Dios espera que nosotros hagamos.

Por último, deseo expresar mi agradecimiento al reverendo Juan Carlos Valladares por su valiosa colaboración e interés en este proyecto y, sobre todo, por el toque de calidad que le puso a este trabajo.

Raúl Zaldívar, Jacksonville, Florida
www.raulzaldivar.com

---

2. La primera edición de *El rostro hispano de Jesús* solamente abarcaba la realidad del inmigrante en los Estados Unidos. Al tomar la decisión la Editorial CLIE de publicar la segunda edición de este libro, los autores decidieron incluir el fenómeno de inmigración europeo, especialmente el de los sudamericanos a España.

B. Los rostros hispanos en Estados Unidos y España

A los Estados Unidos se los llama el país de los inmigrantes. En sus inicios los inmigrantes fueron los europeos provenientes de Inglaterra e Irlanda que llegaban huyendo por razones religiosas o escapando de una persecución política y que fueron los que fundaron las llamadas Trece Colonias. También llegaron inmigrantes franceses que emprendieron grandes exploraciones y se establecieron en el delta sur del río Misisipi, y que en algún momento ayudaron a los anglos nacidos en territorio americano a independizarse de Inglaterra. Por otro lado, tenemos a los españoles que llegaron, en primera instancia, a la península de la Florida, donde fundaron el fuerte de San Agustín[3] y como era costumbre en aquella época, efectuaron sendas exploraciones. Por último, cabe señalar que hubo tanto españoles como criollos[4] procedentes de México que poblaron grandes franjas de territorio en lo que hoy se conoce como la Región Sur de los Estados Unidos, mucho tiempo antes que un anglo llegara a dichos territorios.

El caso de España es completamente diferente, puesto que desde épocas inmemoriales ha experimentado la inmigración de otros pueblos, como el caso de los judíos sefarditas o los musulmanes del norte de África. A efectos de este libro, lo que nos interesa es el fenómeno de la inmigración de los sudamericanos.[5]

En diferentes épocas y circunstancias, los rostros hispanos han ido apareciendo en Norteamérica hasta llegar a formar una comunidad pujante que crece a un ritmo acelerado y con un potencial enorme de desarrollo. En el caso de España, este fenómeno comienza a cobrar pujanza en los años ochenta del siglo XX. En esta sección, a manera de introducción, se abordarán los momentos en que los rostros hispanos fueron apareciendo en Norteamérica y España respectivamente.

1. El rostro de los mexicanos

Los mexicanos, que no llegaron ayer a Norteamérica, fueron rápidamente avasallados por el poder económico y político de los anglos, quienes

---

3. Se considera que San Agustín fue el primer lugar de Norteamérica donde un europeo puso el pie. En este caso el honor le corresponde a Juan Ponce de León, que se cree llegó en 1513.
4. Se le llama criollos a los descendientes de españoles que nacieron en el continente americano.
5. Para un español, 'sudamericano' es una persona nacida en Latinoamérica. Por tal razón, cuando nos refiramos al fenómeno de la inmigración en España utilizaremos el término 'sudamericano' que es el equivalente a 'hispano' en los Estados Unidos. Técnicamente ambos términos son incorrectos, puesto que hispanos son los Españoles y los sudamericanos son aquellos nacidos en Sudamérica, no en México, Centroamérica o el Caribe.

colocaron su bandera en el patio trasero de las casas de estos. Una serie de acontecimientos militares y políticos hicieron que las fronteras cambiaran de la noche a la mañana y que estos dejaran de ser ciudadanos mexicanos y se volvieran ciudadanos estadounidenses. Aunque el idioma, la cultura dijera otra cosa, fueron absorbidos por un poder más grande, y surgió así el rostro hispano de los mexicanos estadounidenses.

Los anglos, a pesar de que han pasado tantos años, los siguen considerando hispanos, y aunque esta ya es una generación más educada y ostenta cargos públicos de relevancia, por el hecho de ser vistos como hispanos, siguen siendo objeto de discriminación.

A continuación serán objeto de estudio los aspectos históricos de los méxicoestadounidenses y, luego, su posición actual en la sociedad estadounidense.

Aspectos históricos fundamentales[6]

Como es sabido, los anglos no controlaron todo el territorio que hoy conforma los Estados Unidos. El territorio bajo claro dominio anglo fueron las denominadas Trece Colonias. En el sur, por ejemplo, los españoles llegaron a la Florida directamente de España o del Caribe. En cambio, en lugares como Texas, Nuevo México, Arizona y California, entre otros, los españoles llegaron procedentes de México y efectuaron exploraciones desde el año 1530 hasta el año 1800.

Hubo otras potencias como Francia que incursionaron en el territorio con afán de conquista y colonización.[7]

Se puede afirmar que un antecedente del problema entre anglos e hispanos fue la independencia de las Trece Colonias[8] en el año de 1776, ya que

6. Es muy útil ver MORISON, S. et al.: *A Concise History of the American Republic,* Oxford University Press. 2.ª edición; págs. 237 y sigs.

7. Entre los años de 1670 y 1680 el explorador francés René Robert Cavelier de La Salle llega a Norteamérica con autoridad de Francia para gobernar desde el lago Míchigan hasta el golfo de México. Él se dio cuenta de la potencialidad del río Misisipi como una ruta de comercio, y reclamó para Francia una enorme extensión de tierra a la que dio el nombre de Luisiana en honor al rey Luis XIV en el año de 1682. Las ideas de este explorador eran de conquista, no solamente de fortificar la colonia, sino la de conquistar parte de México. Este territorio permaneció bajo la soberanía de Francia hasta el año de 1803, cuando Thomas Jefferson compró por la cantidad de 15 millones de dólares 2 144 476 kilómetros cuadrados de territorio. Vide. NOVAS, Himilce: *Everything You Need to Know About Latino History,* USA: A Plume Book. 3.ª ed.; págs. 61 y 66.

8. Aunque el 4 de julio se celebra en el actual territorio de Estados Unidos el Día de la Independencia, lo cierto es que aquel día se declaró la independencia de las Trece Colonias. El resto del territorio estaba en manos de franceses, españoles y, posteriormente, en manos de los mexicanos.

justo después de este acontecimiento político, se lanzó la política de «*Go West young man*» («Joven, ve al oeste»). Los anglos comenzaron a traspasar los linderos de los territorios que pertenecían a los hispanos y surgieron los conflictos. Otro de los mecanismos utilizados fue el comercio, puesto que los anglos ricos comenzaron llegar a las áreas económicamente deprimidas gobernadas por mexicanos quienes quedaron deslumbrados con las riquezas de estos. Es importante señalar que algunos anglos se casaron con mexicanos y se quedaron viviendo en lo que hoy es Nuevo México y Texas respectivamente. Cuando el presidente de México, Antonio López de Santa Anna, se dio cuenta del poder de los anglos sobre los mexicanos quiso declarar ilegal el comercio con estos, pero ya era muy tarde: los mexicanos estaban acostumbrados a este intercambio y a los dividendos que este generaba.[9]

Justo en esta época del siglo XIX hubo un sentimiento anglo de supremacía nacional que justificaba sus aspiraciones de extender las fronteras hasta el otro océano, el Pacífico. En los partidos Republicano y Demócrata se le llamó a este sentimiento el Manifiesto del Destino.[10] Los anglos estaban dispuestos a pagar cualquier precio y hacer lo que fuera por lograr su objetivo de extender sus dominios hasta el océano Pacífico.

En el caso específico de Texas, todo comienza con los Austin, padre e hijo. Reciben una autorización de España para crear comunidades anglos en Texas, justo cuando México gana su independencia. Al principio todo fue bueno hasta que los mexicanos se dieron cuenta lo que los anglos querían. Fue en este contexto en el que ocurrió la primera guerra entre México y Estados Unidos en 1846. Texas era un caos, hasta que proclamó su independencia en 1836 y tanto los anglos como los mexicanos sabían que no podían estar más tiempo bajo la Federación Mexicana. En aquel año se produjo el célebre episodio del Álamo, donde Santa Anna mató a 182 personas.

El 29 de diciembre de 1845 el congreso de Estados Unidos admitió al Estado de Texas como el estado 28 de la unión, con la esclavitud inclui-

---

9. NOVAS, Himilce: *Everything You Need to Know About Latino History,* op. cit., pág. 68.

10. El Manifiesto del Destino era una doctrina de los anglos que aseguraba que las tierras de los Estados Unidos eran divinamente dadas a aquellos europeos que se habían asentado en la Costa Este, su destino era clamar y apropiarse de la tierra que estaba entre los dos mares, que ellos aseguraban era la nueva tierra prometida para un nuevo pueblo. La contraparte de esta doctrina era la del providencialismo que era sostenida por los españoles, quienes aseguraban que habían sido escogidos por Dios para salvaguardar a la religión católica y que, por lo tanto, Dios los había escogido para esta misión especial. Como es obvio, estas posturas ideológicas marginaban a los hispanos a quienes había que expropiar o hacerlos católicos a como diera lugar. Para más información sobre este tema, vide. Novas, Himilce. *Everything You Need to Know About Latino History,* op. cit., pág. 68 y sigs. y De la Torre, Miguel y Edwin Aponte: *Introducing Latino Theologies, Maryknoll (Nueva York): Orbis Books, 2001,* pág. 39.

da.[11] En ese mismo año México rompe relaciones con los Estados Unidos y comienza una guerra entre ambos países.[12] Con el tristemente célebre Tratado de Guadalupe Hidalgo, firmado el 2 de febrero de 1848, México cedió más de la mitad de su territorio y dejó alrededor de ochenta mil de sus ciudadanos bajo el gobierno de los Estados Unidos.[13] Es importante señalar que el tratado marcaba que se iban a respetar las propiedades de los mexicanos, pero la realidad mostró otra cosa: los estadounidenses despojaron a los mexicanos de las tierras que habían ocupado durante años, simplemente por no tener una documentación de acuerdo a la legislación de Estados Unidos.

Por ahora, es más que suficiente lo que se ha relatado, la historia de los mexicanos estadounidenses es mucho más amplia, pero ha quedado claro el origen hispano en el sudeste del territorio estadounidense y cómo estos fueron conquistados o despojados en virtud de la superioridad y ansia de poder del anglo.[14]

Aspectos prácticos de esta realidad

En la actualidad, los mexicoestadounidenses son individuos que tienen una posición en esta sociedad; han ido a la universidad, se han introducido en la política con éxito y algunos de ellos han cruzado los linderos de la clase media y son exitosos empresarios. Algunos aspectos prácticos de estos hispanos son los siguientes:

11. Aunque el Estado de Texas se separó en 1861, fue readmitido nuevamente en el año de 1870.
12. La gota que colmó la paciencia de los mexicanos fue la oferta anglo de comprar California, Nuevo México y parte de Texas por 23 millones de dólares.
13. El Tratado de Guadalupe Hidalgo que puso fin a la guerra mexicano-estadounidense, se firmó el 2 de febrero de 1848 en la localidad de Guadalupe Hidalgo, hoy parte de la delegación Gustavo A. Madero, en la ciudad de México. Esta guerra marcó el crecimiento de los Estados Unidos y significó para México un duro revés. En este tratado quedó marcada, por el río Bravo, la frontera con Texas; México fue despojado de cerca de 2 300 000 km^2 de territorio, lo que equivalía a más de la mitad del territorio mexicano de esa época. Dichos territorios son actualmente: California, Nuevo México, Arizona, Texas, Nevada, Utah y parte de Colorado y Wyoming. Como indemnización, los Estados Unidos pagó a México 15 millones de dólares; también se estipulaba en el documento que se respetarían las propiedades de los mexicanos en los territorios arrebatados, lo cual no se cumplió. Para muchos historiadores mexicanos, con este tratado se cerró la página más negra del México independiente y uno de los peores crímenes en la historia de la humanidad.
14. Para más información sobre los mexicanos de los Estados Unidos será interesante ver los siguientes libros: SHANE, C. J. (editor): *The Mexicans,* USA: Greenhaven Press, 2005; RODRÍGUEZ, Gregory: *Mexican Immigration and the future of race in America,* Nueva York: Pantheon Books, 2007.

- Los méxico-estadounidenses, aunque son ciudadanos estadounidenses por nacimiento y han estado más tiempo en los Estados Unidos que muchos anglos, son etiquetados como hispanos.

- Aunque hablan inglés sin acento y muchos tienen una educación sólida, sus apellidos y la huella del mestizaje en su piel los delata como hispanos.

- Aunque la ley claramente lo prohíbe y la ética condena la discriminación por razón de raza, la verdad es que la discriminación existe. El anglo medio no establece diferencias entre un méxicoestadounidense y un hispano que cruza el río: para él todos son hispanos y, por lo tanto, gente pobre, con escasa educación y sufren los demás flagelos que abaten a Latinoamérica.[15]

- Para algunos, la etiqueta de hispano les pesa tanto que, si la marca del mestizaje no es evidente, han optado por cambiarse el nombre para realizar el *cross over*, para cruzar.[16]

- Los mexicanos estadounidenses miran como inferiores a los hispanos que cruzan el río o que no tienen *la señoría* que ellos creen tener frente al resto de los hispanos y de los mexicanos en particular.

Una vez puesta en perspectiva la comunidad mexicana estadounidense es necesario abordar el tema de los puertorriqueños.

15. Este punto es ampliamente desarrollado por Miguel de la Torre, y Edwin Aponte, en *Introducing...*, op. cit. págs. 26 y sigs.

16. Uno de los ejemplos clásicos es el de Antonio Rodolfo Quinn Oaxaca, que nació en Chihuahua, México. Después se trasladó al este de Los Ángeles donde hizo de todo hasta que llegó a Hollywood donde fue una celebridad. En la entrega de premios de la Herencia Hispana en el año 2000 dijo en tono jocoso: «He sido un auténtico griego, un auténtico italiano, un auténtico iraní y es agradable, finalmente, ser conocido como un auténtico mexicano». A este hombre el mundo lo conoció como Anthony Quinn. Este fenómeno no solo se da en hispanos de origen mexicano, sino de otras nacionalidades, como es caso de Ramón Estévez, cuyo padre era un español que llegó a los Estados Unidos procedente de Cuba. Ramón Estévez quería ser actor, pero pronto se dio cuenta que con su nombre hispano solo conseguía papeles étnicos. De ahí que decidiera cambiarse su nombre, por el que es conocido en el mundo entero como uno de los actores más reconocidos: Martin Sheen. Las historias de otros hispanos famosos pueden encontrarse en RODRÍGUEZ, Robert y ORR, Tamra: *Great Hispanic Americans*, USA: Publications International (la primera historia en la página 98 y la segunda en la página 112). También huelga señalar que hay personalidades que han triunfado en el mundo anglo con sus nombres hispanos, como es el caso de Óscar de la Renta y Carolina Herrera, quizá por tener los nombres adecuados, pero hay personas que nacen con nombres como Desiderio Alberto Arnaz, que tienen que maquillarlo para lograr cruzar. De manera que Desi Arnaz sonó mucho mejor en el célebre *show* de los años cincuenta, *I Love Lucy*, donde interpretó el recordado personaje de Ricky Ricardo.

2. El rostro de los puertorriqueños

Puerto Rico fue históricamente el último reducto español en el nuevo continente. En la actualidad, por decreto del Congreso de la Unión sus habitantes poseen la ciudadanía estadounidense y tienen el estatus de Estado libre asociado. De esta manera se constituyen en el único conglomerado hispano bajo la égida del Gobierno estadounidense. Algunos historiadores se refieren a los puertorriqueños como un pueblo conquistado y, técnicamente hablando, es posible que así sea; sin embargo, desde la perspectiva jurídica es un pueblo cedido por España al perder la guerra de 1898 y, si se quiere expresar de una manera vulgar, constituyen un botín de guerra.

En este apartado serán objeto de estudio algunos aspectos que nos permitirán entender mejor a los hispanos de Puerto Rico.

Aspectos históricos

Igual que el resto de las islas de las Antillas Mayores, Puerto Rico fue conquistado y después colonizado por los españoles.[17] Se puede decir que fue uno de los últimos reductos españoles en el nuevo mundo.

El 25 de abril de 1898 marca el inicio de la guerra entre los Estados Unidos y España[18] por Cuba, que estaba bajo el dominio español desde la época de Colón. Los Estados Unidos derrotaron a los españoles, que tuvieron que salir tanto de Cuba como de Puerto Rico y firmar el tratado de París el 10 de diciembre de 1898. En este tratado se cedía a los americanos Cuba, Puerto Rico, las Filipinas, la isla de Guam y Wake. En otras palabras, todos los territorios bajo la égida de España. Algunos de estos territorios aún permanecen bajo la soberanía estadounidense, como la isla de Guam, en el Pacífico, y Puerto Rico, en el Caribe.

---

17. Juan Ponce de León fue el primer gobernador de la isla. Este es el mismo conquistador que había fundado la primera ciudad en el territorio que hoy es Estados Unidos.

18. Es importante señalar que en esta época estaba en boga la doctrina Monroe, promulgada en 1823 por el presidente de los Estados Unidos, el señor James Monroe. Esta doctrina se basaba en cuatro puntos, de los cuales vamos a referirnos al cuarto: «...el continente americano, por la libre condición que ha asumido y que mantiene, no está abierto por más tiempo a la colonización europea». Vide. SEPÚLVEDA, César: *Derecho internacional*, México: Editorial Porrúa, 1984; págs. 344 y sigs. Esta doctrina legitimó cualquier guerra que los Estados Unidos emprendiera contra cualquier potencia europea, en este caso España. Lo curioso y contradictorio de los Estados Unidos ocurrió durante la guerra de las Malvinas, entre Gran Bretaña y Argentina, en abril de 1982: los Estados Unidos tomaron partido por el Reino Unido y dejaron sola a la Argentina. De esta manera ellos mismos contradecían la doctrina Monroe, dejando grandes interrogantes en los países del continente.

Con todas las diferencias del caso, a los puertorriqueños les ocurrió algo similar que a los mexicanos de los Estados Unidos: de un día para otro dejaron de ser españoles para convertirse en estadounidenses.[19] Allá comenzó una lucha política hasta que Luis Muñoz Marín salió con la nomenclatura de Estado Libre Asociado, que fue la decisión que la gente de la isla tomó después que el Congreso aprobara la Ley 600 en el año de 1950.

El Gobierno estadounidense le dio a Puerto Rico el derecho de elegir a su gobernador y de tener jurisdicción sobre ciertos asuntos de administración local, reservándose el derecho en temas de inmigración, militares, entre otros.

En resumen, los puertorriqueños nacen como ciudadanos estadounidenses, pueden vivir en cualquier parte de los cincuenta Estados y tener todos los derechos de un anglo. Esa realidad los diferencia de los hispanos que proceden de Latinoamérica, que tienen que vivir otra experiencia completamente diferente.

Aspectos prácticos

- Los puertorriqueños son considerados como hispanos por los anglos y, como consecuencia, se los discrimina.[20] En ciudades como Nueva York se acostumbraba a preguntar si el español que una persona hablaba era de Puerto Rico o de Castilla. Si contestaba que era el primero, no conseguía el trabajo.

- En la actualidad hay muchos hispanos de origen puertorriqueño que se han introducido en la política con éxito.

- Aunque el puertorriqueño se considera hispano, no vive la misma realidad ni tiene el mismo sentimiento que el hispano que proviene de América Latina. La razón es simple: ellos son ciudadanos estadounidenses de nacimiento y tienen todos los derechos desde que nacen; en cambio, los otros tienen que ganarse esos derechos después de muchos años y siempre con limitaciones.

---

19. Aunque el estatus de ciudadanos estadounidenses lo obtuvieron bajo la presidencia de Woodrow Wilson, cuando este firmó la Ley Jones el 2 de marzo de 1917. Esto quiere decir que hubo un vacío jurídico de 19 años en los cuales las personas nacidas en Puerto Rico estaban en un limbo.
20. Se recomienda ver la experiencia personal de Edwin David Aponte, relatada por él mismo en su libro DE LA TORRE y APONTE: *Introducing…*, op. cit. págs. 2 y sigs.

3. El rostro de los cubanos

Cuba es uno de los últimos países en ganar su independencia de España, en el año 1902. A partir de aquel momento, los Estados Unidos ejercieron una influencia muy grande en la vida de la isla. Las desigualdades sociales y el pensamiento político en boga en aquella época llevó a los cubanos a un cambio drástico de modelo económico que provocó una inmigración impresionante de personas, de forma especial a Miami, el lugar más cercano a la isla.

Aspectos históricos

Aunque Cuba es liberada del dominio español en 1898 por los Estados Unidos, no obtiene su independencia hasta el año 1902, cuando eligió a su primer presidente, Tomás Estrada Palma. En 1959, Cuba cae en poder del comunismo y surge una dictadura de partido, llamada por los filósofos marxistas «la dictadura del proletariado».

Lo cierto es que este acontecimiento político marca un fenómeno de inmigración de cubanos a los Estados Unidos. Estos salen en una estampida sin precedentes y llegan a Miami. La mayoría de ellos llegaron sin nada, pero en muy pocos años se habían apoderado de la ciudad y de todas las áreas circunvecinas. En la actualidad, han adquirido un poder político, económico y social que los ha puesto en un lugar de cierto prestigio. Si bien es cierto que siguen siendo hispanos y estos, en consecuencia, son discriminados, se puede afirmar que este rostro hispano cuenta con mayor respeto y consideración por parte de la comunidad anglo. Los cubanos estadounidenses vinieron a conquistar a los anglos.[21] En Miami, por ejemplo, es usual ver un rótulo que diga *We speak* English en contraste con el «Hablamos español» que solía verse con anterioridad. Los cubanos gozan de mucha influencia en el comercio, la política, los medios de comunicación y muchos otros sectores de la sociedad; han adquirido relevancia nacional con los congresistas y el senador que los representa. La «ley de los pies secos», es una muestra de cierta preferencia que los anglos les tienen.

Aunque los cubanos que llegan por primera vez tienen la misma condición que aquellos que llegan de América Latina, una vez que estos alcan-

---

21. En este mismo sentido se pronunció DE LA TORRE y APONTE: *Introducing...*, op. cit. nota de pie de página número 20, página 165, donde señala que «El condado de Dade en el sur de la Florida se ha convertido en la única área de los Estados Unidos donde hispanos de primera generación dominan políticamente la ciudad, llevando a los cubanos a puestos de autoridad y convirtiéndose este en un fenómeno que debe ser objeto de estudio».

zan un nivel de vida mejor, pasan a formar parte de una élite dentro del mundo hispano de los Estados Unidos, quizá por la consigna ideológica anticastrista que los une y que los diferencia de cualquier otro grupo hispano de los Estados Unidos: ellos son el pueblo del exilio.[22]

Aspectos prácticos

Si vamos a hablar claro, vamos a tener que reconocer que la comunidad cubanoestadounidense es el grupo hispano que mejor vive en los Estados Unidos. La gran mayoría de los que emigraron a Miami eran descendientes directos de españoles[23] y muchos de ellos eran personas de alta alcurnia.

- El cubanoestadounidense que emigró a Miami era mayormente de origen europeo
- Aunque llegaron sin nada, la gran mayoría de ellos se dedicaron al comercio y emprendieron negocios que, a día de hoy, ha convertido a varios de ellos magnates en diferentes áreas de la actividad económica, no solo de Miami, sino de los Estados Unidos.
- Los cubanoestadounidenses llegaron a Miami para conquistarla y lo han hecho. En primer lugar, el idioma que se habla en el sur de la Florida es el castellano, el comercio en Flagler y en los grandes centros comerciales es de origen cubano y tanto las autoridades de la ciudad como los representantes al Congreso y al Senado de los Estados Unidos son cubanosestadounidenses.[24]
- Los cubanoestadounidenses, a diferencia de los otros hispanos, han tenido una consigna que es como un combustible que les ha dado energía

22. Este es el mismo fenómeno que experimentó el pueblo judío en Babilonia durante los setenta años que duró su exilio. La gente que experimenta un exilio vive siempre añorando su tierra, su cultura, su comida y esperando el día que el comunismo desaparezca para regresar a reconstruir los muros caídos de su Jerusalén. Mientras tanto, los cubanos siguen viendo *Tres Patines* por su cadena nacional de televisión Mega TV y siguen cantando el poema de Luis Aguilé: «Cuando salí de Cuba deje mi vida…».

23. Este es un tema para discutirlo y debatirlo con toda la responsabilidad que merece, el hecho de afirmar que el elemento étnicogenético tenga que ver directamente, porque los cubanoestadounidenses, y aún aquellos de primera generación, han alcanzado un estatus que los otros hispanos de Estados Unidos todavía sueñan. Mientras César Chávez luchaba por mejores salarios de los méxico-estadounidenses explotados, Jorge Mas Canosa un hombre que lideró a los exiliados cubanos hasta su muerte en 1997, entraba como Juan por su casa en las oficinas de los hombres de poder en Washington. Este es el tipo que cosas que valdría la pena analizar.

24. Para mayor información sobre los cubanos estadounidenses, vide. ANTÓN, Alex y HERNÁNDEZ, Roger: *Cubans in America. A vibrant History of a people in Exile*, USA: Kensington Books, 2002.

e identidad y que los ha mantenido fuertes: el derrocamiento del comunismo de la isla.

- Los cubanoestadounidenses controlan varios medios hispanos de comunicación de divulgación nacional donde muestran al resto de los hispanos y del mundo su cultura, su lucha política y sus puntos de vista.[25] Quizá esta sea la diferencia principal entre los medios controlados por mexicanos y cubanos de los Estados Unidos, que estos últimos cuentan con un elemento ideológico y político que no tienen los otros.

- A pesar que los cubanoestadounidenses son hispanos, los anglos tienen mayor respeto por ellos que por los hispanos de otro origen. Quizá sea por la afinidad de filosofía anticomunista del anglo tradicional.

- La ley de pies secos[26] nos muestra la influencia de los cubanos estadounidenses sobre los anglos. Si bien es cierto que la travesía de 145 kilómetros por mar es una odisea para un cubano y que en el mismo momento que pisa territorio de Estados Unidos lo hace objeto de derechos adquiridos y no puede ser deportado, tampoco es menos cierto que la travesía de más de mil quinientos kilómetros que los centroamericanos viajan en busca de su libertad es menos meritoria; empero, si estos son capturados al cruzar la frontera, son deportados en el momento. La pregunta es ¿cuál es la diferencia? Los cubanos huyen de la opresión política. Los centroamericanos huyen de la opresión económica, de la podredumbre y corrupción de los gobiernos de turno.

Una vez estudiado todo lo relacionado a la comunidad cubanoestadounidense se introduce el tema que abarcará el resto de la investigación, los hispanos que provienen de Latinoamérica.

4. El rostro del resto de los latinoamericanos

A principios del siglo XX, los Estados Unidos comenzaron a desarrollar una política de colonialismo en Latinoamérica, que en aquella época era una región realmente subdesarrollada. Las primeras incursiones colonialistas que los estadounidenses realizaron al subcontinente se realizaron bajo el rubro minero o el agrícola con el banano. Esto acarreó como consecuencia la creación de una infraestructura y una hegemonía política sobre la región que llegó al extremo de poner y quitar presidentes.

---

25. El *show* de *María Elvira Live* por Mega TV es un paradigma de esto.
26. Esta ley entró en vigor mediante un decreto presidencial de 1994. El decreto establece que los cubanos interceptados en el mar deben ser repatriados, mientras que los que logren pisar tierra pueden permanecer en el país, y después de un año y un mes obtienen la residencia.

Hasta bien entrado el siglo XX, a los Estados Unidos poco les importó el desarrollo de Latinoamérica. A ellos les interesaba la explotación de nuestros recursos naturales, y en ese sentido consiguieron sendas concesiones para explotarlos a cambio del retorno de unos beneficios insignificantes.

El resto de este trabajo de investigación se centrará en este sector de la comunidad hispana que, si bien es cierto, tiene elementos que lo une a lo anteriormente tratado, ambas comunidades son completamente diferentes y merecen un tratamiento distinto. Según nuestro criterio, este es el sector de la comunidad hispana más vulnerable y menos favorecido, de manera que el resto de nuestro esfuerzo estará dedicado a él, con el afán de entender su historia, entorno actual y posibilidades en el mediano y largo plazo.

En esta sección se ha expuesto todo lo relacionado con el origen de los rostros hispanos en los Estados Unidos:[27] cómo emigraron y se asentaron los diferentes grupos, que, hoy por hoy, son la minoría más grande. A partir de ahora nuestro esfuerzo irá dirigido a los inmigrantes procedentes de Latinoamérica.

5. El rostro de los sudamericanos en España

El rostro de los sudamericanos lo vamos a ver en muchos sectores de la sociedad española, como en el sector servicios, la construcción, el trabajo informal y, por supuesto, en la Iglesia.

Físicamente, el rostro de un sudamericano se distinguirá por la pigmentación de su piel, sus rasgos indígenas en algunos casos y, por supuesto, por el acento. Aunque hablamos el mismo idioma, un español tardará unos segundos en darse cuenta de que está hablando con un sudamericano por el acento.

A continuación se expondrán brevemente algunos aspectos históricos de la migración sudamericana a España y, después, algunos aspectos prácticos sobre ella.

Aspectos históricos

Por razones obviamente históricas entre Latinoamérica y España siempre ha habido un flujo migratorio. Después de la guerra civil española

---

27. Huelga señalar que en esta sección se obvió a los hispanos de la franja, es decir, aquellos que viven en la región fronteriza de México y Estados Unidos. No porque ellos sean menos importantes, sino porque los podemos enmarcar dentro de los méxico-estadounidenses, aunque lo correcto sería decir que son una subdivisión de estos. La realidad de ellos es diferente a la del resto de la comunidad hispana méxicoestadounidense por el hecho de vivir en la frontera.

fueron miles los españoles que emigraron a Latinoamérica, especialmente a México, donde la colonia española sigue siendo muy importante. Al entrar España en la Unión Europea y alcanzar un estatus económico de primer mundo, se volvió un destino atractivo para los sudamericanos, especialmente después de que los Estados Unidos de Norteamérica endurecieran las leyes migratorias y redujeran el número de visados de manera sustancial. Cuando los sudamericanos no pudieron obtener visados para viajar a Estados Unidos y no querían arriesgarse a cruzar el río, simplemente tomaron un avión y llegaron a España. A finales de los años ochenta, España no pedía visado a los sudamericanos y estos sencillamente llegaron y se quedaron. Fue así como, para el año 2005, el flujo migratorio de sudamericanos a España rebasó al flujo migratorio europeo.[28]

En relación con las nacionalidades sudamericanas con mayor presencia en España, Trinidad L. Vicente Torrado, en su artículo para las Naciones Unidas, señala lo siguiente:

> Así, a comienzos de la década de los noventa, las nacionalidades latinoamericanas con una mayor presencia en el Estado español eran la argentina (Olmo, 1990), la venezolana y la chilena, como resultado de la huida de las clases medias y profesionales de las condiciones sociopolíticas prevalentes en sus países de origen. En la segunda mitad de esa década, en cambio, estos grupos van a experimentar una evolución descendente, como resultado principalmente de su acceso a la nacionalidad (con lo que van a desaparecer de las estadísticas de población extranjera) o como consecuencia del retorno ante el cambio político en estos países de origen; aunque en el caso de la inmigración argentina se va a registrar un nuevo ascenso con el comienzo del milenio, con motivo de la agravación de la crisis económica que vive ese país en las últimas fechas. Desde mediados de la década de los noventa y hasta el final de la misma, las nacionalidades peruana y dominicana son las que van a crecer con mayor ímpetu, alcanzando y superando al grupo de argentinos en 1997, con lo que pasan a liderar este *ranking* de inmigrantes latinoamericanos afincados en España por país de origen; (…) a partir del año 2000, por el influjo de las nacionalizaciones y, sobre todo, por el espectacular aumen-

28. «Así, considerando la población extranjera empadronada, podemos destacar que la inmigración europea ha pasado de conformar el 52 % en el año 1998 al 36 % en el año 2005, mientras que la latinoamericana ha pasado del 19 % al 39 % en el mismo período. Expresado de otra manera, si entre el año 1998 y el 2000 la población extranjera de origen latinoamericano comienza a experimentar un notable aumento del 61 %, su ritmo de crecimiento se va a acelerar aún más con el comienzo del nuevo milenio, experimentando un incremento en el último quinquenio del 663 %, tendencia que todo apunta se mantendrá durante los próximos años. Si además consideramos las personas de origen latinoamericano nacionalizadas españolas». VICENTE TORRADO, Trinidad L.: *La inmigración latinoamericana en España*. Departamento de economía y asuntos sociales de las Naciones Unidas. UN/POP/EGM-MIG/2005/12. 25 de mayo de 2006; pág. 2.

to mostrado por otras dos nacionalidades con una presencia claramente inferior hasta entonces: la ecuatoriana (...) y la colombiana (...), como consecuencia de la crisis que va a acompañar el proceso de dolarización de la economía ecuatoriana y de la situación de violencia que vive el país con la democracia más antigua de América Latina.[29]

Sin lugar a dudas, en la actualidad, los países con mayor presencia migratoria en España son Colombia y Ecuador y tanto es así que España ha tenido que imponer a los nacionales de estos países el requisito de un visado para acceder a su territorio.[30] Para un colombiano, por ejemplo, obtener un visado para viajar a España es tan complicado como obtener un visado estadounidense; incluso más, porque España exige a los turistas colombianos una invitación formal tramitada a través de la policía nacional, requisito que no exigen los Estados Unidos.

Por fin, aseverar que el criterio de migración de los sudamericanos a España es el mismo que el de los hispanos a Estados Unidos: realizar el sueño de proveer a sus familias de la oportunidad de vivir dignamente bajo un clima de paz y seguridad, no importa el costo que haya que pagar, y cuando hablo de costo me refiero a las humillaciones, persecución, explotación, *inter alia*, que tienen que pasar antes de legalizar su estatus migratorio y vivir como personas normales.

Aspectos prácticos

España es un país multicultural, con varios idiomas oficiales y diferentes orígenes étnicos, de manera que no es lo mismo ser inmigrante en Cataluña que en Andalucía. Aunque es el mismo territorio, las culturas son diferentes y las rivalidades siempre existen.

- Cuando existe un grupo grande de inmigrantes cuya presencia es notoria en la sociedad, este grupo no es bien visto y es objeto de discriminación y de conductas xenofóbicas. De la misma manera que ocurrió en México cuando hubo un gran flujo de españoles huyendo de la guerra civil y de la pobreza, que fueron discriminados y llamados despectivamente *gachupines* por los mexicanos, también ocurre ahora, cuando existe una ola migratoria de sudamericanos a España huyendo de la violencia y de la pobreza: estos son igualmente discriminados en muchos casos y llamados despectivamente *sudacas*.

29. Ib. pág. 4.
30. En el caso del Ecuador, el 21 de diciembre de 2006 el Consejo de Ministros de la Unión Europea (UE) aprobó el Reglamento (CE) n.º 1932/2006, por el cual se incluye a Ecuador en la lista de terceros países cuyos nacionales están sometidos a la obligación del visado para el ingreso en el denominado «espacio Schengen».

- El tema de la xenofobia no es patrimonio exclusivo de la sociedad estadounidense o europea, es producto del corazón pecaminoso del hombre que pasa por alto los valores del Reino de Dios para entroncar con los suyos. En el caso de España, existe un escalafón xenofóbico donde los marroquíes y los gitanos ocupan los primeros lugares y luego vienen los sudamericanos.

- Huelga señalar que cuando el inmigrante sudamericano se educa, aprende hablar con el acento castellano y sus rasgos físicos sudamericanos no son tan notorios, esta persona puede desenvolverse con normalidad y éxito en la sociedad española.

- Al igual que en Los Estados Unidos, los inmigrantes sudamericanos son personas de estratos sociales no privilegiados en sus países de origen, y cuando emigran tienen que realizar los trabajos más duros, como ocurre en el sector de la construcción, por ejemplo, en el área de los servicios, trabajando como camareros, y las mujeres que de forma usual van a trabajar de *chachas*[31] o limpiadoras de casas. En casos extremos las mujeres[32] y hombres también se van a dedicar a la prostitución.

- Debido al impresionante flujo de inmigrantes sudamericanos a España, una típica Iglesia evangélica creciente va a tener más de un 70 % de feligresía sudamericana aunque su pastor sea español. Existen muchas iglesias cuyo pastor es sudamericano, entonces su feligresía es casi sudamericana en un 100 %. En la mayoría de los casos, las iglesias son étnicas y denominacionales. Por ejemplo, en Girona, ciudad situada al norte de Barcelona, existe una colonia significativa de hondureños que se reúnen en iglesias que tienen su origen en Honduras. De esta manera forman y consolidan su círculo social en el cual sienten que tienen un valor y donde son apreciados.

- Las iglesias formadas solo por españoles son en general pequeñas y sin mayor relevancia en la sociedad.

Preguntas para reflexionar

1. ¿Por qué los hispanos de segunda generación miran con prejuicios a aquellos que acaban de cruzar la frontera?

2. ¿Cómo interpreta Ud. el hecho de que mientras César Chávez luchaba por los derechos de los inmigrantes, Jorge Mas Canosa se relacionaba con los poderes de Washington?

31. 'Chacha' es el término que se emplea para una persona que cuida niños. El equivalente de *babysitter* en el idioma inglés.

32. En este sector tienen una especial reputación las mujeres dominicanas que en muchos casos han sido víctimas de bandas que se dedican a la trata de blancas y que convierten a mujeres ingenuas en esclavas sexuales.

3. ¿Son los rostros hispanos iguales? ¿Por qué, si todos hablamos castellano y fuimos colonizados por los españoles?

4. ¿Qué piensa Ud. de la política del Manifiesto del Destino?

5. ¿Cuál debe ser la postura de los hispanos hoy ante los anglos? ¿Debemos guardar resentimiento?

6. ¿Debemos obligarles a pagar por sus errores?

7. Según lo descrito en este libro, ¿cuáles son las semejanzas y las diferencias de tener un rostro hispano en Estados Unidos y un rostro sudamericano en España.

8. Por el vínculo histórico entre España y Latinoamérica, ¿debería España tener un trato diferente con el inmigrante sudamericano?

C. Realidad histórica y jurídica de un pueblo sufrido

Una vez abordado el tema del origen de los rostros hispanos en los Estados Unidos y España y de haber distinguido al menos cinco, pretendemos concentrarnos en el rostro que viene de América Latina y que tiene que enfrentarse a la crueldad de las leyes de inmigración y al desprecio y la discriminación por parte de los anglos y europeos.[33]

Esta sección se desarrollará para su estudio en dos apartados principales: el histórico y el jurídico.

1. La realidad histórica de un pueblo sufrido

En esta investigación, la historia nos permitirá ver que el fenómeno de la inmigración de latinoamericanos hacia los Estados Unidos en la actualidad representa principalmente una factura histórica, producto de la política errática de este país hacia Latinoamérica[34] que, en lugar de potenciar su desarrollo, sus compañías transnacionales la hundieron más, efectuando una explotación inmisericorde e implantando una cultura de corrupción, manipulación y explotación, donde la codicia humana hacía de las suyas.

Para su estudio, este apartado se subdividirá de la siguiente manera: el colonialismo estadounidense, el surgimiento del problema y, por último, la conexión Latinoamérica-España.

---

33. Por la cantidad del flujo migratorio, por el tiempo de existencia de este fenómeno, por la cercanía geográfica, por la hegemonía sobre la región, se le dará mayor espacio a la relación migratoria entre Latinoamérica y los Estados Unidos.

34. El escritor uruguayo Eduardo Galeano nos ilustra de una forma brillante e inmediata, explica lo errado de la política de los Estados Unidos hacia América Latina y, como consecuencia, se comprende por qué decimos que el fenómeno de la inmigración representa una factura histórica del pueblo latinoamericano a la desafortunada política de los Estados Unidos: «… Para quienes conciben la historia como una competencia, el atraso y la miseria de América Latina no es otra cosa que el resultado de su fracaso. Perdimos; otros ganaron. Pero ocurre que quienes ganaron, ganaron gracias a que nosotros perdimos: la historia del subdesarrollo de América Latina integra, como se ha dicho, la historia del desarrollo del capitalismo mundial. Nuestra derrota estuvo siempre implícita en la victoria ajena; nuestra riqueza ha generado siempre nuestra pobreza para alimentar la prosperidad de otros: los imperios y sus caporales nativos. En la alquimia colonial y neocolonial, el oro se transfigura en chatarra, y los alimentos se convierten en veneno…». Vide. GALEANO, Eduardo: *Las venas abiertas de América Latina*, Argentina: Ed. Siglo XXI, 1970.

El colonialismo estadounidense[35]

El colonialismo[36] es la influencia o la dominación de un país poderoso hacia otro más débil. En épocas pasadas, el colonialismo se realizó de forma violenta. En el caso específico de los Estados Unidos, el colonialismo se dio a través de las compañías transnacionales que llegaron a la región a finales del siglo XIX y adquirieron tanta grandeza e importancia para el país receptor que llegaron hasta intervenir en la vida política, militar, informativa, cultural y económica de dicho país.[37]

En la actualidad a este fenómeno se le ha llamado *neocolonialismo*, y se realiza de una manera muy diferente al pasado. En el presente siglo este sometimiento se efectúa a través de tratados de libre comercio, de dependencia económica y de la imposición de políticas. Para los efectos de este trabajo de investigación, nos interesa el pasado, no el presente, para entender cómo la errada política estadounidense el día de hoy se revierte, aparentemente, en su contra. Veamos a continuación algunos aspectos del colonialismo estadounidense en Latinoamérica.

LA EXPLOTACIÓN DE LAS TRANSNACIONALES

Las compañías transnacionales[38] llegaron a Latinoamérica a saquear las riquezas de nuestros pueblos y explotar a pobres infelices que nunca fueron a la escuela, a los que les pagaban una miseria y no tenían ningún beneficio social. El principio de este colonialismo fue salvaje y feroz, al extremo que los trabajadores no tenían siquiera el derecho a la huelga,[39] un

---

35. La novela escrita por Ramón Amaya Amador, *Prisión verde*, es un paradigma de lo que es el colonialismo estadounidense en Latinoamérica. La novela cuenta la triste historia de la explotación inmisericorde a la que los estadounidenses sometieron a los campesinos hondureños en las plantaciones de banano de la Standard Fruit Company. Ocurrió la misma historia en Guatemala, Costa Rica o Ecuador. Inter alia, *vide*. AMAYA AMADOR, Ramón: *Prisión verde*. Tegucigalpa: Ed. Ramón Amaya Amador, 1974, 2.ª edición.

36. En la actualidad a este fenómeno se le llama 'neocolonialismo', y de manera usual hace referencia a una dominación de tipo económico, e incluso político, sobre un Estado jurídicamente independiente. En sentido similar se utilizan los términos 'imperialismo' y 'nuevo imperialismo'.

37. Sobre el tema, vide. COOPER, Frederick: *Colonialism in Question: Theory, Knowledge, History*, Berkeley (California): University of California Press, 2005.

38. Sobre este tema es muy ilustrativo SLUTZKY y ALOSO: *Empresas transnacionales y agricultura: el caso del enclave bananero en Honduras*. Honduras: Editorial Universitaria, 1980.

39. En el caso específico de Honduras, la primera huelga que se registra fue en el año de 1954, cuando la situación de la explotación había llegado a un punto que no se podía tolerar un minuto más. Sobre este episodio el historiador Víctor Meza señala: «La gran huelga bananera (...) constituye en la historia del movimiento obrero hondureño el hecho más sobresaliente y la confrontación social más importante entre las fuerzas del capital y el trabajo en la historia del país». Vide. MEZA, Víctor: *Historia del movimiento obrero hondureño*, Tegucigalpa: Editorial Guaymuras, 1981. págs. 75 y sigs.

derecho fundamental de los trabajadores,[40] y tenían que sufrir en silencio el despótico trato de los *misters* que les exprimían hasta la última gota. ¿Y los gobiernos de turno? Bien gracias. Estos eran muchas veces puestos por las mismas transnacionales y obedecían a sus intereses. Las transnacionales saqueaban nuestras minas, saqueaban nuestros bosques y cosechaban gran cantidad de bananos pagando al Estado cualquier miseria en concepto de impuestos.

Si bien es cierto que se producía algún desarrollo, esto era para beneficiar a las mismas transnacionales, no al pueblo: a ellos no les importaba el pueblo, les importaba ganar la mayor cantidad de dinero posible, su voracidad era desmedida y la explotación inmisericorde.

Estas son las cosas que los oficiales de inmigración de los Estados Unidos desconocen; ni el mismo presidente sabe lo perversos que fueron los estadounidenses en Latinoamérica.[41] En un sentido, el éxodo masivo de latinoamericanos a los Estados Unidos es un ajuste de cuentas, pero un ajuste de cuentas que los mismos inmigrantes indocumentados desconocen. Esa es la paradoja de la vida. Los inmigrantes no saben que están cruzando la frontera, porque estas personas, cuando tuvieron la oportunidad de crear riqueza en Latinoamérica, lo que hicieron fue saquearla, y la gente no es tonta; ha

---

40. Para convocar una huelga se necesita un sindicato. La formación de los sindicatos en Latinoamérica supuso una verdadera conquista del movimiento obrero, aunque la oposición de las compañías transnacionales fue tenaz, y en muchos casos contaron con la complicidad de los gobiernos de turno, que por unos dólares más vendieron sus almas al… y fueron los responsables de que en algunos países hubiera derramamiento de sangre. Desde la perspectiva del derecho, es muy útil estudiar al jurista mexicano Mario de la Cueva, quien no solamente explica el fenómeno jurídico de los sindicatos y de la huelga, sino que nos habla de la historia. Vide. DE LA CUEVA, Mario: *El nuevo derecho mexicano del trabajo,* Ed. Porrúa, 1979, págs. 247 y sigs.; para el tema del sindicato y para el tema de la huelga, págs. 569 y sigs.

41. No todo lo que los anglos hicieron en Latinoamérica fue malo. De los Estados Unidos salieron los misioneros hacia América Latina para predicar el Evangelio y nosotros somos productos de ese trabajo misionero que implicó sacrificio y, en algunos casos, hasta la vida. No hay duda de que el movimiento evangélico en el continente tiene una deuda enorme con la Iglesia anglo. Sin querer demeritar este hecho ni la deuda que tenemos con los anglos, también es correcto señalar que en muchos casos los misioneros anglos establecieron diferencias nefastas con los nacionales, como nos llamaban a nosotros. Por ejemplo, sus hijos iban a las escuelas privadas de los ricos, no se mezclaban con los nacionales y establecían siempre un límite; jugar con uno de ellos era realmente verlos jugar a ellos, porque no permitían que un nacional tocara sus cosas; en los internados, los nacionales comían un tipo de comida y los anglos otra. En mi caso personal, no olvido cuando en la casa de la misión de mi iglesia me dijeron Ud. no puede entrar aquí, aunque no pregunté por qué. La respuesta era obvia: era un nacional. Cuando un chico o chica se enamoraba de un nacional, el acontecimiento suponía el fin del mundo. Aunque ellos hicieron el trabajo y sacrificaron mucho, en la mayoría de los casos siempre establecieron una diferencia entre el misionero y el nacional.

abierto los ojos y aspira a una vida mejor, de manera que, si hay que correr cualquier tipo de riesgo al cruzar el río y el desierto, no importa: ellos miran el objetivo final, no las circunstancias que están alrededor.

LA NO EJECUCIÓN DE UNA POLÍTICA DE DESARROLLO

Como señalamos con anterioridad, los estadounidenses llegaron a Latinoamérica a saquear sus riquezas naturales, nunca a potenciar su desarrollo. Es por esa razón que Eduardo Galeano se expresa de la siguiente manera:

> La división internacional del trabajo consiste en que unos países se especializan en ganar y otros en perder. Nuestra comarca del mundo, que hoy llamamos América Latina, fue precoz: se especializó en perder desde los remotos tiempos en que los europeos del Renacimiento se abalanzaron a través del mar y le hundieron los dientes en la garganta. Pasaron los siglos y América Latina perfeccionó sus funciones. Este ya no es el reino de las maravillas donde la realidad derrotaba a la fábula y la imaginación era humillada por los trofeos de la conquista, los yacimientos de oro y las montañas de plata. Pero la región sigue trabajando de sirvienta. Continúa existiendo al servicio de las necesidades ajenas, como fuente y reserva del petróleo y el hierro, el cobre y la carne, las frutas y el café, las materias primas y los alimentos con destino a los países ricos, que ganan consumiéndolos mucho más de lo que América Latina gana produciéndolos. Son mucho más altos los impuestos que cobran los compradores que los precios que reciben los vendedores; y al fin y al cabo, como declaró en julio de 1968 Covey T. Oliver, coordinador de la Alianza para el Progreso, «hablar de precios justos en la actualidad es un concepto medieval. Estamos en plena época de la libre comercialización...». Es América Latina, la región de las venas abiertas. Desde el descubrimiento hasta nuestros días, todo se ha trasmutado siempre en capital europeo o, más tarde, norteamericano, y como tal se ha acumulado y se acumula en los lejanos centros de poder. Todo: la tierra, sus frutos y sus profundidades ricas en minerales, los hombres y su capacidad de trabajo y de consumo, los recursos naturales y los recursos humanos. El modo de producción y la estructura de clases de cada lugar han sido sucesivamente determinados, desde fuera, por su incorporación al engranaje universal del capitalismo. A cada cual se le ha asignado una función, siempre en beneficio del desarrollo de la metrópoli extranjera de turno, y se ha hecho infinita la cadena de las dependencias sucesivas, que tiene mucho más de dos eslabones, y que por cierto también comprende, dentro de América Latina, la opresión de los países pequeños por sus vecinos mayores y, fronteras adentro de cada país, la explotación que las grandes ciudades y los puertos ejercen sobre sus fuentes internas de víveres y mano de obra.[42]

42. Vide. GALEANO, Eduardo: *Las venas abiertas de América Latina*, Argentina: Ed. Siglo XXI, 1970.

Si bien es cierto que los angloamericanos no tenían que potenciar el desarrollo de este continente, tampoco tenían que venir a saquearnos, explotarnos y menos humillarnos de la forma como lo hicieron. Lo correcto y lo lógico hubiera sido que si ellos se beneficiaban de nuestra riqueza, potenciaran nuestro desarrollo y fueran solidarios. Lo correcto hubiera sido que invirtieran en la educación de los obreros y, en especial, de sus hijos. Sin embargo, a ellos no les importaba lo más mínimo el progreso de los pueblos. Cuanto más brutos fuéramos, mejor para ellos: así podíamos ser explotados a sus anchas.[43] Pudieron haber desarrollado infraestructuras para el beneficio colectivo, no solamente de ellos. Es cierto, fundaron bancos, pero estos eran solo para sus transacciones; a los hospitales solo podían ir ellos y sus allegados, mientras dejaban que los obreros que se pudrieran en una covacha. Si ellos hubieran visualizado el futuro de otra manera, América Latina no sería lo que es hoy y no habría necesidad de cruzar el río para ir a los Estados Unidos y seguir siendo humillados por los angloamericanos, solo que ahora de otra manera. El coraje que nos da es que los estadounidenses hicieron lo que hicieron con la complicidad de nuestros gobernantes, es decir, los dictadores de turno, los famosos generales que con tal de estar en el poder entraban en contubernio con los anglos. Ellos son completamente responsables de este éxodo masivo de latinoamericanos y de todas las cosas terribles que pasan en los intentos frustrados de miles de personas que mueren al principio o a la mitad de la jornada.

La creación del sentimiento antiamericano

No nos extrañe entonces que se haya desarrollado un sentimiento antiestadounidense en Latinoamérica. Es que la paciencia llegó a su límite

43. Tampoco queremos dejar la impresión de que nosotros somos unos desvalidos que debemos depender en todo de otras personas. Lo que pasa con las etnias de Latinoamérica es que somos herederos de maldiciones ancestrales que vienen de nuestros antepasados los indígenas, que eran politeístas y estaban sumidos en las abominaciones más repugnantes y grotescas que uno pueda imaginarse. A esto hay que sumarle el fenómeno del mestizaje con los europeos, que en su mayoría eran aventureros, y muchos de ellos criminales degenerados que vinieron a saquear, violar y matar, entre otras cosas, y que en el nombre de la corona española y de la religión católica legitimaron sus fechorías. Nosotros somos el producto de esas realidades. Los sociólogos lo llamaron en el año de 1992, cuando se celebraron los 500 años del descubrimiento «el encuentro de dos mundos». Pues aquel encuentro ha producido una nueva raza con una idiosincrasia mucha veces nefasta. Sin saberlo, de esto se aprovecharon los anglos para explotarnos y tomar ventaja de nosotros. Estas son las cosas de las que necesitamos despojarnos: herencias malditas, cadenas ancestrales de maldición, y esto solo puede lograrse mediante un acto extraordinario del poder de Dios al que los teólogos llamamos «la regeneración»; paradójicamente fueron los anglos quienes nos trajeron el mensaje libertador del Señor Jesucristo.

y no era posible que los estadounidenses siguieran humillándonos, y en nuestra propia casa: eso era el colmo. Es así como en el año 1968 ocurren una serie de fenómenos de rebeldía en muchas latitudes del planeta, incluyendo los Estados Unidos. En América Latina ingresa a nuestras aulas universitarias una doctrina que nos explica científicamente la relación del capital y el trabajo, y nos la explica de tal manera que hace que se nos pongan los pelos de punta y nos llenemos de rabia; pero sobre todas las cosas nos llama a tomar las armas y derribar ese sistema caduco y malvado. Esa filosofía es el marxismo.[44] En 1967, con la muerte de Ernesto *Che* Guevara nace el mito y se levanta la bandera de la revolución. De allí en adelante, los discursos que se escuchaban en la Universidad Nacional Autónoma de México, la famosa UNAM, o la de San Marcos en Lima eran discursos revolucionarios con claros sentimientos antiestadounidenses. Su reputación y el odio de las masas estaba más que justificado, pues, en lugar de potenciar el desarrollo de nuestros pueblos, potenciaron su atraso; en lugar de potenciar la educación, potenciaron la ignorancia; en lugar de potenciar la justicia, potenciaron la injusticia.[45]

LAS CONSECUENCIAS

Las consecuencias son las situaciones que estamos viendo en la actualidad: países en vías de desarrollo que no terminan de despegar, que todavía tienen una dependencia brutal de los organismos financieros internacionales[46] y del Gobierno estadounidense. La consecuencia de lo anterior es la inseguridad social y económica y la explotación, que obliga a la gente a emprender el heroico viaje hacia el norte. Aquellos que no tienen la posibilidad ni la apariencia física para obtener un visado, ni aun mintiendo al cónsul, tienen que cruzar el río, mientras que los que tienen la apariencia y los argumentos para engañar al cónsul entran con visado, pero, al quedarse, igual acaban al margen de la Ley.

44. Para conocer mejor los presupuestos ideológicos del marxismo se recomienda vide. PAZOS, Luis: *Marxismo* básico, México: Editorial Diana, 1986.

45. Otra vez hay que insistir en que no todo lo que los anglos hicieron fue malo; afirmar esto no sería justo. Como se señaló anteriormente, el movimiento evangélico del continente tiene una deuda eterna con la iglesia anglo, que invirtió recursos humanos y financieros para que las estirpes condenadas a «cien años de soledad» tuvieran una segunda oportunidad sobre la Tierra, por citar algo del discurso que García Márquez pronunció en Suecia, en la ceremonia de entrega del Premio Nobel de Literatura en 1982.

46. Uno de los organismos que más ha perjudicado a Latinoamérica ha sido el Fondo Monetario Internacional, que se creó para procurar el equilibrio en la balanza de pagos de los países, pero que con sus famosas cartas de intenciones obliga a los Estados deudores a tomar medidas económicas que laceran a los más desvalidos, como la devaluación de la moneda, ajustes estructurales económicos…, en fin, medidas que muchas veces golpean a los más pobres sin misericordia.

En la actualidad son miles y miles de personas las que emprenden este viaje desde todas las partes del continente[47] y ninguna medida disuasoria parece detener este fenómeno.

La conexión Latinoamérica-España

El sudamericano crece con la idea de que España es «la madre patria», por eso, cuando un sudamericano llega por primera vez a España se siente realizado, porque llega con el sentimiento de que llega al lugar de donde vienen sus ancestros. Por ejemplo, en el caso particular nuestro, mis ancestros eran sefardíes provenientes del País Vasco,[48] que por alguna razón llegaron a un recóndito pueblo de Honduras en el año de 1746. El detalle es que cuando se llega a España todo ese idealismo platónico se desvanece en unos pocos días, cuando el sudamericano tiene que enfrentarse con la dura realidad de la vida.

El vínculo histórico

Aunque no existe en el sudamericano ese sentimiento anti-España, como ocurre con los Estados Unidos, donde el sentimiento antiestadounidense es una constante en el corazón de millones, también es cierto que, a pesar del concepto de madre patria que se nos ha inculcado, en nuestra memoria todavía existe la conquista, la colonia y el saqueo de nuestras riquezas, y usamos estos hechos del pasado y el derecho que supuestamente tenemos a trabajar y disfrutar de las riquezas y los adelantos de la sociedad española para justificar la inmigración ilegal. En otras palabras, el vínculo histórico existe, y a pesar de los siglos es aún fuerte.

A raíz de esa relación histórica nos ha quedado una herencia que se manifiesta claramente en la idiosincrasia de millones de sudamericanos. Al haberse masacrado a poblaciones enteras y consumado el mestizaje a través del estupro y de la violación en muchos casos, al haberse impuesto la cruz mediante la espada, al haberse esclavizado a millones a través de la institución de la encomienda, al haberse controlado la vida de la sociedad por la Iglesia oficial del Estado y al haber desencadenado esta toda su furia contra los herejes a través de la Inquisición, tenemos como resultado una sociedad con una idiosincrasia bien peculiar: una población con una baja autoestima, sin espíritu emprendedor, con sentido de dependencia y que ve siempre al extranjero como alguien superior, lo

---

47. Sobre todo de México y Centroamérica. En menor escala de ciertos países de América del Sur.

48. Incluso hay un pueblo en esa región que lleva nuestro nombre, Zaldíbar, solo que allí se escribe Zaldíbar con *b* no con *v*.

que se ha traducido en el atraso brutal en el que se encuentra Latinoamérica el día de hoy.

LAS RELACIONES DE COOPERACIÓN

Las relaciones de cooperación entre ambas regiones ha existido en los últimos años. La cooperación española ejecuta una serie de obras de desarrollo humano y de infraestructura en Latinoamérica. En el siglo pasado se suscribieron tratados de doble nacionalidad, acuerdos culturales a raíz de la afinidad existente entre ambas zonas. También en el área comercial, antes de la Unión Europea, España dio trato preferencial a los productos y materias primas provenientes de Latinoamérica. Ya en la Unión Europea abogó ante el resto de sus socios europeos por ese trato preferencial, y antes de que se desatara la ola migratoria, España no solicitaba visado a ningún país sudamericano.

El problema no ha sido ese, porque las intenciones han estado allí y han sido buenas en muchos casos; el meollo del asunto es la pesada carga de la idiosincrasia del sudamericano, que es producto de una política errática de España durante la época de las colonias, que nos dejó con un estigma que estamos tratando de quitarnos de encima a como dé lugar.

CONSECUENCIA DE LA CONEXIÓN ESPAÑOLA

Una de las consecuencias directas de la conexión LatinoaméricaEspaña es un híbrido al que los españoles llaman 'sudamericano'. Lo anterior se traduce en una mentalidad o idiosincrasia que nos caracteriza; es la mentalidad de la indisciplina, de la mano extendida, de obtener grandes cosas con el mínimo esfuerzo, es la mentalidad de la corrupción que nos hace vivir en la paradoja de que tenemos países inmensamente ricos con gente de mentalidad pobre, que ha provocado una inequidad grosera en la distribución de la riqueza, y, como resultado, la existencia de una enorme masa de indigentes que ha generado dos males endémicos: la violencia y la miseria. Ambos, caldos del cultivo para que se origine un flujo migratorio impresionante, en primer lugar, a los Estados Unidos y, después, a España.[49]

Para terminar, huelga señalar que no estamos buscando chivos expiatorios inculpando a otros de nuestra realidad, porque al final cada uno es responsable de su destino, pero también es cierto que el más fuerte y el que tiene los recursos debe ayudar a salir a adelante al más débil, no a hundirlo

---

49. Para mayor información sobre la realidad socioeconómica de América Latina, vide. ZALDÍVAR, Raúl. *Realidad moral y social de América Latina*, Módulo de Fe y Política de Universidad para Líderes, 2010.

ni aprovecharse de él, porque tal conducta es inmoral e inaceptable. No se puede decir que todo ha sido malo; aunque ha habido conductas reprochables, también ha habido cosas buenas. La buena noticias es que las estirpes condenadas a cien años de soledad se están despertando y se están sacudiendo cadenas de maldición histórica y generacional, y el Evangelio está jugando un papel protagónico en todo esto, cumpliéndose la palabra que señala «Si el Hijo os libertare, seréis verdaderamente libres…».

El surgimiento del problema

Las primeras inmigraciones importantes llegan de México, especialmente cuando se lanza el primer Programa Bracero,[50] que estuvo vigente desde agosto de 1942 hasta diciembre de 1948.[51] Un segundo Programa Bracero fue aprobado por el Congreso de la Unión en el año de 1947 y finalizó 17 años después, cuando comenzaba la guerra de Vietnam en 1964.

En el caso de los centroamericanos, las primeras inmigraciones surgieron en los años sesenta a raíz del intercambio comercial de bananos que había. Pero no fue sino hasta el final de los años setenta cuando los centroamericanos se dieron cuenta de que el salario de una hora de trabajo en Estados Unidos era el equivalente al salario de un día en su país de origen, y la gente comenzó a viajar y a quedarse en los Estados Unidos sin los documentos requeridos por el Gobierno. La masiva inmigración provocó que la Secretaría de Estado extremara los requisitos para otorgar un visado, hasta el extremo de que las grandes mayorías quedaban condenadas a no recibirla nunca.

Esta realidad lleva a los centroamericanos a aventurarse a cruzar el río Bravo,[52] en un viaje que supone una odisea impresionante. Todos con un solo objetivo: cruzar la frontera, trabajar, enviar dinero a sus lugares de origen, construir una casa y ahorrar suficiente dinero para iniciar un negocio.

Este hecho ha creado una situación muy particular en los Estados Unidos que requiere un análisis teológico para orientar a nuestros hermanos que hoy sufren persecución y que viven entre el temor y la angustia.

El caso de España surge cuando los Estados Unidos ponen gran cantidad de trabas a los ciudadanos de Latinoamérica para adquirir un visado de turista, y se lo puso tan difícil que a la gente no que quedó más remedio

---

50. El Programa Bracero, surge en los años cuarenta, cuando miles de anglos tienen que ir a la segunda guerra mundial: se necesitaba mano de obra barata. Este hecho abrió la posibilidad de que miles de mexicanos viajaran a los Estados Unidos y trabajaran de manera temporal.

51. Vide. NOVAS, Himilce, *Latino History*, op. cit., págs. 90 y sigs.

52. Los mexicanos ya tenían experiencia: lo habían hecho durante décadas antes que los centroamericanos y sudamericanos.

que cruzar el río de forma ilegal. Cuando los Estados Unidos construyeron el muro de la vergüenza para detener esa avalancha de migrantes que cruzaba el río mientras aprobaban leyes antinmigrantes, no le quedo más remedio al sudamericano que cruzar «el charco». España era el destino lógico por el idioma, el vinculo histórico, el valor del euro y, sobre todo, por las leyes de inmigración más benignas, hasta el punto de que, en aquel momento, a nadie de Sudamérica se le pedía visado. Se trataba simplemente de llegar en un avión y quedarse, tan sencillo como eso.

No se puede hablar de la inmigración de hispanos hacia los Estados Unidos o de sudamericanos a España si no se conocen los hechos que provocaron el fenómeno. Es por esa razón que nuestro primer apartado se ha dedicado a establecer el fundamento histórico de dicha realidad. Ha quedado suficientemente claro cómo la codicia y la avaricia de las transnacionales estadounidenses pavimentaron el camino de la inmigración de los hispanos y, sobre todo, la miopía de no ver el futuro y prevenir consecuencias mayores. Aquellas estirpes condenadas a cien años de soledad, por utilizar el vocabulario de García Márquez, despertaron a la realidad, abrieron sus ojos y se dieron cuenta de que más allá del río Bravo o del charco había un lugar donde existía la posibilidad de desarrollar el talento y explotar todo el potencial que un ser humano tiene. Ese descubrimiento fue tan revolucionario como el invento de los hermanos Wright. Si los que tenían el poder económico en Latinoamérica, en contubernio con la clase militar y política, no fueron capaces de dar una respuesta satisfactoria a sus pueblos porque creyeron que cuanto más brutos mejor, se equivocaron. El pueblo, al final, es inteligente, y comenzó la arriesgada aventura de cruzar el río. Y los hijos de los ricos también hicieron lo mismo: estos llegaron con visado a los Estados Unidos, pero al final terminaron en el mismo lugar que aquellos que llegaron de manera ilegal: lavando platos en un restaurante de Miami o de Ibiza o vendiendo hamburguesas en un McDonald's de Los Ángeles o de Santa Coloma de Gramenet en Barcelona. Una vez entendida toda la trama histórica de esta realidad, es necesario enfocarnos en los aspectos jurídicos que envuelven toda esta temática.

2. La realidad jurídica del pueblo sufrido

Una vez entendido el origen de la realidad y ubicados en el contexto, es menester efectuar un estudio jurídico del fenómeno de la inmigración. La dimensión jurídica[53] de este tema nos permitirá ver el esfuerzo del Gobier-

---

53. Aquí nos referimos al conjunto de leyes que el Congreso de los Estados Unidos ha aprobado con la venia del Senado y del presidente en relación con la inmigración de ciudadanos extranjeros en su territorio.

no estadounidense por frenar la avalancha de personas que a diario cruzan sus fronteras con la intención de labrarse un futuro mejor.

Este estudio se desglosará en tres partes principales: el concepto de frontera para un inmigrante, el concepto de legalidad y, al final, se efectuará un análisis jurídico de la Ley de Inmigración.

El concepto de frontera para un inmigrante

En el Derecho Internacional una 'frontera' es una línea que divide dos jurisdicciones[54] o que delimita el espacio reservado a la competencia estatal.[55] En virtud de que cada Estado es soberano, tiene la potestad de decidir a quién deja entrar en su territorio y a quién no; por eso promulga un cuerpo de leyes para que los funcionarios de inmigración cumplan y hagan cumplir. Un país como los Estados Unidos, que tiene muchos enemigos, debe tener y tiene políticas estrictas para saber a quién deja entrar y a quién no. Esta realidad es simplemente chocante e injusta para el latinoamericano que tiene una familia que alimentar o que tiene una aspiración de vivir una vida mejor o desarrollar un potencial, lo que no logrará en su país de origen. Es así como esta persona no tiene más remedio que violar la Ley de Inmigración al cruzar el río, y, como es obvio, su concepto de frontera tiene que cambiar para poder legitimar su conducta. Lo que usualmente los inmigrantes dicen en relación con las fronteras es que son una invención humana y no son producto de la voluntad de Dios, pues la Biblia no establece cuál es la frontera de los Estados Unidos. Incluso hay un argumento bíblico relacionado con la frontera: «De Dios es la Tierra y toda su plenitud».[56] De esta manera desautoriza la potestad del Estado de delimitar con otros su frontera, pues necesita justificar su conducta de ingresar al país sin un visado o de quedarse más allá del tiempo permitido por la ley.

Si vemos el tema por el lado del Derecho, los argumentos de los inmigrantes son pueriles y sin sentido. Por el contrario, si lo vemos desde la perspectiva de la ética, desde la perspectiva de un hombre que quiere legitimar su conducta, los argumentos son válidos. Las fronteras son invenciones humanas, no cosas establecidas por Dios.

---

54. Desde el punto de vista jurídico internacional, la función de tener fronteras demarcadas es establecer límites a la jurisdicción territorial de cada Estado; también tienen carácter estratégico y político, dado que las fronteras son de una importancia esencial para los Estados. Vide. GOULD, Wesley, L.: *An Introduction to International Law*, Nueva York: Harper and Brothers Publishers, 1957; pág. 360.

55. Vide. todo lo relacionado con la frontera desde la perspectiva del Derecho Internacional en ROUSSEAU, Charles: *Derecho Internacional Público*, Barcelona: Ed. Ariel, 1967: pág. 258.

56. 1 Corintios 10:26

El concepto de legalidad[57]

Cuando se hace referencia a la legalidad, se habla de todo aquello que es ley; que ha sido aprobado por aquel órgano del Estado autorizado para promulgarlas. El conjunto de disposiciones es lo que forma la legalidad de un Estado, de suerte que todo aquello que se hace contrario a lo que dice la Ley es ilegal. De ahí que a las personas que viven en los Estados Unidos, que no tienen documentos y que, por lo tanto, no cumplen con la Ley de Inmigración, se los llame *ilegales*, y son considerados como delincuentes. Algunos sectores, para suavizar lo grosero que suena la palabra *ilegal*, prefieren usar el término *indocumentado*, aunque, desde la perspectiva del Derecho, la palabra correcta es *ilegal*.

La Ley ha sido definida como «la declaración de la voluntad soberana que manifestada en la forma prescrita por la Constitución, manda, prohíbe o permite».[58] Entonces, cuando una persona no hace lo que la ley manda, sino lo que prohíbe, tal persona viola la ley y está sujeto a una sanción civil, penal o administrativa, según sea el caso. Ahora bien, la ley se compone de dos partes: la letra y su espíritu. La letra es lo que se lee y el espíritu es lo que está detrás de la letra, lo que tenía en mente el legislador en el momento de promulgarla. A estos elementos es preciso agregar uno más, que es muy importante: la moralidad de las leyes. Aun así, existen leyes que reúnen todos los requisitos jurídicos; sin embargo, son leyes inmorales porque carecen de justicia y moralidad. Sin embargo no estamos diciendo que las leyes de inmigración de los Estados Unidos sean inmorales; lo que estamos diciendo es que para algunas personas lo son y para otras no. Por ejemplo, para un inmigrante indocumentado que acepta a Jesucristo como a su Salvador personal: Dios opera un milagro en su vida y lo llama a su servicio; este comienza un gran ministerio pastoral y, diez años después, este pastor realiza un trámite administrativo; el oficial se da cuenta de que es un inmigrante indocumentado y lo denuncia, y como consecuencia es encarcelado durante tres meses y, al final, enviado a su país de origen después de tantos años. Esto, además de injusto, es inmoral; aunque sea la ley, aunque el juez esté aplicando la ley correctamente le va a decir lo contrario: lo que está haciendo es moralmente malo. Aquí es donde entra en juego el otro elemento jurídico que se llama *equidad*[59] y que es diferente al de

---

57. 'Legal' es una disposición prescrita por la ley. Vide. DE PINA, Rafael: *Diccionario de Derecho*, Ed. Porrúa Pérez. México. 1984

58. Vide. el artículo 1 del Código Civil de Honduras, 1906.

59. Don José Castán Tobeñas definió la equidad como «El criterio de determinación y valorización del Derecho, que busca la adecuación de las normas y de las decisiones jurídicas a los imperativos de la ley natural y de la justicia, en forma tal que permita dar a los casos concretos de la vida, con sentido flexible y humano (no rígido ni formalista)

justicia[60] pero que se complementa. La equidad trata de adecuar o hacer que se compaginen la ley y la justicia de tal manera que permita dar a los casos concretos de la vida cierta flexibilidad y humanidad, tratándolos conforme a las circunstancias. De manera que si aplicamos el Derecho al pastor que está indocumentado, tiene que salir deportado; sin embargo, si aplicamos la equidad, este debe permanecer en el país. Porque si no se logra adecuar o hacer coincidir la ley con la justicia, se debe recurrir a la equidad. La ley es diferente a la justicia, y queremos ser justos, no legalistas. Ahora bien, si en lugar del pastor fuera un criminal que cometió un crimen hace diez años y nunca tuvo un reparo ni se arrepintió, entonces la ley y la justicia sí coinciden. La equidad[61] es un mecanismo que posibilita que la ley y la justicia coincidan.

Por eso, la aspiración del sistema judicial de los Estados Unidos o España no debería ser la aplicación de la ley, sino la impartición de la justicia. La deportación es una figura jurídica que se ejecuta en la personalidad de aquellos que violan las leyes de inmigración. Sin embargo, la aplicación de la ley sin tomar en cuenta la justicia y valores más significativos, como el amor o la compasión, entre otros, es un error humano. Las decisiones jurídicas deben tener en la justicia su más cara aspiración y si para lograrlo hay que aplicar la equidad *contra legem*, pues hay que hacerlo.[62] Lo que esto quiere decir en un buen castellano es simplemente hacer a un lado las leyes y decidir conforme a la justicia.

En resumen, si la legalidad alcanza la justicia, estamos en lo correcto, empero cuando la ley y la justicia discrepan, entonces es el momento de aplicar la equidad, que usualmente alcanza la justicia. Para lograrlo hay que ver cada caso de forma individual y tomar en cuenta cada una de sus circunstancias.

---

el tratamiento más conforme a su naturaleza y circunstancias». Vide. VALLADARES LANZA, Leo: *Las ideas jurídicas de Castán.* España: Editorial Revista de Derecho Privado, 1975; pág. 138.

60. Ulpiano definió la justicia como «Dar a cada quien lo suyo, no dañar a nadie y vivir honestamente». Vide. PETIT, Eugine: *Tratado elemental de Derecho Romano.* México: Editorial Época, 1977; pág. 19.

61. Existen tres tipos de equidad: la equidad *infra legem* (debajo de la ley), *contra legem* (en contra de la ley) y equidad *praeter legem* (completar las lagunas de la ley). Se recomienda vide. ZALDÍVAR, Raúl: *Honduras y El Salvador: La controversia limítrofe,* Tegucigalpa: Centro de Documentación de Honduras, 1995. En este trabajo se efectúa una exégesis jurídica de todo lo relacionado con la equidad.

62. Es importante aclarar que la equidad *contra legem* no debe interpretarse en el sentido de contradecir las reglas del Derecho Positivo, sino de lograr la solución del litigio al margen de ellas. Vide. GUGGENHEIM, P.: *Traité de droit international public,* Genève, 1947; pág. 212.

Prácticas más comunes en contra de la Ley de Inmigración

La Ley de Inmigración y Nacionalidad se promulgó en el año 1952, y es conocida por sus siglas en inglés INA. Antes de la INA, existían una serie de leyes diversas que gobernaban el tema de la inmigración, pero en diversos lugares. La ley MacCarranWalter, de 1952, n.º 82-414,[63] codificó una serie de disposiciones jurídicas dispersas y reorganizó la estructura de las leyes de inmigración. Esta legislación se ha modificado muchas veces en el transcurso de los años, pero sigue siendo el código básico sobre inmigración.

Para los efectos de esta investigación, se han seleccionado las cuatro prácticas más comunes que contravienen el orden legal que tienen que ver directamente con la inmigración de los latinos.

PRIMERA PRÁCTICA COMÚN CONTRA LA LEY DE INMIGRACIÓN: QUEDARSE EN TERRITORIO ESTADOUNIDENSE AL MARGEN LA LEY

El visado es la autorización que da el Cónsul a nombre del Secretario de Estado para que un extranjero pueda pisar suelo de los Estados Unidos.[64] El tiempo de duración del visado queda a criterio del oficial consular. Es importante señalar que el tener un visado no asegura al extranjero entrar en territorio estadounidense. La decisión final la tiene el oficial de Inmigración que está en el puerto de entrada, quien, si tiene una duda, puede referir a la persona a un superior para que tome la decisión final. El oficial de Inmigración en el puerto de entrada concede al extranjero un plazo para que este pueda permanecer en el país. Si el extranjero se queda después de ese plazo está de inmediato sujeto a la deportación y a sufrir un castigo.[65]

---

63. Vide. *The McCarran-Walter bill of 1952, Public Law n.º 82-414*. Esta ley consta de cinco títulos, algunos de ellos divididos en capítulos, y estos, a su vez, en artículos, donde se regula cada detalle de la inmigración.

64. El título II, el capítulo 3 y los artículos 221 y 222 regulan todo lo relacionado al otorgamiento de visados.

65. Cuando un hispano con visado entra en territorio estadounidense con intenciones de quedarse tiene las siguientes alternativas: a) regresar a su país de origen; b) quedar al margen de la ley y volverse indocumentado; en este caso, las personas saben que si salen no vuelven a entrar, puesto que su violación quedaría registrada; c) en el caso de una persona soltera, puede quedarse indocumentada y sabe que, si contrae matrimonio con un ciudadano americano, solo necesitará pagar una multa y sufrir un ligero castigo antes de recibir su *Green Card*. Cabe destacar que esta última opción no se aplica a aquellas personas que cruzan el río, es decir, que entran a los Estados Unidos de forma ilegal. En el caso de que estas personas se casen con un ciudadano americano deberán salir del territorio de los Estados Unidos y cumplir un castigo de diez años en su país de origen. Por esta razón existen millones de inmigrantes indocumentados esperando una amnis-

Esta es una de las prácticas más comunes entre los latinos que tienen la suerte de conseguir un visado de turista. Fue la razón por la que Estados Unidos suspendió el programa de exención de visados que tenía con Argentina, porque estos empezaron a quedarse al margen de la ley. Si bien es cierto que obtener un visado en los países de origen es toda una odisea y los cónsules realizan un trabajo extremo para identificar la mentira, muchas veces son engañados, y esas personas son las que se quedan viviendo en Estados Unidos al margen de la ley. Es por esa razón que obtener un visado representa un proceso humillante para el solicitante, porque para el cónsul cada persona que eleva una solicitud, si él no lo conoce personalmente, es mentirosa, y esa persona tiene que demostrar lo contrario. La cuestión es que muchas de esas personas que solicitan visados y se quedan en los Estados Unidos al margen de la ley aseguran haber renacido como nuevos cristianos, algunos de ellos como pastores; el cónsul sabe eso y asume que la persona es mentirosa: de ahí la humillación del solicitante.

SEGUNDA PRÁCTICA COMÚN CONTRA LA LEY DE INMIGRACIÓN: EMPLEO DE INDOCUMENTADOS

En el título II, capítulo 8 de la sección 274 A, se regula todo lo relacionado con la contratación de extranjeros. La ley claramente prohíbe la contratación de extranjeros que devenguen un salario, y establece la obligación por parte del empleador de verificar la documentación de la persona a contratar, incluso le señala cuál es el tipo de documentación para verificar el estatus del individuo. La misma ley establece las sanciones para aquellas personas o empresas que contravengan esta ley.

La mayoría de los hispanos no tienen más opción que comprar documentación falsa, es decir, un seguro social de algún puertorriqueño fallecido o alguna licencia falsa. Algunas veces las empresas descubren el fraude, pero les cuesta algunos meses: mientras tanto el inmigrante tiene un respiro y puede ganar un dinero para sostener a su familia en los países de origen, si ese es el caso. En otras ocasiones las empresas corren el riesgo a sabiendas que son documentos falsos. La razón es muy sencilla: les pagan salarios de hambre, los hacen trabajar horas extras sin pagarles y no les proporcionan ningún beneficio. En el caso de que las multen,[66] el importe

---

tía, puesto que esta es la única opción que ellos tienen en este complicado escenario.

66. Las multas para los empleadores que a sabiendas contraten trabajadores sin papeles se incrementaron un 25 % a partir del 27 de marzo del 2008. Mukasey Y Chertoff dijeron que estas medidas tienen como meta fortalecer la seguridad fronteriza, hacer cumplir las leyes migratorias en los sitios de trabajo y mejorar el sistema migratorio del país. Vide. el *Diario de México*: «Suben multas por contratar indocumentados». 23 de

no es nada en comparación con las ganancias que obtienen gracias a la explotación inmisericorde.

TERCERA PRÁCTICA COMÚN CONTRA LA LEY DE INMIGRACIÓN: ENTRAR SIN VISADO EN EL TERRITORIO ESTADOUNIDENSE

La sección 105, que es una enmienda de la sección 275 (8 U. S. C. 1325), señala claramente que una persona que intente entrar en el territorio de los Estados Unidos en forma ilegal se verá sujeta a una multa de entre 50 $ hasta 250 $, y el doble de lo anterior si la persona es reincidente. Lo cierto es que si detienen a una persona por migración ilegal la ficharán y quedará marcada para siempre.

El flujo de personas que cruza la frontera es tan importante que el Gobierno estadounidense se ha visto en la necesidad de construir un enorme muro para evitar reducir al máximo ese trasiego de seres humanos que se aventuran a luchar por el sueño americano.

Es importante destacar que para la realización de esta empresa es necesaria toda una infraestructura dentro y fuera de los Estados Unidos. Existen organizaciones que se dedican a cruzar indocumentados cobrándoles altas cantidades de dinero. Incluso, en algunos países de Centroamérica hay personas que tienen redes montadas y que tienen conexión con los mexicanos que se dedican a este lucrativo negocio.

CUARTA PRÁCTICA COMÚN CONTRA LA LEY DE INMIGRACIÓN: LA PRODUCCIÓN DE DOCUMENTOS FALSOS

La sección 1028, en su título 18, capítulo 47, trata todo lo relacionado a la producción de documentos de identificación falsos. Establece que la persona que produce estos documentos así como la persona que los porta, a sabiendas de que son falsos, estarán sujetos a acciones tanto civiles como penales, es decir, pagarán una multa y estarán sujetos a una condena de prisión no mayor a 15 años. El grado de las sanciones, tanto civiles como penales, dependerá del tipo de delito que la persona cometa.

En la comunidad hispana esta práctica es muy común; sin embargo, muchas personas no tienen más opción que arriesgarse con documentación falsa, especialmente cuando hay una familia que sostener. Todo lo anterior, mutatis mutandis, se aplica al fenómeno de migración sudamericano a España.

febrero de 2008.

Análisis jurídico de los aspectos antinmigrantes de la ley para el control de la inmigración H. R. 4437

La Ley para el Control de la Inmigración, el Antiterrorismo y la Protección de las Fronteras de 2005 (The Border Protection, Anti-terrorism, and Illegal Immigration Control Act of 2005, H. R. 4437)[67] fue una iniciativa aprobada por la asamblea legislativa de Estados Unidos el 16 de diciembre de 2005 por 239 votos a favor y 182 en contra. También se conoce como «Sensenbrenner Bill» (proyecto de ley Sensenbrenner), pues su patrocinador en la cámara de representantes fue James Sensenbrenner.

A continuación, serán objeto de estudio algunas de las medidas antinmigrantes y polémicas de esta ley. Es importante destacar que no todo en la ley debe considerarse incorrecto; hay aspectos que son lógicos y normales y otros que son simplemente inaceptables. Se entiende que, a raíz de los ataques terroristas que ha sufrido los Estados Unidos en el año 2001, era necesaria una nueva ley, pero no es correcto que paguen justos por pecadores, como reza el adagio.

EL MURO: ¿UN OBSTÁCULO O UN DESAFÍO?

La ley prescribe la construcción de un muro con una extensión aproximada de 1 100 km (700 millas) a lo largo de la frontera EE. UU.-México en los puntos por donde pasa el mayor número de inmigrantes ilegales, donde se

---

67. Solamente en el año 2007, más de cien leyes no federales que intentan controlar inmigración se han propuesto a través de la nación. La mayor parte de estas nuevas ordenanzas parecen diseñadas por funcionarios estatales y por los Ayuntamientos, motivados más por el ultraje hacia los inmigrantes ilegales que por el sentido común. Y peor aún, la mayor parte de estas leyes las desafiarán grupos de derechos civiles, creando una ciénaga de pleitos que se prolongará durante muchos años. Recientemente, la ciudad de Waukegan, Illinois, se incorporó a las filas de las comunidades que reparten golpes a diestra y siniestra contra los inmigrantes usando una escapatoria en la Ley de Inmigración federal llamada el Acto 287 (g), una estipulación que permite que los departamentos de policía locales entrenen un número limitado de oficiales para la imposición de la Ley de Inmigración. Vendido al público por el jefe de policía y varios miembros de consejo como una fuerza disuasoria para los inmigrantes ilegales que son «violadores, criminales, y otros delincuentes serios», el texto actual del Acto 287 (g) no contiene ninguna información sobre delitos serios. Esperando que esta maniobra del ayuntamiento Waukegan sea por último abatida también en el tribunal federal, al final, estas leyes lograrán abrir una brecha creciente entre los latinos y la comunidad dominante. Pocos argumentarían que el proyecto de ley del Senado, que sufrió un colapso en junio del 2007, era perfecto; pero la ausencia de un camino humano en este lío nos conducirá seguramente a un lugar más profundo en el bosque. RAMOS SÁNCHEZ, Raúl: «Las leyes antinmigrantes locales solo se polarizarán». Este artículo se publicó el 8 de agosto de 2007, en el desaparecido diario digital sobre inmigración *The Times.com* (EE. UU.).

producen más muertes y donde existe más tráfico de drogas. A día de hoy, casi la totalidad de este proyecto se ha terminado; sin embargo, el flujo de inmigrantes no ha cesado, pues la desesperación de las personas los llevará a idear cualquier forma de cruzar la frontera y lanzarse a la aventura del sueño americano.

Esta iniciativa fue mal vista por el resto de los países de Latinoamérica, de tal forma que el expresidente de México, Vicente Fox, lo llamó «el muro de la vergüenza». Desde la perspectiva americana esta es una medida desesperada por detener a millones de seres humanos que de una u otra manera se están cobrando una vieja deuda que las generaciones anteriores de estadounidenses tienen con nuestros pueblos.

La verdad de todas las cosas es que el muro, lejos de ser un elemento disuasivo para los inmigrantes, será un obstáculo más que vencer, y, como se dice en América Latina, la necesidad tiene cara de perro, de manera que la vergüenza de cruzar un muro no supondrá un obstáculo, sino un desafío.

Autoriza a la policía local a entregar a los indocumentados a migración

Es una prescripción que requiere que el Gobierno federal tome custodia legal de los extranjeros ilegales detenidos por las autoridades locales. Esto terminaría la práctica de «arrestar y liberar», según la cual, en ocasiones, los oficiales federales indican a la autoridad local que libere a los extranjeros ilegales detenidos porque no se dispone de recursos para investigarlos. También rembolsa los gastos generados por detener extranjeros ilegales a las agencias locales en los 29 condados a lo largo de la frontera.

Esta sí es una medida realmente dura, pues a día de hoy existen muchos inmigrantes, incluso naturalizados estadounidenses, que están en los Estados Unidos porque los liberaron bajo condiciones que cumplieron hasta que alcanzaron la famosa amnistía del presidente Reagan en 1986. Ahora, según esta disposición, la policía no tendrá más remedio que detener al inmigrante indocumentado. Lo que ellos no saben es que hay personas que nunca se dan por vencidas, y si los repatrían una vez, vuelven a intentarlo hasta que lo consiguen. Ellos simplemente dicen «de mejores lugares me han corrido».

Se exige la verificación del estatus migratorio del trabajador

Esta ley exige a los empleadores que verifiquen el estatus legal a través de medios electrónicos, que irán implementándose con el tiempo. También requiere que se envíen informes al Congreso durante uno y dos años después de la implementación para asegurar que se está utilizando.

Esto solo apretará el gatillo para que se disparen los papeles falsos. Existen empresas especializadas que saben cómo resucitar muertos, especialmente de Puerto Rico.[68] Son muchas las personas que trabajan con el seguro social de otras personas y, en algunos casos, cuando se descubre a un inmigrante con papeles falsos, es despedido, pero en poco tiempo estará otra vez trabajando, porque siempre habrá un lugar donde pueda trabajar y ganar el sustento de su familia.

SE ELIMINA LA LOTERÍA DE VISADOS

Esta ley elimina el programa Diversity Immigrant Visa (también conocido como Green Card Lottery). Este programa concedía residencia a los nacionales de ciertos Estados en una lotería que se realizaba. Muchas personas que hoy son ciudadanos americanos se beneficiaron con este procedimiento.

PROHÍBE USAR FONDOS FEDERALES PARA REFUGIOS DE INDOCUMENTADOS

Prohíbe los fondos para agencias federales, estatales o locales que mantengan una política de refugio, es decir que use fondos federales para dar refugio o beneficiar a indocumentados. Esta disposición a todas luces es inhumana y trata de sofocar y cortar cualquier posibilidad de que el movimiento inmigrante prospere. La realidad es que el movimiento inmigrante no depende de fondos federales, sino del sudor y la sangre vertida de los inmigrantes que realizan cualquier sacrificio por darles una vida digna y mejor a sus hijos.

INVERSIÓN EN TECNOLOGÍA PARA LUCHAR CONTRA LA INMIGRACIÓN ILEGAL

Con esta disposición, el Gobierno estadounidense ha dotado de comunicaciones vía satélite a los oficiales de inmigración para asegurarse el éxito

---

68. Al ser los puertorriqueños hispanos, con los mismos nombres y huellas de mestizaje, es fácil que un guatemalteco pase por puertorriqueño. Los puertorriqueños lo saben, y han montado algunos negocios con esto. Han naturalizado a muchos centroamericanos por unos cuantos dólares más. El riesgo que se corre es que lo atienda un oficial de Puerto Rico en un puerto de entrada cuando uno de ellos llega desde su país de origen: este puede despertar sospechas, porque no es lo mismo un hispano de Puerto Rico que uno de Nicaragua, y con una sola pregunta aquel lo puede descubrir. Por ejemplo, preguntándole cómo se llaman las naranjas en Puerto Rico. Una pregunta tan sencilla como esta puede poner en evidencia el fraude.

de su gestión en contra de inmigración ilegal. Lo cierto es que el Gobierno estadounidense está usando satélites, cámaras y cualquier equipo sofisticado para detener la avalancha de personas que cruza la frontera, pero también es cierto que cuando hay hambre y miseria a nuestro alrededor, entonces, el ser humano hará cualquier cosa por evadir cualquier cerco, incluso el de la tecnología. Recordemos que el ser humano es más grande que la tecnología, aunque sea de un rancho de México o de Guatemala.

Multa a los ilegales

Todos los ilegales deportados deberán pagar una multa de 3 000 $ si están de acuerdo en irse de manera voluntaria. El tiempo establecido para partir voluntariamente se ha recortado a 60 días.

Esta disposición en realidad no tiene ninguna trascendencia y no afecta en lo más mínimo al fenómeno de la inmigración en los Estados Unidos.

Niños de inmigrantes

Todos los niños nacidos de inmigrantes ilegales en los Estados Unidos estarán bajo la custodia del Estado. Esta es una de las disposiciones más crueles de esta ley, porque atenta contra los principios bíblicos y contra la moral.

Castigo por falsificación de documentos

Por falsificación de documentos establece una sentencia mínima de diez años, multa o ambas, con sentencias mayores en casos de apoyo al tráfico de drogas o terrorismo. Establece un Centro de Documentos Fraudulentos dentro del mismo organismo.

Esta disposición no va a disuadir a los indocumentados de falsificar documentos. La necesidad de comer, de pagar las cuentas y sobre todo de enviar remesas de dinero[69] a sus países de origen hará que los inmigrantes

69. «Mostrando una tendencia al alza imparable, inmigrantes latinoamericanos enviaron a sus países de origen en 2005, más de $53.000 millones, un nuevo récord en el envío de remesas. De los cerca de 25 millones de adultos nacidos en América Latina y el Caribe que residen en el extranjero, el BID calcula que dos tercios de ellos envían dinero a sus países de origen regularmente. La importancia de estos envíos no solo para las familias receptoras, sino para las economías de sus países de origen, ha ido creciendo de manera robusta en la última década. De otro lado, Naciones Unidas también dio a conocer un informe similar, en el que se señala que los trabajadores inmigrantes en los países más ricos enviaron a sus familias la cifra récord de $167.000 millones durante el año. Tal como sucede en América Latina, el documento de la Comisión

—con temor, por supuesto— compren documentos falsos. La necesidad, el hambre, obliga.

SE INCREMENTAN LAS PENAS[70]

La ley incrementa las penas para crímenes graves y varios fraudes, incluyendo el fraude matrimonial y fraude de documentos.

Ha sido una práctica muy común en la comunidad inmigrante el casarse por papeles. A este fenómeno se le conoce en el Derecho Internacional Privado como *fraude a la ley*. La legislación de los Estados Unidos contempla el hecho de que si un ciudadano contrae matrimonio con una persona de otra nacionalidad, esta adquiere la residencia y, posteriormente, la ciudadanía. Debido al fraude a la ley, la legislación impuso ciertas condiciones. En el pasado observó una política blanda, en el sentido de permitir a los inmigrantes indocumentados casados con ciudadanos estadounidenses regularizar su situación migratoria mediante el pago de una multa, sin importar si el acceso a su territorio se había producido de forma legal o ilegal. En la actualidad, solo pueden regularizar su situación migratoria aquellas personas que se casan con ciudadanos estadounidenses si entraron con un visado en los Estados Unidos; las personas que no lo hicieron así tendrán que salir del territorio y cumplir un castigo de diez años antes de tener una posibilidad de convertirse en residentes al casarse con un ciudadano estadounidense.

NO TENER ANTECEDENTES PENALES

Antes de aprobarse un estatus legal de inmigración, todo extranjero debe «estar limpio», no debe aparecer ni en las revisiones del archivo criminal, ni en los listados de terroristas o de documentos fraudulentos. Este asunto se ha complicado tanto que una persona, por un simple arresto

Económica y Social para Asia y el Pacífico, revela que en algunos países estos envíos superaron la ayuda oficial para el desarrollo y las inversiones extranjeras directas. Si además se contaran las remesas que son enviadas por canales informales, la cifra podría aumentar hasta en un 50 %, agrega el documento. La agencia de la ONU exhortó a entidades bancarias y gobiernos de los países receptores a que reduzcan el costo del envío de dinero y ayuden a las familias de los trabajadores a invertir las remesas en áreas más productivas». Vide. «Remesas en el mundo», en <http://www.remesas. us/envios/transferencias/recepcion/remesas_en_el_mundo/>

70. El Derecho Penal es la ciencia que trata de los delitos y las penas. Según SUAZO LAGOS, esta definición tendría que complementarse a fin de que, de acuerdo con las teorías prevalecientes, comprenda también los estados peligrosos y las medidas de seguridad. Vide. SUAZO LAGOS, René: *Lecciones de Derecho Penal I,* Tegucigalpa (Honduras): Cettna, 1980; pág. 9.

—aunque este haya sido injusto—, no podrá acceder a la residencia o ciudadanía estadounidense sin antes pasar por varios juicios para probar el error.

Esta disposición obliga a los inmigrantes a vivir una vida de santidad y casi inmaculada, pues el no pagar multas de tráfico pueden impedirle adquirir la legalidad en los Estados Unidos.

Estímulo económico a los estados para que luchen contra la inmigración ilegal

Rembolsa a los Estados que incurran en gastos que ayuden a aplicar las leyes de migración. Este es un estimulo a los Estados a perseguir a los inmigrantes indocumentados y entregarlos a los oficiales de inmigración.

El crimen de proveer de casa a un indocumentado

Proveer de casa a los ilegales se considerará un crimen mayor y quienes lo hagan estarán sujetos a no menos de tres años de prisión. Una disposición de esta naturaleza puede ser legal desde la perspectiva del derecho, y su quebrantamiento convierte a la persona en un delincuente, puesto que ha delinquido. Desde la perspectiva de la moral, no es así. No puede ser un acto moralmente malo el hecho de abrigar a un familiar indocumentado en nuestra casa: eso sería contravenir un precepto mayor que el precepto humano. A todas luces, esta es una disposición no solo injusta, sino contradictoria a los principios de la moral y de las buenas costumbres, y es también perversa.

Tráfico de seres humanos

Esta nueva ley contempla la figura del tráfico y contrabando de seres humanos. Esta es una práctica de que se ha venido realizando, donde se mira al ser humano como una mercancía, no como lo que es. Si bien es cierto que dicha costumbre no es ética, muchas veces, se vuelve en la única alternativa que un latinoamericano tiene de cruzar la frontera.

Incremento de penas por emplear indocumentados

Incrementa las penalizaciones por emplear extranjeros ilegales a 7 500 $ para la primera vez, a 15 000 $ para la segunda ocasión y a 40 000 $ para todas las subsecuentes.

Esta es una disposición sin mayor trascendencia puesto que existen más de once millones de indocumentados que trabajan en los Estados

Unidos. Esta fuerza laboral produce ganancias exorbitantes a las compañías estadounidenses puesto que les pagan sueldos miserables, no les reparten beneficios y los hacen trabajar como animales, de manera que una multa a un monstruo de esos es como quitarle una pulga a un perro. La fuerza laboral de los inmigrantes indocumentados sigue siendo una de las fascinaciones de las empresas estadounidenses y de los empleadores individuales.

A esto es lo que se llama «la hipocresía del cosmos satánico». Por un lado, la sociedad promulga leyes inmisericordes en contra de los inmigrantes y, por otro lado, los explotan chupándoles la sangre que vierten en trabajos que un estadounidense de segunda generación jamás realizaría. Los indocumentados, quiérase o no, son un factor determinante para el desarrollo de la economía de los Estados Unidos.

La aspiración más cara de la ley es alcanzar la justicia para los hombres, pero cuando esto no se logra la ley pierde legitimidad moral. Eso es exactamente lo que ha ocurrido con mucha legislación relacionada con la inmigración en los Estados Unidos. Es una legislación que pasa por alto aspectos humanos trascendentales en la vida del hombre, y por esa razón existen más de once millones de inmigrantes que violan esas leyes. Millones de personas que viven, que trabajan ilegalmente en los Estados Unidos, que tienen que mentir, defraudar y cometer otras acciones ilegales para poder llevar pan a la mesa.

El estudio de este apartado nos ha mostrado una serie de conceptos jurídicos y leyes que definitivamente tienen que ser revisadas y cambiadas por otras que se acerquen más a la justicia, que como se dijo anteriormente, debe ser la más cara aspiración humana. Ahora bien, es oportuno que este fenómeno se estudie desde una dimensión teológica que nos permita comprender mejor la realidad de estos millones de personas.

La leyes de migración en España[71]

El instrumento legal que regula la migración en España se llama Ley de Extranjería, cuya última reforma data del año 2011. Este es un cuerpo legal bien extenso, que consta de 266 artículos que regulan de una forma bien detallada cada aspecto de la migración.

La esencia misma de la ley no difiere de la estadounidense, en el sentido de que sanciona la inmigración ilegal, aunque sí provee de toda una pla-

---

71. Vide. Boletín Oficial del Estado n.º 103, de 30 de abril de 2011, por el que se aprueba el Reglamento de la Ley Orgánica 4/2000, sobre derechos y libertades de los extranjeros en España y su integración social, tras su reforma por Ley Orgánica 2/2009.

taforma jurídica para que todas las personas que permanezcan de forma legal en territorio español puedan llevar a familiares suyos bajo la figura jurídica de la «reagrupación familiar». Otro de los cambios que simplifica el trámite administrativo es que una persona que obtiene un visado de trabajo, o de estudios, ya no tiene que ir a ninguna oficina del territorio español a validarlo o para que se le extienda otro permiso. El visado otorgado por el cónsul tiene fuerza de ley. Otro de los aspectos interesantes de esta ley es que aprobará cada año un contingente laboral de personas que no residan en territorio español para que vayan a España a trabajar; pero tiene que ser mediante la petición de una Comunidad Autónoma, empresas o sindicatos.

En España no existen leyes groseras como las de Arizona o Georgia, que catalogan a los inmigrantes indocumentados como delincuentes comunes y que si alguien transporta a uno de ellos se vuelve cómplice. Tampoco España tiene ningún avión de la vergüenza que todas las semanas repatríe a miles de inmigrantes indocumentados a sus países de origen.

El pecado de estas leyes es que, a rajatabla, deja fuera de la ecuación a millones de pobres que nunca cumplirán los requisitos *strictu sensu*. Esta es la gente que necesita emigrar para mejorar su condición de vida y la de su familia, y para emigrar tiene que poner toda su inventiva o recibir ayuda de otras personas que tienen experiencia en el asunto para poder burlar la ley o recurrir a algún subterfugio legal que les permita emigrar o regularizar su situación. Las personas cuya situación en España ya es legal no tienen problema, y pueden regular la situación de sus familiares más cercanos; el problema son las personas que no tienen conexiones y no reúnen los requisitos legales. Si conseguir un visado de turista en Bogotá o Quito puede resultar una odisea para un parroquiano, ¿qué no será conseguir una residencia o un visado de trabajo?

Preguntas para reflexionar

1. ¿Qué piensa Ud. sobre la factura histórica? ¿Estaremos cobrándonos una vieja deuda?
2. ¿Cree Ud. que existe una factura histórica con España? ¿Por qué?
3. ¿Qué piensa del sentimiento antiestadounidense? ¿Cree Ud. que se lo merecen?
4. ¿Cuál es su concepto de frontera? ¿Debemos respetar el concepto humano?
5. ¿Qué entiende Ud. por legalidad?
6. ¿Qué piensa Ud. de las prácticas comunes en contra de la Ley de Inmigración?

7. De las nuevas disposiciones sobre la Ley de Inmigración, ¿cuál le parece más injusta? ¿Por qué?

8. ¿Qué opinión le merece la Ley de Extranjería española?

D. La salvación del pueblo sufrido

Si bien es cierto que la teología es reflexión humana y está sujeta a errores, también es cierto que, como disciplina que estudia todo lo relacionado con Dios, le confiere una dimensión a la realidad que ninguna otra disciplina sería capaz de darle. En la actuación del hombre subsisten de manera inevitable dos dimensiones: la humana y la espiritual. Los científicos de las ciencias sociales se enfocan exclusivamente en la humana y dejan de lado la espiritual, que en definitiva es la que determina todas las cosas. Teniendo esto en mente, es de suprema importancia, cuando hablamos del fenómeno de inmigración, otorgarle una dimensión espiritual al tema, para poder apreciar aspectos y verdades que de otra manera permanecerían ocultos.

Este apartado se desarrollará de la siguiente manera: 1. Cristo y los inmigrantes; y 2. La salvación y los inmigrantes.

1. El rostro inmigrante del Salvador

Si nos ajustamos a la definición técnica de lo que es un inmigrante,[72] Jesucristo fue un inmigrante en algún momento de su vida. La Biblia nos dice que a raíz de las intenciones de Herodes de asesinar a todos los niños menores de dos años,[73] el ángel le indica a José que se vaya a Egipto donde Jesús vive con sus padres como inmigrante hasta la muerte de dicho Rey. Este solo hecho nos ubica en una dimensión completamente diferente, pues podemos afirmar que Jesucristo y su familia conocen la experiencia de vivir fuera de su país de origen[74] y hace que cobren vigencia las extraordinarias palabras del escritor de la epístola a los Hebreos, quien señala:

> No tenemos un sumo sacerdote que no pueda compadecerse de todas nuestras debilidades, sino uno que fue tentado en todo según nuestra semejanza, pero sin pecado.[75]

72. Jorge Ramos, el presentador de Univisión e inmigrante mexicano en los Estados Unidos, definió inmigración como nacer en un lugar y vivir en otro. Vide. RAMOS, Jorge: *The Other Face of America,* Harper Collins Books, 2002; pág. 237.

73. Vide. Mateo 2:13 y sigs.

74. En la actualidad este sería un típico caso de asilo: una familia que huye de su país porque su vida corre peligro y tiene la necesidad de refugiarse en otro Estado para salvarla. Es el típico caso de muchos de los colombianos que emigran a Estados Unidos huyendo de las amenazas de muerte que han recibido de parte de los movimientos guerrilleros; o lo que ocurrió en Centroamérica, en la década de los ochenta del siglo XX o en algunas islas del Caribe. Para más información sobre el derecho de asilo, se recomienda ORTEZ COLINDRES, E.: *El derecho de asilo;* Tegucigalpa: Ed. Nuevo Continente, 1971. En este libro Ortez Colindres desarrolla un estudio de la historia del derecho de asilo en diferentes culturas y épocas, incluyendo la egipcia.

75. Vide. Hebreos 4:15

Lo que esto quiere decir es que Jesucristo ha experimentado nuestras mismas experiencias, por lo tanto puede compadecerse de nosotros. Puede compadecerse de aquel pastor de Cali, Colombia, quien recibe una nota de las FARC donde lo amenazan de muerte y tiene que emigrar con toda su familia a Miami; o de Manuel Boca de Rivera, de México, que tiene que emigrar bajo otras circunstancias no menos valederas que las del caso anterior, y que tiene que cruzar el río Grande (o Bravo) más de 15 veces porque el área geográfica de México donde él nació y vivió es tan pobre que tiene que arriesgar su vida de esta manera para mantener a su familia. En su testimonio Manuel Boca señala:

> Nadie sabe lo duro que es dejar a la familia, pero no hay opción. No tengo alternativa; tan pronto como llego a la frontera, veo como están las cosas y en la primera oportunidad que tengo, simplemente cruzo, y es un juego como el del gato y el ratón. Algunas veces tienes suerte y cruzas, y otras veces te agarran y es una mala experiencia. Pero lo tienes que hacer e intentarlo de nuevo hasta que lo consigues. El desierto es muy difícil y peligroso, puedes ser mordido por serpientes, ser robado, incluso te pueden matar. Una de las razones por las que no quiero traer a mi familia es porque es muy arriesgado. Usualmente voy a Chicago y cuando consigo un trabajo, trabajo tan duro como puedo para enviar dinero a mi familia, cuando regreso de los Estados Unidos digo: Espero que este haya sido mi último viaje, pero tengo que ir otra vez, las cosas no están bien en México.[76]

El punto clave en discusión bajo este epígrafe es ¿Qué piensa Cristo sobre la inmigración? ¿Cuál es su postura?

¿Goza el inmigrante de la simpatía de Cristo?

Se ha dicho a la saciedad que las personas que emigran, normalmente son gente de escasos recursos económicos que han sido víctimas del pecado social en sus países de origen y que por lo tanto tienen que salir en busca del sueño americano. Se ha dicho, también hasta la saciedad que este es un proceso de sufrimiento y que en los Estados Unidos esta gente es perseguida, explotada y demás.

La otra premisa es que Dios está en contra de la injusticia, la opresión y la voracidad del corazón del hombre. Pero este hecho no lo debemos conectar de inmediato y concluir que todos los inmigrantes gozan de la simpatía de Cristo por el hecho de ser inmigrantes pobres, sufridos y vejados por los anglos. No nos engañemos y digamos la verdad, nadie va a gozar de la simpatía de Cristo por el simple hecho de ser inmigrante sufrido, porque al final de cuentas esta situación puede ser la justa retribución de

---

76. Vide. WILLS, Chuck: *Destination America*; USA: DK Publishing, 2005; pág. 173.

su conducta. Como todo en la vida, siempre están los buenos de la película y también los bandidos.

Si bien es cierto, Cristo no es ajeno al dolor de aquellos que con o sin su familia tienen que emigrar a los Estados Unidos y sufrir toda suerte de humillaciones, explotación y sobre todas las cosas vivir entre el temor y la angustia de no saber si van ser objeto de una redada y ser deportados del país como un delincuente vulgar. Tampoco Cristo es ajeno que muchos de estos inmigrantes son criminales, borrachos, adúlteros, con sus corazones llenos de odio y amargura que tarde o temprano recibirán el justo pago por sus malas acciones.

Lo que sí se puede afirmar es que, este fenómeno de inmigración de latinos obedece a un plan de Dios. En la Teología cristiana uno de los puntos claves es el tema de los decretos divinos y lo que esto significa, entre muchas otras cosas, es que todo obedece a un plan predeterminado por Dios, que no existen accidentes, de manera que este fenómeno de inmigración tanto de buenos como de malos es un hecho en el que Dios tiene un propósito tanto para los latinos como para los anglos.

¿Tiene importancia el estatus migratorio para Cristo?

Si vamos a ser correctos, a Dios no le importa el estatus migratorio de la persona. Lo que Dios quiere del individuo es su lealtad, su compromiso y su amor indivisible. Si la persona entró con visado o sin visado no tiene nada que ver para Él. El mensaje de Dios al hombre es que *todos procedan al arrepentimiento de sus pecados*, y la persona que reconoce a Jesucristo como a su Salvador personal es simplemente salva. De manera que el axioma es sencillo: Cristo recibe a cualquier pecador, sin importar sus estatus migratorio que no es nada en comparación con la larga lista de pecados que un individuo lleva cuando acepta a Cristo. Si Dios perdona los pecados de un ser humano, ¿por qué habría de importarle su estatus migratorio? Una vez que una persona recibe a Cristo y comienza a recibir iluminación de Espíritu Santo, Dios mismo le mostrará qué dirección tomará su vida. Es posible que Dios lo guíe a regresar a su lugar de origen o a que se quede para ejercer un ministerio. En los designios de Dios nadie debe meterse ni debe juzgar las cosas por las simples apariencias bajo los parámetros humanos. Dios posee un plan perfecto para cada persona que lo recibe, y esto es del todo incuestionable.

Ahora la pregunta teológica es: ¿qué ocurre con aquellos cristianos que emigran usando la mentira? Porque esta es otra realidad; muchos pastores[77] y miembros de las iglesias se limitan a mentir y se quedan al margen

---

77. En el año 2004, nuestro ministerio realizó el III Congreso de Misiones Llevando la Luz a las Naciones. Realizamos una convocatoria en América Latina y firmé gran

de la ley, o cruzan el río después de llevar muchos años en la Iglesia. No es posible emitir un juicio ni condenatorio ni absolutorio, pues, como estudiaremos con posterioridad, existe el manto de la ética de situación, que podría cubrir o no casos de esta naturaleza, de manera que es necesario conocer cada caso en detalle; en muchos de ellos solo Dios sabe, y Él es, en definitiva, quien juzga y juzgará a vivos y muertos.

2. La salvación y el pueblo sufrido[78]

La salvación es la obra de amor más grande de Dios. Es la demostración clara de dos realidades indubitadas: la gravedad del pecado y la urgencia de liberarnos de él. Dios es el único que puede proveer de este gran remedio al mal del que adolece la humanidad. Nadie puede salvar al hombre, solamente Dios, su Creador; y, para salvarlo, necesita hacerse hombre, y se hace y lo salva. En ese sentido, los inmigrantes son sujetos de salvación y, por lo tanto, se constituyen en un campo misionero; son personas a las que hay que evangelizar e invitar a reconocer a Jesucristo para que puedan experimentar una transformación en todos los aspectos de su vida. Aunque es importante señalar que muchas de esas personas que cruzan el río o se quedan en territorio estadounidense al margen de la ley son cristianos nacidos de nuevo, incluyendo a los pastores, como se señaló antes. En este apartado vamos a discutir lo que ocurre con un emigrante que recibe la salvación de Dios.[79]

La salvación redimensiona la vida del inmigrante

Si bien es cierto que el móvil principal de la inmigración es el factor económico, también es cierto que muchos lo hacen por razones de seguridad

cantidad de invitaciones para que les dieran visado a los participantes. A muchos de ellos se lo concedieron, pero, ¿cuál fue mi sorpresa? Algunos de ellos se quedaron de modo ilegal en los Estados Unidos. En este caso no solo mintieron al cónsul, sino que me usaron a mí en una forma muy cuestionable. Estoy hablando de pastores y líderes de Iglesias, no de cualquier persona.

78. La palabra griega para salvación es *sotería,* que significa romper cadenas, liberar, rescatar de la esclavitud. Esto es precisamente lo que hace la obra de Jesucristo en la vida del hombre caído: liberarlo de todas las ataduras satánicas de odio, amargura, sentimientos de venganza, y de los resentimientos; de las cadenas de maldición que lo atan, como los vicios nefastos del alcoholismo, las drogas, el tabaco, etcétera. Para mayor información sobre este tema, vide. ZALDÍVAR, Raúl: *Teología sistemática,* Barcelona (España): CLIE, 2006.

79. La teología tradicional nos enseña que cuando una persona recibe la salvación es justificada, regenerada, redimida *inter alia*. A esto se le llama «los beneficios de la salvación». Sin embargo, contextualizando esto, en el caso de los inmigrantes hay algunos otros aspectos que se pueden señalar, como lo que ocurre cuando son salvos en los Estados Unidos, que es diferente que cuando son salvos en sus países de origen.

o por razones políticas, sin descartar a aquellos delincuentes que tocaron fondo en sus países de origen y buscan nuevos espacios para continuar con sus vidas sin sentido. Es necesario afirmar que cuando una persona recibe la salvación en los Estados Unidos o España, su vida es redimensionada, es decir, entra en una dimensión diferente al factor económico.

El primer paso, se produce cuando comienzan a asistir a la iglesia, reciben un discipulado y las primeras instrucciones de la Palabra. Aprenden una serie de valores y comienzan a diezmar e involucrarse en las actividades de la comunidad de fe. Si bien es cierto que siguen trabajando y enviando sus remesas a los familiares, ahora el centro de sus vidas es Cristo y la comunión con los miembros de la iglesia. Algunas de estas personas reciben el llamamiento al ministerio y se convierten en pastores o líderes prominentes que son instrumento para el ensanchamiento de la Iglesia hispana en los Estados Unidos. Su vida se ha redimensionado. Ya no gira alrededor del dinero o del sueño americano, sino de su devoción a Dios, y, en la mayoría de los casos, Dios les concede también las bendiciones materiales.

¿Debe verse la salvación como una liberación de la opresión?

El hecho de que, en muchos casos, los anglos opriman a los hispanos no está en el tapete de la discusión; ya se ha discutido, argumentado y probado de un modo suficiente. La controversia estriba en si debemos interpretar la salvación como una liberación de esta opresión o simplemente como una liberación espiritual. Esta fue la misma discusión que hubo en América Latina en los años setenta del siglo XX con la llamada teología de la liberación[80] que abogaba por una liberación social y política del pueblo oprimido por las oligarquías y el imperialismo anglo. Ellos fustigaron con vehemencia a los teólogos de corte tradicional o euroamericanos, quienes de forma incorrecta abogaban por la salvación del alma sin importar la condición socioeconómica de la persona.

En una controversia de esta naturaleza, quien escribe no puede adoptar una postura ni ecléctica ni neutral, el compromiso con lo que entendemos de la Palabra de Dios nos lleva a decantarnos por la postura de que la salvación es la del alma, y que muchas veces la salvación del alma no necesariamente implica la liberación del sistema satánico en el que vivimos. Nada más grotesco e inhumano que la esclavitud, un sistema satánico que

---

80. Para mayor información sobre este tema, se recomienda GUTIÉRREZ, Gustavo: *Teología de la liberación*, Salamanca: Ediciones Sígueme. A Gutiérrez se le considera el padre de esta teología. También es útil NÚÑEZ, Emilio A.: *Teología de la liberación*, San José (Costa Rica): Ed. Caribe, 1986; 2.ª ed.; y ESCOBAR, Samuel: *La fe evangélica y las teologías de la liberación*, El Paso (Texas): Ed. Casa Bautista de Publicaciones, 1987.

consideraba al esclavo una mercancía, un ser sin alma, una contradicción absurda. Pero Pablo nunca motivó ni levantó ningún movimiento en contra de esta nefasta práctica; antes bien, llegó a extremos que en nuestra sociedad cristiana sería repudiado; por ejemplo, pedir sumisión y servicio a los explotadores;[81] o en el caso de Filemón, donde envía al esclavo a que restituya al explotador cristiano, que resultaba ser un cristiano muy influyente a quien el apóstol Pablo respetaba. Ahora, juzgar a Pablo desde nuestra cultura, y sin ver lo que está detrás de sus escritos, sería una burda excusa para esgrimir una infamia contra la majestad de la Palabra de Dios. Pablo le dice a Filemón, «recíbelo ya no como siervo, sino como hermano».[82] La exégesis de este versículo nos llevaría a conclusiones impresionantes.

Lo expuesto anteriormente no significa en ningún momento que la salvación es la del alma y que allí murió el asunto. En ninguna manera. Dios salva el alma, y muchas veces forma el carácter del individuo en el crisol de la opresión de los anglos o de la cultura dominante para después darle una libertad en todos los sentidos. Aunque la Biblia no lo dice, la tradición sí. Onésimo fue perdonado por Filemón, quien le dio su carta de libertad, y más tarde este se volvió pastor. *no sé*

Tampoco lo anterior significa que la Iglesia deba guardar silencio ante la opresión de la cultura dominante en los Estados Unidos. Más adelante será objeto de estudio la responsabilidad social de la Iglesia.

Preguntas para reflexionar

1. ¿Puede una persona indocumentada decir que es salva?
2. ¿Por qué a Dios no le importa nuestro estatus migratorio?
3. ¿En qué sentido la salvación redimensiona la vida de un inmigrante?
4. ¿Cómo debe interpretarse la salvación en el contexto de la sociedad hispana de los Estados Unidos?

---

81. Vide. Efesios 6:5-9
82. Filemón 15 y 16. Esta es una de las epístolas sobre las que se debería efectuar una exégesis seria y responsable a la luz de cuál debe ser la conducta de un cristiano en medio de un sistema satánico e injusto.

E. La ética del pueblo sufrido en Estados Unidos y España

La ética es la ciencia que estudia el acto humano. El acto humano puede ser bueno o malo y esto es precisamente la moral: la cualidad para determinar el tipo de acto humano.[83] Si el acto humano es bueno será llamado moral y si es malo será llamado inmoral. Todos estamos de acuerdo con la ética y la moralidad o inmoralidad de los actos; la controversia surge al aceptar quién determina la moralidad de los actos. Los cristianos siempre afirmaremos que la moralidad de un acto estará siempre determinada por la Biblia; en cambio, un jovencito de la posmodernidad dirá que la voluntad del hombre decide qué es bueno o qué es malo.

En este apartado será objeto de estudio la ética de situación, así como una serie de conductas propias de los inmigrantes indocumentados cuando llegan a los Estados Unidos, y también la conducta de los americanos hacia los inmigrantes. Este apartado nos dará una perspectiva diferente de este fenómeno y nos pondrá en la correcta dimensión en relación con la inmigración hispana hacia los Estados Unidos.

1. La ética de situación[84]

Este es uno de los temas que más pasiones levanta por la complejidad de su esencia. En primer lugar, lo que esto significa es que nuestras acciones pueden ser contrarias a la ley, sea humana o divina, sin embargo, si nuestra motivación es el amor, el acto es moralmente bueno. Fidias Echeverría lo expresó de una manera más sencilla: «es hacer un mal para evitar otro mayor».[85] En ese caso, si bien es cierto que la acción es contraria a la ley o de Dios o del hombre, sigue siendo buena. Para el entendimiento de este tema vamos a estudiarlo en la Biblia, y en el caso específico de los inmigrantes.

La ética de situación en la Biblia

Aunque Ud. no lo crea, tenemos varios casos de ética de situación en la Biblia en los cuales Dios toma complacencia.

83. Todo lo relacionado a este tema se puede encontrar en BELLONCH y TEJEDOR: *Filosofía,* Madrid: Ediciones S.M., 1975; págs. 183 y sigs.

84. La expresión 'ética de situación' fue acuñada por Joseph Fletcher (1905-1991) en su obra homónima *Ética de situación.* En esencia lo que él afirmaba era que el acto humano debe estar basado en las circunstancias de la situación en la que viven las personas y no en una ley establecida. Él agregaba que el único absoluto era el amor y que el amor tenía que estar detrás de cada decisión. Para más información, vide. FLETCHER, Joseph: *Situation Ethics: The New Morality,* Filadelfia: Westminster Press, 1966.

85. Fidias Echeverría es el pastor de la Primera Iglesia Bautista Hispana de Filadelfia.

[anotación manuscrita: Interesante]

VEAMOS EL CASO DE RAHAB, LA RAMERA

Esta es una mujer pagana que para salvar su vida miente, diciendo que los espías habían salido de la ciudad, cuando la verdad era que los tenía escondidos en su casa. Si bien es cierto que esta era una mentira, Dios se complació tanto de esta acción, que Rahab no solamente es ascendiente de David, sino de Jesucristo, y es una de las poquísimas personas que tiene su nombre grabado para la eternidad en el capítulo de los héroes de Dios, el capítulo 11 a los Hebreos. La mentira es un pecado y los mentirosos no entraran al reino de los cielos, eso está claro. Pero en este caso específico, mentir significa creer en Dios, significa renunciar a la idolatría, al pecado y servir al Dios verdadero. Esto es ética de situación. No se juzga el acto per se, sino lo que hay detrás de él. En cambio, en caso de Ananías y Safira, en el libro de los Hechos, la mentira les costó la vida a ambos, porque lo que había detrás del acto era codicia y maldad: he allí la diferencia.

LA MUJER ADÚLTERA EN EL NUEVO TESTAMENTO

La ley claramente señalaba que el castigo a una mujer en aquella circunstancia era la muerte por lapidación, como exigía la turba a Jesucristo. Y sabe que, si ellos hubieran matado a la mujer, esa acción se hubiera considerado moralmente buena según la ley de Dios, de manera que los judíos estaban en lo correcto, nadie podía acusarlos de asesinato porque Dios mismo exigía que así fuera; sin embargo, ocurrieron dos cosas ante las cuales las leyes son incompetentes:[86] una, que Jesús vio en la mujer algo diferente a lo que la turba miraba, y, luego, que Jesús vio las intenciones y la maldad de su corazón. De una forma extraordinaria Jesucristo les hace ver su maldad, y estos, redargüidos por su pecado, tienen que abandonar su malévola empresa; y cuando Jesús está solo con la mujer, actúa en contrario a la ley cuando le dice: «tampoco yo te condeno, vete y no peques más».

Lo que estos ejemplos nos enseñan es que, si bien es cierto que la ley es importante y necesaria, al final, lo más importante es lo que está detrás de la acción, y esto es lo que debe determinar la moralidad del acto, no la ley *per se*.

[anotación manuscrita: En este caso el entiendo que ver el nombre obliga a ser castigado. Lo más seguro los doriseis no aplicarían la ley justamente]

---

86. Con esto no estamos diciendo que las leyes sean malas y que podamos violarlas. Las leyes son necesarias en cualquier sociedad. Lo que estamos diciendo es que hay un elemento espiritual que la ley no tiene ni puede tener. Por eso Pablo dijo refiriéndose a la ley: «La letra mata, mas el espíritu vivifica».

Hay que ver lo que esté realmente sucediendo en el norte de México

La ética de situación en la vida de los inmigrantes

tono de crueldad

Este mismo principio debe operar en la situación de algunos[87] inmigrantes indocumentados. Sin lugar a dudas, va contra la ley conducir en los Estados Unidos sin poseer una licencia; sin embargo, hay muchísimas personas que no tienen otra alternativa y tienen que hacerlo. Algunos otros tienen que recurrir a subterfugios[88] para conseguir una licencia y otros simplemente tienen una licencia chueca.[89] Desde la perspectiva del derecho, la conducta de los inmigrantes es ilegal y están sujetos a una sanción civil, y en algún caso penal; sin embargo, desde la perspectiva de la justicia, no es justo que sean sancionados, y, por lo tanto, el acto de estas personas es un acto moralmente bueno, siempre y cuando apliquemos la ética de situación.

En ese mismo sentido podemos hablar de aquellas personas que tienen que comprar un número de seguro social para poder trabajar, por lo general de algún fallecido de origen puertorriqueño,[90] incurriendo de inmediato en un delito muy grave, como lo es la suplantación de personalidad y el uso de documentos públicos falsos, pero si los inmigrantes no hacen esto, no trabajan, y si no trabajan, no comen, no pueden enviar las famosas remesas a sus países de origen para mantener a sus familias con todo lo que esto implica. Desde la perspectiva del derecho, esta conducta es ilegal y moralmente mala, empero, desde la perspectiva de la ética de situación, este acto es bueno. Como dijera el pastor Fidias Echeverría, es «hacer un mal para evitar otro mayor». En fin, hay gran cantidad de conductas en las cuales los inmigrantes tienen que ampararse en la ética de situación, de lo contrario serían unos pecadores y candidatos sin remedio a perderse en las sombras tenebrosas del infierno.

difícil de creer.

87. Uso la palabra 'algunos' porque hay delincuentes que no pueden estar amparados por la ética de situación.

88. Hace algunos años, en el Estado de Wisconsin, no se pedía el seguro social para obtener la licencia; bastaba que presentara un recibo de la electricidad o de teléfono con una dirección en Wisconsin para obtenerla. Mucha gente que vivía indocumentada en Chicago iba a Wisconsin, conseguía la dirección de un amigo y contrataban los servicios de una compañía de teléfono con la dirección. Cuando recibían el primer recibo, iban por su licencia de conducir aunque no vivían en el Estado. En derecho, a esta figura se le llama fraude a la ley. Todo es legal, pero la conducta es ilegal.

89. 'Chueco' es una palabra que usan los mexicanos para significar algo anómalo, que no es bueno. Lo que ocurría es que en la villita —o calle 26 de Chicago— había bandas de personas que se encargaban de conseguir licencias con números sociales falsos y cobraran gran cantidad de dinero.

90. En muchos casos los puertorriqueños se valieron de su estatus de ciudadanos estadounidenses para llevar a cabo este tipo de negocios con otros hispanos que estaban en una situación poco ventajosa. Como es obvio, aquí vemos una situación de falta de solidaridad que evidencia, una vez más, que el problema radica en el corazón pecaminoso del hombre.

Es importante señalar que no todas las personas en la Iglesia están de acuerdo con la ética de situación; tengo amigos pastores que son legalistas y se apegan a la ley a rajatabla; para ellos los inmigrantes no están amparados en la ética de situación y su conducta es moralmente mala. Espero conservar su amistad a pesar de lo que hemos afirmado antes.

Una vez estudiado el tema de la ética de situación, vamos a tocar uno de los problemas éticos más complejos de este fenómeno de la inmigración, como lo es el de separación de las familias.

2. La separación de las familias

Me tocó verlo de niño, cuando uno de mis amigos se había quedado con sus cuatro hermanos solo porque su madre se había ido a los Estados Unidos hacía más de tres años. ¡Cuántas personas conozco el día de hoy con un profundo resentimiento porque sus padres los abandonaron cuando eran niños y los dejaron con un familiar para ir a trabajar a los Estados Unidos! ¡Cuántas veces me ha tocado aconsejarlos! Y claro, la respuesta del padre dolorido es: «Lo hice por ellos». Lo cierto es que abandonar a un niño es causarle un daño casi irreparable. En la infancia es cuando un ser humano más necesita de sus padres: si uno de ellos falta, entonces se provoca una inestabilidad emocional en la familia.

Este es el alto precio que los inmigrantes tienen que pagar en su osadía de tomar el tren de la muerte en México para cruzar su territorio y después cruzar el río para llegar a un lugar donde hay un familiar o un amigo.

El otro lado de la moneda es la triste escena de los inmigrantes indocumentados que añoran a sus hijos, abandonados con una abuela o una hermana. El martirio de ver pasar los días, meses, años sin ver a sus hijos. La llamada telefónica lo que hace es profundizar más la herida. Los padres piensan que con mandar el dinero están siendo padres responsables, sin darse cuenta de la irresponsabilidad en la que incurren por el otro lado.

Otros más osados, que entienden que este es un acto moralmente malo —el abandonar a sus hijos—, arriesgan su propia vida para llevarlos a los Estados Unidos. Hay hombres que lo arriesgaron todo para llevar allí a sus familias; en algunos casos llegó toda la familia, pero hay otros que nunca dieron este paso, como, por ejemplo, el caso de Armando Lacayo, de 40 años, quien ha trabajado como obrero en múltiples oficios:[91]

No he visto a mi esposa ni a mis dos hijos —de 18 y 12 años— desde que llegué a Miami con una visa de tránsito en noviembre del 2001. Me

91. «El miedo y la desesperanza acaban con el sueño de indocumentados». *El Nuevo Herald*, Miami, 1 de septiembre de 2009, pág. 1.

quedé esperando una legalización y una reforma que nunca llegan, esperanzado en que solucionaría mi problema, pero no es así. Todo fue un engaño, y mi familia está sufriendo los embates de la separación.

En la gran mayoría de los casos, los inmigrantes son varones que viajan solos y dejan a sus esposas e hijos abandonados en sus países de origen, aunque el fenómeno de las madres solteras que dejan a sus hijos con parientes es algo común también. Es obvio que los prolongados períodos de soledad llevan, muchas veces, a estas personas a vivir con parejas sin ningún tipo de compromisos. Al conocer a Cristo, estas personas abandonan esta clase de vida y buscan la reunificación de la familia por todos los medios. Aprenden que, si bien es cierto que el dinero es importante, no es el centro alrededor del cual debe girar la existencia de un ser humano y que, por lo tanto, existen valores mucho más importantes, entre los que está el de la familia. Cuando una persona es salva, busca la reunificación. En el caso específico de los inmigrantes hay dos opciones solamente: o se van a sus países de origen o se arriesgan y cruzan el río con sus familiares.[92]

3. La explotación y la pobreza

En los Estados Unidos todos sabemos que una persona indocumentada es explotada por las pequeñas y grandes empresas. Incluso hay empresas que ganan tres, cuatro y más veces contratando indocumentados que contratando residentes legales o ciudadanos. Uno de los escándalos que sacudió la opinión pública fue ver como Walmart, Kmart y este tipo de negocios que están obteniendo beneficios multimillonarios han abusado del sudor de los inmigrantes violando todos sus derechos laborales al contratarlos como trabajadores independientes sin beneficios.[93] Por el hecho

92. Recordemos que en algunos países existen verdaderas organizaciones que se dedican al tráfico de indocumentados. Estas son redes que operan en conjunción con otras organizaciones que están en la frontera de México con Estados Unidos que tienen toda la información y experiencia para cruzar a las personas.

93. La demanda, presentada ante las cortes federales en San Francisco y Los Ángeles por un colectivo de abogados de Maldef y el sindicato Unión Internacional de Empleados de Servicios (SEIU, en inglés) contiene una serie de severas acusaciones contra los supermercados Ralphs, Vons, Pavilions, Safeway y Albertsons. Los empleados de las cadenas mencionadas no recibieron «pagos de horas extras trabajadas, beneficios de asistencia social, de seguro médico, de pensiones, vacaciones pagadas, permisos para ausentarse de las labores por enfermedad» ni otros beneficios que marca la ley, según la demanda. García, directora del Fideicomiso de Cooperación en Mantenimiento, señaló que esas violaciones se producen «con un total conocimiento por parte de los supermercados». Dijo que el esquema de explotación, en el caso de los supermercados, incluye a las empresas contratistas nacionales Building One Service Solutions, Encompass, United Service Solutions, Janitorial Services y California Professional, «algunas de las cuales proporcionan trabajadores a cadenas como Walmart». Dichas compañías nacionales

de ser indocumentados no han recibido ningún tipo de beneficios sociales o médicos y han estado ganando el salario mínimo, un salario que jamás ganaría un angloamericano. Estos inmigrantes que no hablan el inglés, que vienen de algún rancho de Oaxaca, México, o de la aldea El Culebrero, en Honduras, o de la zona 21, de Guatemala, no pueden denunciar el abuso y tienen que tragárselas todas, pues viven con el constante temor que la *Migra*[94] los detenga. Estos inmigrantes ni siquiera pueden trabajar en paz, pues están pensando que en cualquier momento puede detenerlos la Migra en alguna redada en la factoría[95] donde trabajen.

La pregunta obvia es: ¿Cómo sobreviven si son explotados de esa forma? Ahí es donde viene la segunda parte de esta reflexión: la pobreza. La mayoría de los inmigrantes indocumentados en sus primeros dos a cuatro años viven en condiciones realmente infrahumanas. Alquilan un apartamento donde viven ocho personas. Duermen tres o cuatro en cada una de las habitaciones y, cuando estas resultan insuficientes, utilizan para dormir la sala de la casa en unas condiciones de promiscuidad e insalubridad impresionantes. Entre todos pagan el apartamento, las utilidades y demás gastos y, haciendo de tripas corazón, pueden ir a final de mes a Western Union o MoneyGram[96] a enviar sus remesas para que su familia coma en sus países de origen. Esta gente conducen coches desechados que son auténticas chatarras, y, como señalamos anteriormente, la mayoría de ellos sin una licencia de conducir, y los que no tienen dinero para un coche utilizarán el transporte público para ir a sus trabajos. La explotación del in-

de servicios de conserjes o limpieza trabajan a través de subcontratistas que ofrecen empleos a inmigrantes recién llegados al país o mediante sus familiares y conocidos en EE. UU. «Los subcontratistas son el vehículo para conseguir empleados que acepten trabajar por un salario mínimo básico sin ninguna prestación que marca la ley, pero con total conocimiento tanto de los supermercados como de las empresas nacionales de servicios de conserjes», indicó la investigadora. Añadió que los supermercados saben que al pagar a los subcontratistas, que se identifican con los nombres de las empresas como Encompass, proporcionan un pago mayor al que reciben los conserjes, pues están pagando tanto a los intermediarios como a las compañías de contratación de trabajadores. Han sido los supermercados los que, sabiendo que solo tienen que cubrir un pago fijo, han establecido los horarios y tareas que los empleados deben cubrir sin pedir beneficios legales, de acuerdo con la demanda. Vide. «Denuncian sistema de explotación contra inmigrantes hispanos». (http://www.terra.com/finanzas/articulo/html/fin3291htm).

94. La *Migra* es el término como los mexicanos se refieren a los oficiales de migración. El término lo usan también los centroamericanos, después de haberse popularizado gracias al cine mexicano, que jugó sin duda un papel importante; por ejemplo, las películas del actor Mario Almada o, también, las canciones de los Tigres del Norte.

95. 'Factoría' viene de la palabra inglesa *factory*, y es la forma como los inmigrantes se refieren a las fábricas.

96. Es importante señalar que se ha acusado a estas compañías de cobrar excesivas tarifas por el envío de dinero a Latinoamérica.

migrante indocumentado en los Estados Unidos es tan brutal e inhumana que esta gente tiene que trabajar hasta dos turnos, lo que atenta contra su estabilidad física y emocional, puesto que no duermen lo suficiente; se alimentan pésimamente y, por supuesto, los esbirros de las factorías reservan a los indocumentados el peor turno: el tercero.[97] Armando Lacayo, ingeniero industrial de Nicaragua, señaló antes de regresar a su país: «Yo, al igual que todos los indocumentados, he sufrido vejámenes de los patrones y de todo el mundo… y muchas veces me han tratado como a un animal». Lacayo tiene boleto comprado para regresar y tampoco quiere seguir trabajando horas excesivas «como un esclavo», sin vacaciones, ni beneficios…[98]

De esta manera, esta gente vive peor que aquella de la época de la esclavitud, aunque, si hemos de ser honestos, esta es otra modalidad de la esclavitud, porque el espíritu del hombre está atado al dinero y para conseguirlo tiene que vender su fuerza de trabajo por un sueldo miserable que atenta contra la dignidad del ser humano. Porque no es que las empresas no puedan pagar, es que la codicia y el amor al dinero las lleva a explotar a los inmigrantes indocumentados hasta chuparles la última gota de sangre: como conocen su condición de indocumentados se aprovechan para tratarlos como los tratan. Este acto humano es moralmente malo y Dios los llamara a cuentas un día.

Ahora pasamos a unas conductas de los anglos moralmente malas, como lo son el etnocentrismo y el racismo.

4. Etnocentrismo y racismo[99]

Aquí estamos llegando a un punto completamente espinoso: el que trata del etnocentrismo[100] y del racismo, respectivamente. Según el sociólogo

97. Es el turno que corresponde de 12 de la noche a 8 de la mañana.

98. «El miedo y la desesperanza acaban con el sueño de indocumentados». *El Nuevo Herald*, Miami, 1 de septiembre de 2008, pág. 1.

99. Sobre este tema ser recomienda vide. PRESTON AND SMITH: *Sociology: A Contemporary Approach*, USA, 1989, 3.ª ed., págs. 282 y sigs.

100. El etnocentrismo es el acto de ver y analizar el mundo de acuerdo con los parámetros de la cultura propia. El etnocentrismo suele implicar la creencia de que la propia raza o grupo étnico es la más importante, o que algunos o todos los aspectos de la cultura propia sean superiores a los de otras. Dentro de esta ideología, los individuos juzgan a otros grupos con relación a su propia cultura o grupo particular, sobre todo en lo referido al lenguaje, las costumbres, comportamientos o religión. Dichas diferencias suelen ser las que establecen la identidad cultural. Una cátedra sobre el etnocentrismo y los valores de los que creen que existen seres humanos superiores e inferiores se puede encontrar en el capítulo XI de *Mi lucha*, de Adolf Hitler (México: Ed. Época, págs. 113 y sigs.), donde desarrolla toda una argumentación sobre la superioridad del ario frente a otras razas, especialmente los judíos. Estos pensamientos satánicos han existido y todavía existen en los Estados Unidos, contra los negros, contra los hispanos y contra

Donald Noel,[101] el etnocentrismo es el prerrequisito para un sistema racial y étnico de desigualdad en una sociedad.

El etnocentrismo

El etnocentrismo es la estrechez mental de una persona o grupo de personas que supone ver[102] el mundo solamente desde su perspectiva; pero lo peor de todo es que lleva implícita la idea de superioridad, de que unos grupos son más inteligentes, más guapos, más educados y tienen más dinero que otros, especialmente las minorías, a las que se considera débiles, inferiores y se las califica con otros adjetivos peyorativos.

Siempre que un estadounidense *White collar*[103] vea a un hispano cortando grama, tirando la basura, llevando chatarra en camiones todo destartalados, estaremos alimentando su etnocentrismo,[104] claro que sí: nos mirará de arriba abajo y la torta se le subirá a la cabeza. La verdad es que, por más que gritemos y digamos que las leyes son iguales para todos y todos somos iguales, no servirá de nada; la única forma de callarle la boca a estos atribulados etnocentristas es demostrando con hechos cuál es nuestra capacidad.

En el caso de España ocurre igual: si existe etnocentrismo de un catalán[105] frente a una persona de la capital del reino, o viceversa, ¿qué no ocurrirá con un sudamericano? Cuando estudié en España aprendí que las academias españolas le rinden el sombrero a los alemanes, pero menosprecian a los sudamericanos, y, aunque en parte podrían tener razón, no nos pueden meter a todos en el mismo saco, porque hay sudamericanos igual o más brillantes que los alemanes.

El racismo

El etnocentrismo traerá como aparejada consecuencia el racismo. El racismo ha sido una fuente de opresión y explotación a las minorías en los

---

otras razas. La historia nos enseña que el etnocentrismo ha sido el caldo del cultivo de innumerables actos de violencia que se han cobrado millones de vidas.

101. Es profesor emérito de la Facultad de Sociología de la Universidad de Wisconsin, en Milwaukee.

102. Ver no es un fenómeno psicológico inocente que involucra la simple transmisión de ondas débiles. Comprende un modo de pensamiento que transforma el objeto que se está viendo en un concepto para su asimilación y posesión. Vide. DE LA TORRE y APONTE: *Introducing...*, op. cit., pág. 11.

103. Una expresión del idioma inglés para referirse a los ejecutivos que trabajan en oficinas.

104. Un ejemplo del etnocentrismo estadounidense es la tendencia a juzgar a otras sociedades por los estándares de nuestros avances tecnológicos. *Vide*. PRESTON AND SMITH: *Sociology: A Contemporary Approach*, op. cit., pág. 286.

105. El otrora movimiento nacionalista catalán de Terra Lliure dejó bien claro esto.

Estados Unidos. Los sociólogos señalan que en el racismo existe una dosis de competencia y poder. Es allí donde surge el tema de la dominación y la opresión del más fuerte hacia el más débil. De manera que cuando un indocumentado llega a los Estados Unidos tiene que someterse al miserable sistema de racismo donde gana lo mínimo, y, si quiere ganar más, tendrá que trabajar otro turno; no goza de ningún tipo de beneficios sociales y, para su desgracia, vive con el temor constante de que la Migra pueda deportarlo, además de vivir en muchas ocasiones en condiciones infrahumanas de verdad.

Los sociólogos Preston y Smith[106] señalan que el racismo se practica de dos maneras en los Estados Unidos: la interpersonal y la institucional. Sobre la primera señalan que es el trato diferente a los grupos racialmente identificados como una expresión de actitudes independientes. Por ejemplo, cuando un angloamericano le prohíbe a su hijo salir con una joven hispana, o no ir a una iglesia o escuela porque hay un grupo étnico predominante. La segunda forma de racismo es la institucional, que es más sutil y, por lo tanto, difícil de combatir, porque no se refiere a acciones de personas racistas sino que se lleva a cabo por los burócratas, aunque en apariencia sigan estándares no racistas en los procedimientos operativos. Por ejemplo, cuando les piden los papeles en el aeropuerto de los Ángeles solo a aquellas personas que tienen aspecto de hispanas: eso sería racismo institucional.

Del racismo surgen dos elementos muy importantes, como lo son el prejuicio y la discriminación, que a fin de cuentas constituyen la base para el racismo institucionalizado. El primero, el *prejuicio*,[107] es una actitud negativa hacia un grupo racial o sus miembros, y se basa en creencias estereotipadas; en cambio, en la *discriminación* se habla de un trato diferente a las personas que pertenecen a un grupo racial diferente.[108]

Aunque Ud. no lo crea, existe racismo aun dentro de la misma comunidad hispana. Como antes se ha dicho, los hispanos no somos una

---

106. Ib., pág. 181.

107. El sociólogo alemán Georg Simmel señala que el prejuicio tiene dos ventajas: primero, une al grupo racial sometido a esta presión, y, en segundo lugar, preserva la herencia cultural del grupo.

108. Nadie mejor para definir la discriminación que la Dra. Bertice Berry, una afroamericana que creció en Wilmington, Delaware, la sexta de siete hijos. Un profesor una vez le dijo que no era 'material' para Universidad. Afortunadamente hubo otro profesor que creyó en ella. Berry solicitó su ingreso en varias universidades sin saber quién iba a pagar sus estudios. El día que su solicitud llegó a la Universidad de Jacksonville, en Florida, un rico benefactor llamó al departamento de admisiones buscando un potencial estudiante que pudiera salir a flote con apoyo o que pudiera hundirse sin él. Bertice no solamente se graduó *magna cum laude* de Jacksonville, sino que después obtuvo un doctorado en sociología y ahora es profesora universitaria. (Ver la autobiografía de Bertice Berry en <http://www.berticeberry.com/auto.html>

comunidad monolítica, de ahí que un argentino siempre —o casi siempre— se sentirá superior a un centroamericano. Lo admirable de ellos es que lo dicen abiertamente, solo que de una forma solapada, exaltando su superioridad.[109] Un mexicoestadounidense, sobre todo si es educado, verá al mexicano de rancho que cruza la frontera con prejuicio.[110] Lo mismo que ocurre con los negros nacidos aquí y los nacidos en África. Ahora bien, huelga señalar, que este tipo de racismo, en general, no existe en la comunidad cubanoestadounidense. Cuentan con instituciones que reciben a los inmigrantes y los defienden a capa y espada. El caso de Elián González es uno entre los miles de casos que se pueden citar. Esto no sucede con los hondureños, peruanos o colombianos, aunque con esto no queremos decir que no existan organizaciones prodefensa de los derechos de los inmigrantes, que sí existen y realizan su trabajo; lo que queremos decir es que con el grupo cubanoestadounidense esto es diferente.

Preguntas para reflexionar

1. Según su criterio, ¿cuál debe ser la base de la ética? ¿Por qué?
2. ¿Cómo explica Ud. que Dios se complaciera de la mentira de Rahab aun cuando Él mismo condena la mentira?
3. ¿Qué piensa de la definición de Fidias Echeverría sobre la ética de situación?
4. ¿En qué caso una persona estaría cubierta por la ética de situación si conduce sin licencia?
5. ¿Ud. cree que la pobreza justifica la separación de las familias?
6. ¿Cuál es el concepto que Ud. tiene de explotación?
7. ¿Cuál es la diferencia entre etnocentrismo y racismo?
8. ¿Ha actuado Ud. alguna vez con prejuicios racistas?

---

109. De manera que el resto de hispanos tenemos en nuestro repertorio humorístico una sección privilegiada, los chistes de argentinos. Estos siempre se refieren al orgullo.
110. Como es obvio, toda regla tiene su excepción.

F. El pueblo sufrido como parte de la iglesia

La Iglesia es el Cuerpo de Cristo y tiene una misión encomendada por Dios: la de evangelizar y hacer discípulos. Ahora, nuestro trabajo lo realizamos con seres humanos y hay que tener en cuenta que todos los seres humanos somos seres espirituales y materiales. Si bien es cierto que la Iglesia en el pasado se centró en el aspecto espiritual, también es cierto que la Iglesia actual tiene conciencia de su responsabilidad material y social, reconociendo que esta es siempre una consecuencia de la primera. En ese sentido, la realidad del fenómeno de la inmigración y el calvario que los inmigrantes sin documentos viven en los Estados Unidos, ha movido o debe mover a la Iglesia a tomar acciones tendentes a ejercer labores proféticas, pastorales y sociales. Inspirados por esta verdad surge la escritura de este libro, como un catalizador de un proceso de conciencia y de entendimiento de esta realidad.

El desarrollo de esta última sección será de la siguiente manera: 1. Los problemas comunes que enfrenta la Iglesia hispana; 2. La responsabilidad social de la Iglesia; 3. El ministerio profético de la Iglesia; y, por último, 4. Las iglesias-santuario.

1. Problemas más comunes en la Iglesia hispana y sudamericana

Debido al crecimiento espectacular de los inmigrantes hispanos en los Estados Unidos se ha hecho indispensable que la Iglesia realice grandes esfuerzos por establecer comunidades de fe que provean a estos inmigrantes de un espacio de reconciliación con Dios y consigo mismos y que, como consecuencia directa de esa relación con Dios, puedan experimentar una vida nueva que satisfaga los legítimos anhelos de cualquier ser humano.

En la actualidad son muchas las iglesias de inmigrantes que se han establecido en Estados Unidos, y el crecimiento que están experimentando es realmente sorprendente en muchos casos; sin embargo, hay todavía algunos desafíos a los que vamos a referirnos a continuación.

El liderazgo indocumentado de la Iglesia

Muchas de nuestras iglesias tienen pastores y líderes que simplemente cruzaron el río o que entraron con visado pero que nunca regresaron; lo que esto significa es que están indocumentados en el país, que conducen sin licencia y que, por lo tanto, están sujetos a deportación si por algún motivo, incluso por una simple infracción de tráfico, puede detenerlos la temida Migra.[111]

---

111. La deportación de líderes religiosos hispanos de Colorado, o la no renovación de sus visados, ha obligado al cierre de iglesias y reducido el número de líderes espirituales

Esta realidad tiene una serie de implicaciones morales, ministeriales y espirituales, entre otras. En el campo de la moral, las preguntas que cualquier persona puede plantearse son las siguientes: ¿cómo puede un pastor predicar si está violando la ley? ¿Cómo va a predicar el respeto a ley y a las autoridades si es un infractor? Incluso, según la ley, de hecho es mentiroso, porque en algunos casos tendrá una licencia chueca, o un número social falso. Entonces, tenemos un factor de orden moral en todo esto. En el campo ministerial, conlleva una inseguridad para su congregación, porque en cualquier momento lo pueden deportar. Ha habido muchas iglesias que de la noche a la mañana se han quedado sin pastor, porque este ha sido deportado por las autoridades de migración y, como es obvio, se daña la imagen de la iglesia ante el mundo no convertido y el ministerio sufre. En el campo espiritual, hay un temor, un sentimiento de ansiedad que en muchas ocasiones no permite al pastor desarrollar su ministerio con toda libertad, y de manera especial cuando tiene hijos y crecientes responsabilidades.

Analizando esta realidad desde una perspectiva teológica, este pastor está amparado bajo la ética de situación y, por lo tanto, puede predicar con toda libertad la Palabra de Dios; incluso, puede hacerlo con la frente en

y comunitarios en la comunidad latina. «Esta situación está privando a la comunidad latina de algunos de sus mejores líderes y de sus más dedicados trabajadores», explicó a Efe Noé Discua, uno de los más de veinte pastores latinos de Colorado que padece el mismo problema migratorio. El pastor Montoya, fundador del Ministerio E. S. Poder y Luz, en Denver, y uno de los directores de la Coalición de Colorado por los Derechos de los Inmigrantes, explicó que desde la implementación de las nuevas leyes migratorias en Colorado en agosto de 2006, autoridades locales y agentes federales del Departamento de Seguridad Nacional (dhs, por sus siglas en inglés) comenzaron a visitar iglesias hispanas para asegurarse de que los pastores tuviesen sus documentos de inmigración en orden. «Y en muchos casos los tienen, pero aún así se ven obligados a salir del país porque el dhs mide a las iglesias hispanas con un criterio que muchas de esas iglesias no pueden cumplir, como tener un edificio propio y permanente, y contar con suficientes ahorros en el banco. Si no se cumplen esos criterios la visa del pastor no se renueva», comentó Montoya. Por su parte, el pastor Discua, de 28 años, reconoce que ingresó ilegalmente a Estados Unidos, y que en aquellos años tuvo algunos problemas con la ley relacionados con infracciones de tráfico. Pero afirma que, gracias a su empleador (para quien todavía trabaja) y a los servicios de un abogado, esos problemas se habían solucionado. «Por eso me tomó por sorpresa cuando el juez me negó la visa religiosa y me ordenó salir del país», comentó. Para Discua, el mayor dolor fue separarse de su esposa Ángela y de sus hijos (un varón de 8 años y una niña de 5) y «de la Iglesia Pentecostés Fuego y Poder de Dios, que literalmente levantamos de la nada, vendiendo tamales y reparando un local que ni siquiera querían alquilar por lo malo que estaba (...) Con mi esposa seguimos unidos como pareja, pero estamos desanimados. Y muchos en la iglesia tienen miedo, diciendo: "Si esto le hacen al pastor, ¿qué no me harán a mí?". Para la congregación, psicológicamente y espiritualmente es un golpe muy duro», puntualizó. Vide. «Hispanos en Colorado sin pastores». <http://noticias.univision. com/inmigracion/reforma-migratoria/article/2007-10-31/colorado-se-queda-sin-pastores#axzz1ozffHFKj>

alto. Desde la perspectiva ministerial, Dios lo ha llamado al ministerio y, en ese sentido, ningún ser humano o autoridad puede oponerse. El favor divino será en tal sentido que nada le ocurrirá. Ahora, la pregunta lógica es: ¿qué pasa con aquellos pastores que son deportados? Amigo mío, no hay que ver el hecho de la deportación, hay que ver qué hay detrás de la deportación, y allí encontraremos la verdadera razón por la que Dios permite tal cosa. Pero si Dios te ha llamado al ministerio y te ha llamado a servir en los Estados Unidos, ningún ser humano tiene autoridad sobre ti para deportarte, porque por encima de la autoridad del hombre está la de Dios. — no estoy totalmente de acuerdo.

El movimiento de las familias dentro de los Estados Unidos

Otra de las realidades con la que se enfrenta la Iglesia hispana es el movimiento impresionante de las familias dentro de los Estados Unidos. A diferencia de Latinoamérica, donde las familias viven en la misma ciudad, en los Estados Unidos, si un familia tiene mejor porvenir en otro Estado, simplemente empaca sus pertenencias y se traslada.[112] De esta manera las iglesias pequeñas sufren un gran impacto, pues a veces se van dos o tres familias de un lugar, lo que causa devastadores efectos psicológicos y financieros.

Existen áreas geográficas en los Estados Unidos donde las personas llegan solo por temporadas, y, si son cristianos, asistirán a la iglesia, pero cuando llega el momento de irse simplemente se van.[113] Esta inestabilidad no le permite al pastor desarrollar programas pues no sabe lo que va ocurrir. Cuando la iglesia supera la barrera de los cien miembros, entonces las cosas son un poco diferentes, y cuando se trata de una iglesia grande, de más personas, entonces el impacto de esta realidad casi no tiene mayores consecuencias, a menos que el hecho ocurra en los cuadros altos de gobierno.

El desempleo a causa de la falta de documentos

Los pastores en los Estados Unidos saben perfectamente por qué llegan

---

112. Una práctica muy común es la de los inmigrantes que viven en el norte, donde la crueldad del invierno los hace moverse a lugares con climas más benignos. El lugar preferido de la gente del norte fue siempre la Florida y, últimamente, Texas, pues otro elemento importante es que los costos de vida en el sur son menores que en Chicago o Nueva York. En el caso de los puertorriqueños, muchos de ellos, cuando alcanzan la edad de retiro, prefieren mudarse a la isla. Estos son algunos de los muchos casos que provoca esa inmigración de familias.

113. Esto ocurrió en la época de los programas de braceros que había entre México y Estados Unidos. En la actualidad tiene que ver con aquellos campesinos que simplemente cruzan la frontera para estar una temporada, hacer dinero y luego regresar a sus lugares de origen.

Si la iglesia puede ayudar a un indocumentado. El cómo ayudarlo es el problema

los inmigrantes: saben que vienen a trabajar y a hacer dinero para enviar remesas a sus países y poder algún día regresar para morir en su tierra. De manera que, en muchas iglesias, el pastor tiene incluso que buscarle trabajo a las personas que llegan; esto también forma parte de sus responsabilidades pastorales: atender el teléfono y pedirle a otro de sus miembros que tenga influencias con su jefe si puede darle trabajo a ese hermano o hermana que ha venido de... pues lo necesita. El pastor sabe que esto también ayuda a la economía de la iglesia, pues esa persona, en teoría, contribuirá con su diezmo el domingo en la iglesia. *Eso no debe ser lo más importante*

El recibimiento de los indocumentados

Una constante en la vida de la Iglesia hispana es el constante recibimiento de indocumentados, ya sea porque son familiares de algún feligrés, porque ya eran cristianos en sus países de origen y necesitaban unirse a una iglesia, o porque simplemente aceptan a Cristo cuando por fin están ya en Estados Unidos. Lo cierto es que en muchas iglesias, cada domingo se recibe un flujo de indocumentados que muchas veces se quedan en su seno.

Int

Pastores españoles para feligreses sudamericanos

Para un pastor español sí supone una dificultad ejercer su ministerio en una congregación mayoritariamente sudamericana. No es que sea imposible o que sea un pecado; sin embargo, un español que no conozca la idiosincrasia o las particularidades de las personas en relación con su países de origen no podrá realizar un trabajo eficiente. No es lo mismo un sudamericano de la Argentina que uno de Nicaragua o de la República Dominicana: son personas que tienen muchas diferencias.

Los inmigrantes siempre buscamos los espacios sociales donde se nos dé algún valor. La iglesia es uno de esos espacios, por eso asistimos a ella, entre otras cosas. Si al frente tenemos a un líder que no tenga su mente en desarrollar discípulos y potenciar el talento de sus feligreses, entonces tendremos una comunidad de fe, tal vez numerosa, pero enclenque. Si el pastor español no sabe de qué pata cojea una determinada etnia, ¿cómo podrá ayudarla? Es cierto que los principios de la Palabra de Dios son universales y se aplican para todos y en cualquier situación, pero los seres humanos nos relacionamos en un contexto, no en una isla perdida en el espacio. Como arriba se mencionó, una de las cualidades más dañadas del sudamericano es la autoestima, y solo en esto encontramos un gran desafío.

Por último, aseverar que sería inmoral que un pastor se aprovechara de la ingenuidad de los inmigrantes para asegurar un *modos vivendi*. Tenemos la responsabilidad de formar y catapultar a los miembros de la Iglesia del Señor para que esta se expanda y se establezca como corresponde.

El estudio de cualquier fenómeno desde la perspectiva de la teología nos permite entender la verdadera dimensión de las cosas. En el caso que nos ocupa, el análisis teológico nos permite ver una serie de aspectos que ninguna otra ciencia nos permitiría apreciar. Un aspecto que debemos considerar es que este fenómeno ocurre con la venia de Dios, ya sea por ejecución directa o permisiva. Ocurre porque Dios así lo ha decidido, y ocurre con un propósito. Claro está que una explicación de esta naturaleza es simplemente inaceptable para los científicos de las ciencias sociales o para los oficiales de Inmigración del Gobierno estadounidense. Por tanto, nos toca a nosotros descubrir por qué Dios ha permitido este fenómeno. No nos cabe la menor duda de que lo permite al constatar la existencia de muchas iglesias llenas de personas indocumentadas, cuyos pastores también están indocumentados, pero que realizan acciones extraordinarias que muchas veces las propias personas nacidas aquí no hacen. Me atrevería a decir que mientras la Iglesia anglo tradicional ha ido decayendo, Dios ha levantado con los inmigrantes una iglesia pujante. Mientras tanto, la fe de los estadounidenses sigue disminuyendo, de tal manera que hoy en día se siguen matando millones de seres humanos mediante el aborto.[114] Dios ha permitido la entrada de inmigrantes que hoy son, en muchos casos, luz del mundo y sal de la Tierra mientras la luz que existía en la iglesia anglo se va apagando cada día. No nos engañemos, Dios está detrás de todo esto y sabe por qué lo ha permitido.

Una vez vista la dimensión teológica de este fenómeno, es menester ver su aspecto ético, que nos permitirá apreciar otros interesantes ángulos de esta realidad.

2. La responsabilidad social de la Iglesia hispana[115]

El ser humano no solo tiene necesidades espirituales —es decir, no solo

114. El caso Roe contra Wade supuso una decisión histórica que hizo a un lado la interpretación dada en el Estado de Texas y legalizó el aborto en los Estados Unidos. La decisión del caso Roe contra Wade sostenía que una mujer podía abortar sin restricción, ayudada por un doctor, en los primeros meses de embarazo, y con restricción en los meses posteriores. Según los datos de National Right to Life, desde el año 1973 en que se aprobó la ley RoeWade, se han producido cuarenta millones de abortos, que, de manera aproximada, supone la cantidad de inmigrantes hispanos que existen en los Estados Unidos. Vide. «Over 40 million abortions in the U. S. since 1973», <http://www.nrlc.org/abortion/aboramt.html>

115. Sobre este tema se recomiendan encarecidamente dos artículos del profesor Emilio Núñez: «Misión de la Iglesia» y «El despertar de la conciencia social de los evangélicos», ambos artículos publicados en *Teología y Misión: Perspectivas desde América Latina, San José, (Costa Rica):* Visión Mundial, 1995.

necesita librarse de la condenación del infierno, salvarse de los poderes del mundo, del demonio y de la carne—, sino que también tiene necesidades materiales. El ser humano necesita una vivienda digna para vivir, y los servicios públicos básicos. Necesita trabajar para sostener a una familia y poder proporcionarles educación a sus hijos y velar por su salud. El ser humano representa esta dualidad, y la Iglesia tiene una responsabilidad en ambos campos.[116]

En el primer mundo esto es diferente, porque la pobreza que existe en Estados Unidos o en Europa es completamente diferente a la que existe en América Latina. La necesidad material y la pobreza se encuentran en otra dimensión. En estas sociedades, a un pobre le sobra lo que le faltaría al pobre de Latinoamérica. De manera que, mientras la responsabilidad social de la Iglesia del primer mundo está mucho más afuera de sus fronteras, en Latinoamérica está adentro.

Es importante apuntar que la responsabilidad social de la Iglesia, que lleva implícita la idea de incursionar en el cosmos satánico, tiene un solo objetivo: ensanchar el Reino de Dios, ser luz en la tinieblas, ser sal en un mundo desabrido por las mentiras de Satanás; en ese sentido, el Hijo del Reino tiene que guardar la norma de conducta del Reino para que impacte en el mundo incrédulo y este busque la reconciliación con Dios.

Luego la pregunta es: ¿Está la iglesia preparada para esto? Desde que Samuel Escobar nos tocara la campana hasta hoy, mucha agua ha corrido por los ríos de este continente. La Iglesia ha crecido, ha madurado y se encamina de manera positiva a estadios donde realmente no exista *dicotomía entre evangelización y responsabilidad social*.

La responsabilidad de la Iglesia como una acción social

No podemos pasar por alto las necesidades económicas, de educación, salud, legalización y demás hechos de aquellas personas menos favorecidas. Como Iglesia no podemos cruzarnos de brazos y decirles «que Dios los bendiga». Tenemos que emprender acciones concretas para mejorar su nivel de vida. Esto también incluye ejercer una oposición férrea al sistema jurídico y político que intenta mantener el *statu quo* en detrimento de una minoría muy importante que crece cada día, con el argumento del beneficio de las grandes mayorías. Si la Iglesia necesita salir a las calles, tendrá

---

116. Este tema ya se trató cuando se habló de si la salvación solo tiene que ver con el alma o incluye el tema social. El tema social es importante y, al final Dios nos libra de cualquier opresión. Lo que debe quedar claro es que lo social no es el centro del universo ni debe ser el motor que nos lleve a aceptar a Cristo, sino nuestra conducta de rebelión contra el pecado.

que hacerlo, de forma pacífica, para hacer oír su voz, para dejar claro lo que señala la Palabra de Dios en cuanto a la justicia y al amor.

Existen algunos sectores dentro de la Iglesia que todavía creen que la responsabilidad social de la Iglesia se limita en exclusiva a salir a las calles para protestar contra las injustas leyes de migración, o denunciar los atropellos e injusticas que cometen estas autoridades tanto en México[117] como en Estados Unidos, o convertir a la Iglesia en santuarios para los inmigrantes indocumentados y asistirlos en todas sus necesidades. Es importante reconocer que estos son solo hechos materiales que deben tener su sustento en una realidad espiritual que, en definitiva, debe ser el motor de cualquier acción que la Iglesia realice.

La responsabilidad de la Iglesia como una acción espiritual

La responsabilidad social de la Iglesia son las acciones concretas del Cuerpo de Cristo a favor de los miembros de la sociedad con un solo objetivo: que las personas conozcan que Jesucristo es Dios, que se hizo hombre y que murió en lugar nuestro, que aquellas personas que lo reciben se salvan y en caso contrario se pierden. Asistir a una marcha en los principales centros hispanos de los Estados Unidos para protestar, sin desafiar a las personas a reconocer a Jesucristo, solo es una pérdida de tiempo; disponer de una agencia de ayuda al inmigrante indocumentado y no desafiarlo de manera directa a entregarle su vida a Jesucristo, es simplemente inútil. La responsabilidad social de la Iglesia es una acción material fundamentada

---

117. Aunque resulte paradójico, es la realidad. Los nacionales de México son los que más cruzan la frontera de los Estados Unidos y los que más protestan contra sus injustas leyes de inmigración; sin embargo son los que peor se portan con los inmigrantes centroamericanos que cruzan su territorio en pos del sueño americano. Un ejemplo de lo anterior es el siguiente relato: «La muerte no tiene rostro y parece que los culpables tampoco. Eso es lo que se interpreta de los últimos sucesos que han segado la vida de varios hondureños en territorio mexicano a manos de la policía local de ese país. La falta de investigación que lleve a identificar los culpables de esas muertes preocupa a organizaciones que protegen y abogan por los derechos de los emigrantes hondureños. Edith Zavala, secretaria ejecutiva del Foro Nacional para las Migraciones, Fonamih, lamentó que varios hechos en los que han muerto hondureños en México aún permanezcan en la impunidad y que las autoridades nacionales no pidan explicaciones sobre esos abusos. Uno de los últimos casos de abuso contra emigrantes hondureños fue el suscitado en Agua Dulce, Veracruz, donde un camión que transportaba al menos 40 inmigrantes fue atacado a tiros por policías molestos por no recibir un soborno acordado. Allí murieron dos personas, una de ellas hondureña. En este incidente también resultaron heridos unos 30 catrachos. Otro incidente fue el ocurrido en Oaxaca, donde las mismas autoridades denunciaron abusos sexuales contra mujeres hondureñas. En este suceso varios hondureños fueron maltratados por la policía local». Vide. «Impunes crímenes contra los inmigrantes» Diario *La Tribuna* de Tegucigalpa (Honduras), 3 de septiembre de 2008.

en su deseo ferviente por evangelizar e invitar a las personas a reconocer a Jesucristo como a su salvador personal.

La realidad espiritual que siempre debe mover a la Iglesia es la salvación de los seres humanos de la condenación del infierno. En definitiva, Dios se hizo hombre y habitó entre nosotros para que nadie perezca en las tinieblas, sino que tuviera una esperanza de vida eterna en su presencia. De manera que cualquier acción emprendida por la Iglesia en la sociedad en la que vivimos que no tenga como fundamento el ensanchamiento del Reino de Dios y la salvación de las personas, será semejante al metal que resuena y al címbalo que retiñe.

3. El ministerio profético de la Iglesia[118]

Cuando hablamos del ministerio profético de la Iglesia, no nos referimos a las prácticas que estamos viendo hoy en día, sino más bien a lo que esto en realidad significa. El ministerio profético según nos enseña el Antiguo Testamento es aquel servicio que un hombre de Dios, a quien se le llama profeta, ejecuta, y tiene las siguientes funciones: hablar al pueblo en el nombre de Dios, y esta función era la más importante; en segundo lugar, denunciar el pecado del pueblo, comenzando con la clase religiosa, los gobernantes y el pueblo común y corriente; en tercer lugar, y como aparejada consecuencia, anunciar el Juicio de Dios como castigo de la conducta del pueblo; en cuarto lugar, llevar siempre una palabra de esperanza y restauración a los que se arrepienten, al remanente que siempre se vuelve a Dios; y, al final, hablar de acontecimientos futuros.[119]

Hablar en nombre de Dios

Los ministros de la Iglesia de Dios debemos transmitir, tanto al pueblo creyente como al no creyente, la Palabra de Dios. Tenemos que exponer y trazar con responsabilidad las enseñanzas bíblicas que contienen todos aquellos principios para vivir como debemos vivir. En el tema que nos ocupa, la Iglesia debe ejercer un ministerio profético en relación con la in-

---

118. Cfr. ZALDÍVAR, Raúl: «Relación Estado-Iglesia y su apertura al protestantismo en Honduras». Revista *Vida y Pensamiento*. Costa Rica: Universidad Latinoamericana, 1996, págs. 63-66.

119. En la actualidad se cree, erróneamente, que profeta es aquel que habla de acontecimientos futuros. Lo que es completamente erróneo. Es una pequeña parte de un *spectrum* realmente amplio en este ministerio. También tenemos que tomar en cuenta que en la profecía hebrea se daba una característica muy importante: La del cumplimiento próximo y la del remoto. El libro de Isaías es un paradigma de esto. Para mayor información sobre este tema, vide. MARTÍNEZ, José: *Hermenéutica bíblica*, Barcelona (España): CLIE, 1984.

migración y la vida de los inmigrantes de una forma más responsable, directa y agresiva, no solo dentro del seno de la misma Iglesia, sino ante los poderes constituidos del Estado. Para esto la iglesia necesita un órgano de divulgación que nos represente a todos, que deje oír su voz profética.

Denunciar el pecado

La labor del pastor de la Iglesia no solamente es espiritual, sino que tiene una responsabilidad social, al igual que su congregación, y no solo enfocará sus predicaciones a una sola área de la vida humana, sino que tiene la sagrada responsabilidad, como profeta de Dios, de denunciar el pecado, el pecado de las grandes compañías que explotan sin misericordia a los inmigrantes indocumentados, a aquellos que se hacen cada vez más ricos a costa de la sangre indígena o mestiza, de aquellos que, por una razón u otra, han tenido que cruzar el río para buscar mejores derroteros para sus vidas.

El pecado debe denunciarse con el objetivo claro de que las personas procedan al arrepentimiento y sus vidas cambien, nunca para provocarles la ira y dejarlos condenados en el infierno sin esperanza de redención. La denuncia del pecado debe realizarse con responsabilidad y bajo la dirección de Dios.

Anunciar el Juicio

No se trata de asustar a los feligreses, se trata de ser fieles al Señor. El profeta de Dios está listo para anunciar el juicio a una sociedad que ha invertido los valores y que se ha dejado llevar por la codicia y el amor al dinero. Cuando hablamos de juicio, no solamente estamos hablando de las explotadoras compañías estadounidenses o europeas o de aquellas personas inescrupulosas que, valiéndose del estatus migratorio de la persona, lo explotan y humillan; también estoy hablando de los inmigrantes delincuentes, que van a los Estados Unidos o a España a vender drogas, a practicar la prostitución o a cometer delitos. Los inmigrantes de mala conducta no están amparados en la majestad de la ética de situación. El inmigrante indocumentado, por el hecho de serlo, no se constituye en una blanca palomita, como tampoco el estadounidense o el español en un ogro. Lo cierto es que hay muchos angloamericanos y españoles que son muy nobles y protegen y ayudan a los pobres y menesterosos. Anunciar juicio es anunciar justicia.

Anunciar una palabra de esperanza...

Es necesario que el profeta no deje las cosas en el plano negativo; si somos fieles a la Palabra de Dios, siempre hay una esperanza para el pueblo: cuando este se arrepiente y abandona los malos caminos, entonces Dios obra milagros maravillosos. Al anunciar la esperanza al pueblo no me estoy refiriendo a profetizar una amnistía o a decirle al pueblo que nuestro socorro llega de Washington o de Madrid. Al anunciar la esperanza al pueblo nos referimos a la esperanza gloriosa que señala Pablo en las Escrituras y a la esperanza que todos los creyentes tenemos en Cristo Jesús.[120]

... Que anuncie el futuro

A quien Dios le haya dado la inteligencia y la capacidad para hablar del futuro, que lo haga; pero no como muchos charlatanes que escucho hoy en día diciendo toda suerte de majaderías ni como los ingenuos pastores que admiran el don de profetizar. Profetizar es un don que el Espíritu Santo concede a hombres y mujeres fuera de serie, entendidos en la ciencia y eruditos de la Palabra de Dios, no a charlatanes que se ponen a decir cosas obvias y lógicas que no requieren de ningún don. Los hombres de la Biblia siguen siendo los paradigmas para los hombres con el don de la profecía en la actualidad.

Una vez tratado el tema del ministerio profético, es oportuno abordar lo relacionado con una nueva práctica eclesial que ha surgido en el seno de la Iglesia hispana de los Estados Unidos: la de convertir sus templos en iglesiassantuarios para los inmigrantes con orden de deportación.

4. Las iglesias-santuario

El tema de la iglesia-santuario surgió con el caso de Elvira Arellano,[121] una mujer mexicana que se refugió en una iglesia metodista en Chicago para evitar una deportación del Gobierno estadounidense.

La Iglesia Metodista Unida es una iglesia que está profundamente involucrada en el tema de la responsabilidad social de la Iglesia, y por eso permitió que Elvira Arellano usara sus instalaciones como refugio, creyendo que los oficiales de inmigración de los Estados Unidos no allanarían los predios de la iglesia, como efectivamente ocurrió. Este hecho de la iglesia metodista sentó un precedente muy importante para la Iglesia hispana en

---

120. Colosenses 1:27
121. Arellano, de 32 años, fue convicta por uso indebido y falsificación de identidad y, por lo tanto, fue deportada. Se refugió en la Iglesia Metodista Unida Adalberto, el 15 de agosto de 2006, y allí residió durante más de un año, en el segundo piso del edificio con su hijo Saúl, de 8 años, nacido en Estados Unidos. Para mayor información, vide. ARELLANO, Elvira: *Wikipedia. The Free Encyclopedia.*

Estados Unidos, en el sentido de que, como Cuerpo de Cristo, no podemos tomar una actitud de *laissez faire, laissez passer*.[122] Que nuestra labor pastoral trasciende las fronteras del espíritu y penetra en el territorio social, de manera que ante una situación de injusticia, la Iglesia, la comunidad de fe, la comunidad solidaria tiene que decir algo en el presente, aun cuando la persona agraviada no sea miembro de la comunidad.[123] Este precedente de la Iglesia Metodista de Chicago ha inspirado a numerosos pastores de la Iglesia hispana de los Estados Unidos a declarar sus templos como templos-santuario, es decir, como refugio de inmigrantes indocumentados que evitan una deportación y que están siendo perseguidos por los oficiales de la inmigración estadounidense.

En el caso de España este fenómeno no se ha dado, puesto que no existe esa persecución feroz contra los inmigrantes indocumentados.

Con el análisis de la dimensión eclesiástica de este fenómeno se concluye esta investigación y nos deja claro que la Iglesia, como Cuerpo de Cristo, no puede hacer la vista gorda y pasar olímpicamente de esta realidad; por el contrario, debe tomar cartas en el asunto y ayudar a aquellas personas que buscan en Dios una respuesta para sus vidas. La Iglesia tiene una responsabilidad social que cumplir y no debe tener temor de tomar cartas en el asunto. La Iglesia debe cumplir con su función profética y también con su responsabilidad social dejando claro que solo a través del arrepentimiento se puede llegar a conocer a Jesucristo y experimentar el nuevo nacimiento.

Preguntas para reflexionar

1. ¿Qué piensa Ud. de un pastor que no tiene documentos? ¿Debe ejer-

122. Expresión del idioma francés que literalmente significa: 'dejad hacer, dejad pasar'.
123. En este mismo sentido, se puede citar el caso de una Iglesia católica en el este de Los Ángeles, Dolores Mission, que comenzó a funcionar como refugio de inmigrantes en diciembre de 1988, cuando miles de salvadoreños llegaron a Estados Unidos escapando de la guerra civil de su país. «Al principio, la pequeña iglesia, situada en el este de Los Ángeles, zona densamente mexicana, dejaba que los inmigrantes durmieran en sus bancas. Pero esto cambió a fines de los años noventa, cuando la Oficina de Servicios para Desamparados, una dependencia municipal, comenzó a dar fondos y requirió que los inmigrantes durmieran en camillas plegables para acampar. Ahora el programa Proyecto Guadalupano para Desamparados, administrado por la organización sin fines de lucro Proyecto Pastoral, puede albergar a un máximo de 55 hombres en un momento dado, de los cuales 28 duermen dentro de la iglesia y el resto duerme en el salón parroquial y [en el] garaje», explicó Raquel Román, de 28 años, directora del programa. El recinto del templo se convierte en dormitorio a las nueve de la noche, después de que los desamparados instalan sus camillas en el altar y pasadizos. Vide. «Cumple 20 años albergando ilegales», Diario *La Tribuna de Tegucigalpa* (Honduras), 4 de diciembre de 2008.

cer el pastorado?

2. Si Ud. es un pastor, ¿daría privilegios ministeriales a un indocumentado? ¿Por qué?

3. ¿Saldría Ud. a las calles a protestar contra las leyes de migración?

4. Según su criterio, ¿cuál debe ser la misión profética de la Iglesia frente a esta realidad de los indocumentados?

5. ¿Ud. cree que el Gobierno debe dar una amnistía incondicional? ¿No debería darla? ¿Debería darla de una forma condicionada? ¿Qué piensa Ud.?

6. ¿Está la Iglesia española cumpliendo con su función profética?

G. Una nota de esperanza al pueblo hispano de Estados Unidos y sudamericano de España

No queremos terminar este trabajo con una nota negativa, desesperanzadora o sombría, todo lo contrario, queremos hacerlo con una palabra alentadora y optimista. Como reza el adagio popular, «No hay mal que dure cien años». De manera que el actual estado de las cosas, más temprano que tarde será historia, y será historia por una serie de razones que exponemos a continuación.

1. El crecimiento de la población

A diferencia de los anglos, los hispanos todavía tenemos familias de tres y cuatro hijos. En este mismo momento, somos la minoría más grande de los Estados Unidos, y el crecimiento de nuestra población es vertiginoso. Si seguimos creciendo a este ritmo y la migración sigue como hasta ahora, un día los anglos nos harán los mandados[124], por usar la folklórica expresión mexicana.

Lo que esto significa es que podremos hablar y negociar en un plano de igualdad de condiciones, no como ahora, que aún tenemos que bajar la cabeza y soportar las humillaciones en silencio. Al tener una población numerosa, nuestra voz será potente y el poder político será real, de manera que no nos extrañe que antes de cincuenta años tengamos a un presidente hispano.

El hecho del crecimiento numérico de nuestra población muestra un futuro promisorio para el pueblo hispano.

2. La educación de nuestro pueblo

La generación de hispanos nacidos en Estados Unidos está asistiendo a las universidades y se está preparando de tal manera que podrá hacer frente a los retos de la sociedad del momento. La educación es un arma extraordinariamente poderosa que ubica al ser humano en un plano de privilegio. Nos estamos preparando y cuando llegue el momento mostraremos todo aquello que somos capaces de hacer.

Por otro lado, el hispano tiene mayor educación que el anglo común y corriente, pues hablamos dos idiomas, conocemos dos culturas y podemos interactuar con muchos pueblos sin sentirnos extraños.

La educación es una realidad que presagia un futuro promisorio.

124. Encargos.

3. El sufrimiento será nuestra plataforma de lanzamiento

Llevamos en nuestros lomos las marcas del sufrimiento, por usar la metáfora del apóstol Pablo. Si somos capaces de aguantar el sufrimiento de la separación familiar, si somos capaces de cruzar el río y enfrentarnos a los peligros del desierto, si somos capaces de desafiar la vigilancia de la Migra y tener la audacia de escapar de ellos, si somos capaces de trabajar dos turnos con el salario mínimo sin beneficios, si somos capaces de vivir en una casa con diez o más personas, ¿qué no podremos hacer? El sufrimiento forma el carácter del individuo, el dolor nos madura y nos hace ver la vida desde otro ángulo. Esta experiencia será la que nos catapultará al éxito.

El sufrimiento que ahora nos agobia y nos angustia, será nuestra plataforma de lanzamiento para la conquista del futuro.

4. Somos el pueblo del avivamiento

Los hispanos estamos experimentado un avivamiento espiritual sin precedentes. Estamos siendo sensibles a la voz de Dios y nos estamos convirtiendo al Señor. Mientras las iglesias históricas de los anglos se están cerrando, las iglesias de los hispanos no cesan de crecer y compran sus templos. Estamos enviando misioneros e invirtiendo mucho dinero en la evangelización del mundo.

Las megaiglesias de los pastores anglos en los Estados Unidos están llenas de hispanos de segunda generación. Somos un pueblo que amamos a Dios y somos sensibles a su voz.

El avivamiento y el crecimiento de la Iglesia hispana es el verdadero presagio de un futuro promisorio.

Como aseveramos anteriormente, no queremos terminar esta ponencia con una nota negativa. Si tenemos a Cristo en nuestros corazones y en el gobierno de la vida, aunado a los factores antes mencionados, no tenemos nada de qué preocuparnos. Nuestro futuro no es sombrío, sino promisorio. Entonces no tendremos que ir a Washington a llorar por una amnistía, pues seremos nosotros los que haremos las leyes. Ahora somos los que pedimos trabajo, mañana daremos trabajo. Hoy nos humillan y nos explotan, mañana seremos los que actuaremos con justicia, porque entenderemos el sentido de las palabras «forasteros fuisteis en Egipto...». El pueblo hispano es un pueblo noble a quien Dios está llevando con un propósito grande a Estados Unidos.

5. Los sudamericanos: un aire fresco para los españoles

Europa fue la cuna del cristianismo, allí surgió la Iglesia católica romana, luego la Iglesia protestante; allí se orquestaron las cruzadas contra los musulmanes que habitaban en Israel, en Inglaterra se dieron los movimientos de avivamiento más grandes de la historia, de allí salieron las misiones... En fin, Europa ha sido la cuna de la fe cristiana. Hoy todo eso es historia, el porcentaje de ateos y agnósticos es alarmante; los grandes templos están vacíos y esta generación acude a los nuevos templos que han creado: los templos del postmodernismo, como los Starbucks[125] u otras franquicias donde se reúnen los *echo boomers*[126] a *chatear* o a escuchar sus iPod.

Los europeos y los españoles en grupo, debido a su contexto, han apostado por los antivalores y no se han inmutado al expresar su manifiesto desprecio por las cosas de Dios. La Iglesia eminentemente española cuenta con una feligresía raquítica, con un porcentaje menor al dos por ciento.

En ese contexto, Dios lleva de Sudamérica una avalancha de inmigrantes con pigmentación de piel oscura, rasgos indígenas, con problemas para articular el idioma con soltura, con una autoestima golpeada, pobres económicamente hablando y con una educación bien elemental, pero con una fe que mueve montañas, con una fe que deja pasmados a propios y extraños. Gritan en el púlpito, pero hablan con autoridad, con muy poco racionalismo, pero con mucho sentimiento, adorando, orando y sirviendo a Dios con corazones sinceros. Danzan en el altar, oran por los enfermos y obran milagros en el nombre de Jesús, dejando al español típico pensativo y haciendo comentarios.

Esto no es un accidente, sino la obra de Dios que dirige los hilos de la historia y que mueve conforme a su soberana voluntad. Dios ha llevado a los sudamericanos a España como un aire fresco para darle vigor, presencia y relevancia a su triunfante Iglesia. No importa que la sociedad se haya desbocado en una loca carrera de pecado e indiferencia, Dios tiene mucho puedo en Madrid, Zaragoza, Sevilla o Barcelona. Dios ha traído este aire fresco para dar un respiro, para mostrar palmariamente que si los sabios y los entendidos callan, que si los educados del primer mundo se olvidan de Dios, los parias de Comas en el Perú, los desplazados de la zona 19 de Guatemala, los despreciados del barrio El Centavo de Tegucigalpa o los temibles de Tepito en Ciudad de México son las personas que Dios ha escogido para humillar a los grandes y los ha escogido para manifestar su poder y su gloria. La Iglesia sudamericana supone un aire fresco en una sociedad corrupta y perversa.

125. Una cadena internacional de café.
126. O Generación Y. Son las personas nacidas entre 1982 y 1994, que vivieron una época económica pujante cuando eran niños que les permitió acceder a los avances tecnológicos y llevar una vida acomodada.

H. Conclusiones finales

Las conclusiones son la síntesis a la que ha llegado el autor después de un estudio científico del tema. Esta constituye su mejor opinión, reconociendo implícita la posibilidad de error; sin embargo, las aseveraciones que a continuación se efectúan son producto de un trabajo científico y responsable. Para su mejor entendimiento, estas conclusiones se han dividido en los cinco apartados principales de la investigación.

Aspectos generales

1. Dios es el Dios de todos los hombres, no de una etnia en particular; en tal sentido, no favorece a ninguno en forma específica y, por lo tanto, Dios también tiene un rostro hispano o sudamericano. Esto quiere decir que Dios tiene un plan de vida para el hispano en los Estados Unidos y para el sudamericano en España, un plan de prosperidad. Dios murió por los hispanos y sudamericanos también, y nos está usando de una forma espectacular.

2. Los inmigrantes, ya sea en Los Estados Unidos o en Europa, no debemos sentirnos inferiores o ciudadanos de segunda categoría, en ninguna manera, porque, metafóricamente hablando, Jesús también tiene la tez oscura, el pelo negro, los ojos café, y ha sufrido con nosotros las injusticias de que hemos sido objeto. Cristo murió por nosotros, y hoy por hoy, Dios ha levantado un pueblo que está siendo la luz del mundo y la sal de la Tierra.

3. El hecho de que Dios haya beneficiado y haya bendecido a los ciudadanos del primer mundo —porque Dios lo ha querido— no les da derecho a creerse superiores ni para explotar nuestra fuerza de trabajo, ni para humillarnos, y menos para pisotear nuestra dignidad. La Biblia muestra exactamente lo contrario a esto: el Texto Sagrado señala que el más grande será el siervo. En ello consiste la grandeza del hombre, que cuanto más grande sea, más humilde se haga.

4. Al afirmar que Jesús tiene un rostro hispano o sudamericano, no queremos en ningún momento, ser exclusivistas y ponernos en un lugar de privilegio ante nadie. Creemos que Dios tiene un rostro anglosajón, un rostro asiático… En fin, Cristo tiene el rostro de todos los hombres, porque «de tal manera amó Dios al mundo…».

5. El rostro hispano de Jesús significa que Dios ama a aquellas personas de origen hispano o sudamericano, significa que Cristo dio su vida por nosotros, y este hecho debe hacer mirarnos al espejo sin temor y decir: «He aquí la imagen de Dios». El rostro hispano de Jesús es una metáfora que significa que Dios se identifica con nosotros plenamente.

6. El fenómeno de la inmigración hacia los Estados Unidos y Europa, no es una coincidencia ni obra de la casualidad. Dios está detrás de todo esto. En la economía divina este fenómeno obedece a un plan perfecto que no tiene nada ver con alcanzar el sueño americano o europeo sino que tiene que ver con la expansión del Reino de Dios por todos los confines de la Tierra.

7. Si Dios ha permitido este fenómeno migratorio es porque Dios les está diciendo algo a los países receptores y ellos deben ser lo suficientemente humildes para interpretar la señal de los tiempos; y también algo nos está diciendo Dios a nosotros, y de la misma manera debemos interpretar la voluntad de Dios y actuar en consecuencia.

Origen de los hispanos o sudamericanos en Estados Unidos y España respectivamente

1. El primer grupo de hispanos que llega a lo que hoy es territorio estadounidense llegó a la Florida procedente de España y del Caribe, respectivamente. Juan Ponce de León, en nombre de la corona española, funda el fuerte de San Agustín y se convierte en el primer europeo que registra la historia en fundar una ciudad en ese territorio.

2. El segundo grupo de hispanos que llega a territorio del norte de México, lo que hoy son los Estados Unidos, son españoles o mexicanos procedentes del sur de México. A este grupo de personas se las conoce como méxicoestadounidenses del sudeste.

3. Los Estados Unidos, mediante la guerra, las mentiras, el dinero, o cualquier otra medida, logran anexionar más de dos millones de kilómetros cuadrados de territorio y la Unión logra su más anhelada aspiración: llegar al océano Pacífico y cumplir su Manifiesto del Destino.

4. Los méxicoestadounidenses son considerados por los anglos como hispanos y, por lo tanto, etiquetados como inferiores. En medio de este contexto surge el célebre Cesar Chávez, méxico-estadounidense que lucha en contra de las injusticias de los anglos.

5. Los mexicanos de los Estados Unidos están en territorio norte desde muchas décadas antes que los anglos. A raíz del tristemente célebre tratado GuadalupeHidalgo, cuando Estados Unidos anexiona dos millones de kilómetros cuadrados a su territorio, los anglos despojan a los mexicanos de las mejores tierras y, desde ese momento, los relegan a un segundo plano.

6. En el año 1898, mediante el Tratado de París, España cede a los Estados Unidos la soberanía de Puerto Rico y su pueblo es colonizado por los anglos hasta el día de hoy.

7. El puertorriqueño, que nace ciudadano estadounidense, está unido al hispano que llega de América Latina por muchos aspectos, pero desconoce las duras jornadas que padece un latino para llegar a los Estados Unidos y sobrevivir en su territorio.

8. Los puertorriqueños muchas veces no son solidarios con los hispanos provenientes de Latinoamérica y, algunas veces, aprovechándose de su condición de ciudadanos estadounidenses, hacen negocio con ellos proveyéndoles del seguro social de personas fallecidas o casándose por papeles mediante grandes sumas de dinero de por medio.

Es importante señalar que con el endurecimiento de las leyes migratorias, estas prácticas tan comunes en el pasado, han disminuido de manera significativa.

9. A diferencia de los otros grupos de hispanos, los cubano-estadounidenses llegaron a conquistar y lograron convertir Miami en el mayor centro hispano de los Estados Unidos.

10. La mayor parte de los cubano-estadounidenses que llegaron eran descendientes de españoles. En su mayoría llegaron sin nada, pero ahora lideran el comercio, la banca, los medios de comunicación, la política del sur de la Florida y han logrado tener una representación importante tanto en el Congreso como en el Senado.

11. Con todo y lo debatible que pueda resultar, puede afirmarse que dentro del grupo hispano, los cubano-estadounidenses son los más respetados por los anglos, aun aquellos de primera generación. Un estudio comparativo de la vida de César Chávez, líder de los méxico-estadounidenses, en contraste con la de Jorge Mas Canosa, líder del exilio cubano, arrojará luz sobre la posición privilegiada de los cubano-estadounidenses.

12. Antes de los años ochenta del siglo xx, la migración de sudamericanos a España no fue significativa. Más bien, en los años treinta del siglo xx, a raíz de la guerra civil española, la situación económica del país y la persecución que emprendió el régimen franquista contra los adversarios políticos, miles de españoles tuvieron que huir a Sudamérica, sobre todo a México.

13. Uno de los primeros flujos migratorios de sudamericanos fue el chileno, que, a raíz del golpe militar de Augusto Pinochet en septiembre de 1973, tuvieron que exiliarse en España.

14. Las nacionalidades sudamericanas más representativas en España fueron la argentina, la venezolana y la chilena. En algún momento de los años noventa del siglo xx comenzó una avalancha de inmigrantes colombianos y ecuatorianos generada por el fenómeno social de violencia en el

primer país y por el proceso de dolarización en el segundo. La avalancha fue tan grande que el Gobierno español tuvo que implantar el régimen de visados a los nacionales de estos Estados para frenar la inmigración. Aunque estos países son las más representativos, existen inmigrantes de toda Sudamérica en España.

Aspectos históricos y jurídicos de la inmigración

1. El fenómeno de la inmigración de latinoamericanos hacia los Estados Unidos es una factura histórica por la política errática que ejercieron en los siglos XIX y XX en Latinoamérica. Los estadounidenses fueron a saquear a nuestros países, explotando sin misericordia a nuestros campesinos iletrados que no tenían nada más que su fuerza de trabajo, la cual vendieron por un mendrugo al mismo tiempo que sus explotadores se hacían inmensamente ricos.

2. A este fenómeno se le conoce como el colonialismo americano, que supuso el dominio de las compañías estadounidenses en rubros como la minería, el banano y otros cultivos en los que saquearon las riquezas de los Estados. Este colonialismo es una forma de dominación del capital sobre la fuerza de trabajo.

3. El colonialismo resultó una dominación feroz e inmisericorde y sometieron la fuerza de trabajo a una esclavitud a la que —en el caso de las compañías bananeras— Amaya Amador llamó «la prisión verde». Este colonialismo, al principio, prohibió el derecho de asociación o la formación de sindicatos y no reconocieron el derecho a la huelga, que es un mecanismo que le permite a los trabajadores reivindicar sus derechos o negociar contratos colectivos de trabajo que sean justos.

4. El colonialismo estadounidense llegó a extremos de controlar la vida política de los Estados, apoyando o no a los presidentes, que al final de cuentas obedecían a sus intereses y no a los del pueblo que representaban. Lo cierto es que los legisladores no otorgaron las reivindicaciones laborales de los trabajadores de manera gratuita, sino al contrario: aquellas conquistas les costaron sangre.

5. La relación capital-fuerza de trabajo enriqueció a las transnacionales y empobreció a los obreros aún más.

6. Los estadounidenses nos subyugaron, porque su país se levanto como potencia; pero no solo lo hicieron con nosotros, lo hicieron con España cuando los derrotaron en la guerra de Cuba y los hicieron firmar un vergonzoso armisticio en 1898 donde los españoles tuvieron que entregar sus territorios de ultramar a los estadounidenses. Estaba claro quién imponía las reglas del juego: el colonialismo estadounidense estaba en marcha.

7. Como reza el adagio, «No hay mal que dure cien años ni cuerpo que lo resista». Dios ha creado al hombre con inteligencia natural, y lo que esto quiere decir es que los latinos nos dimos cuenta de que ese trabajo duro que estábamos haciendo en nuestros países podíamos desarrollarlo en los Estados Unidos, con una diferencia que iba a desencadenar el fenómeno que hoy nadie puede parar. Esa diferencia es que el salario de un día en Latinoamérica era el salario de una hora o menos en los Estados Unidos, y que el dinero ganado nos iba a permitir vivir con dignidad; y vivir con dignidad es tener una casa decente, no una covacha con piso de tierra; es tener un automóvil propio o, posiblemente, dos; pero sobre todas las cosas, es poder ofrecer a nuestros hijos la oportunidad de estudiar y de tener lo que nosotros nunca tuvimos. Esta diferencia nos iba a llevar a mentir al cónsul americano cuando le decíamos que íbamos a Disney, cuando la realidad era que íbamos a quedarnos. Y cuando ya no se creyeron el cuento, entonces no importa: cruzaré el río, el desierto y si perezco, perezco. Punto. Esa diferencia es lo que hace inútil el muro de la vergüenza que han construido.

8. Cuando los estadounidenses se pusieron odiosos con sus leyes migratorias y negaron visados a diestra y siniestra, había que buscar otro destino. A alguien se le ocurrió España y marchó allí. Cuando un parroquiano llega a España y le va bien, se lo dice a sus familiares, vecinos y amigos, y así comienzan a marchar uno por uno, familia por familia, al extremo de que el último que salga del pueblo que apague la luz, por favor. De esta manera salieron en desbandada miles de centroamericanos, sudamericanos y caribeños.

9. Al final, el fenómeno de la emigración de los latinos hacia los Estados Unidos es en parte un ajuste de cuentas. En realidad nos estamos cobrando una vieja factura. Si las compañías estadounidenses hubieran llegado a crear riqueza en nuestros países, si hubieran tratado con justicia a nuestros padres, si hubieran dado oportunidad a los hijos de los trabajadores para que estudiasen, entonces las cosas serían diferentes. Otra vez, la codicia les cegó el entendimiento y sí, crearon riqueza, pero no la compartieron; y levantaron un dique social que un día no pudo contener el torrente incontenible de las pasiones humanas, y hoy vemos las consecuencias. Los legisladores de Washington —aquellos que hacen las leyes, aquellos jueces que sin tocarse el hígado deportan a un padre, a una madre o a un muchacho que no ha cometido más pecado que haber nacido en Latinoamérica—, no saben estas cosas porque nunca han ido allá. Entonces, ¿de qué se quejan los gringos?

10. Como esta generación no vivió la dominación española, no se puede hablar de un ajuste de cuentas en este caso. España surge en la escena porque los Estados Unidos nos cierra las puertas con leyes y prácticas in-

misericordes y se presenta como un destino atractivo: es miembro de la comunidad europea, cuenta con el valor del euro, allí se habla el mismo idioma y en ese momento ningún país necesita visado.

11. Legalidad y justicia son dos conceptos diferentes. La legalidad es actuar conforme a la ley, la justicia es actuar según lo que es correcto. Existen muchas leyes de inmigración que no son justas. Si bien es cierto que es ilegal no cumplirlas, también es cierto que no es justo cumplirlas. La justicia debe ser la aspiración más cara del ser humano, no el cumplir con la ley. El legislador, antes de hacer la ley, necesita ver el aspecto de justicia, pues esto es lo que debe determinar si una ley se aprueba o no.

12. Cuando una ley no se cumple, entonces los legisladores deben poner las barbas en remojo, porque lo que esto quiere decir es que la norma jurídica no está funcionando, y esto obedece a un fallo. Entendemos que el corazón del hombre lo lleva a este a delinquir; sin embargo, cuando existen más de 12 millones de personas en los Estados Unidos que violan la ley porque se encuentran de modo ilegal en su territorio, entonces hay algo que debe cambiarse en la ley. Es lo lógico.

13. Como dijera Ulpiano, el gran jurisconsulto romano, «La justicia es dar a cada quien lo suyo, no dañar a nadie, y vivir honestamente». La actual legislación de inmigración de los Estados Unidos muchas veces daña a las familias de forma irremediable. Por ejemplo, hay jóvenes que llegaron a los Estados Unidos siendo niños pequeños; hoy son hombres, pero están en territorio americano de manera ilegal. Tienen problemas para estudiar, no pueden tener un trabajo conforme a la ley, y menos disfrutar de los sagrados beneficios que posee todo trabajador. Según la ley, estos jóvenes deben ser deportados a un país que ellos no conocen, donde solo nacieron; incluso muchos de ellos ni siquiera hablan el idioma con fluidez. La deportación de estas personas es legal, pero no es justa. Justicia es *no dañar a nadie*. Aquí el daño es irreparable.

14. ¿Qué hacer cuando una norma jurídica sea injusta? El Derecho es tan maravilloso que provee una salida para este problema. Los romanos crearon una figura que se llama *la equidad*. La equidad es un recurso que nos permite corregir los errores de la ley, o dicho de una forma más elegante, nos permite suavizar su rigor. También, la equidad siempre habla y, por fin, la equidad nos permite interpretar de una mejor manera la ley. La equidad bien aplicada nos lleva casi siempre a alcanzar la justicia, que debe ser siempre nuestra máxima aspiración.

15. Los jueces de inmigración de los Estados Unidos, más que apegarse a una ley injusta, deben aplicar la equidad e introducir un elemento de compasión en el momento de dictar una sentencia que pueda tener repercusiones en la vida del ser humano.

Aspectos teológicos de la inmigración

1. La teología es reflexión humana acerca de Dios y de su relación con las criaturas. Como señala el profesor Emilio Núñez, «La teología no se da en un vacío cultural». La teología tiene que contextualizarse al grupo al que va dirigido para que esta le resulte pertinente. Esto quiere decir que no hay teología genérica, sino que siempre lleva la marca cultural e ideológica del que la hace.

2. En el caso que nos ocupa, esta reflexión va dirigida a más de 40 millones de inmigrantes hispanos y, en especial, a más de 12 millones de indocumentados. También va dirigida a millones de inmigrantes sudamericanos que viven en un exilio voluntario o a la sombra en España. Aunque este trabajo va dirigido a ellos, será de mucha utilidad para otros grupos sociales, porque les permitirá entender el contexto en el que viven millones de seres humanos por los cuales murió Cristo, y considero que dicha cantidad de personas merecen una reflexión particularizada.

3. En el tema de la inmigración, encontramos que Jesús y su familia fueron en algún momento de su vida inmigrantes. Si Ud. lee los Evangelios se dará cuenta de que la familia de Jesús tuvo que emigrar a Egipto para salvar la vida, de la misma manera que muchos pastores colombianos han tenido que emigrar después de haber sido amenazados de muerte por la guerrilla. Son muchos los abogados, ingenieros o médicos que están trabajando en Walmart[127], por decir algo, o de camareros en restaurantes porque han tenido que emigrar para salvar la vida. En algunos casos han conseguido asilo, pero en otros no han podido probar que su vida corría un evidente peligro, y tienen que vivir en el anonimato en los Estados Unidos o en España. El hecho de que Jesucristo fuera forastero en Egipto nos asegura que Dios simpatiza con todos aquellos que por alguna razón han tenido que abandonar su lugar de origen para movilizarse a otro.

4. La Iglesia no puede permanecer callada ante esta realidad. No podemos permanecer indiferentes ante las infames leyes migratorias, ante la dureza de la ley y la inclemencia e inmisericordia de los jueces que se sientan en sendas butacas con una taza de café Maxwell para decidir la vida de un ser humano, como si este fuera un animal.

5. La Iglesia tiene que ejercer su ministerio profético, un ministerio de denuncia contra la injusticia del sistema, pero a la vez presentando la verdad del Evangelio para no caer en una mera retórica política. La Iglesia debe participar en cualquier acción tendente a proclamar la verdad de Dios. La actitud del verdadero profeta de Dios es semejante a la del profeta

---

127. Walmart es una multinacional estadounidense cuyo negocio son las pequeñas tiendas de autoservicio.

Miqueas, quien declaraba: «Estoy lleno del poder de Dios para declarar a Israel su pecado y a Jacob su rebelión».

6. Cuando la causa es justa, la Iglesia puede convertirse en un santuario para todos aquellos inmigrantes que están arropados bajo el manto de la ética de situación.

desacuerdo

La ética y la inmigración

1. Lo que esto nos enseña es que si bien es cierto que la ley es importante y necesaria, al final, lo más importante es lo que está detrás de la acción, y esto es lo que debe determinar la moralidad del acto, no ley per se.

2. La ética de situación es un sistema donde actos humanos típicamente malos se convierten en buenos y, por lo tanto, en justos. Por ejemplo, un hombre que llega a los Estados Unidos o a España a buscar una vida decente, pero en un momento de su vida conoce a Cristo como a su salvador personal. Este recibe el llamado para servir a Dios en el ministerio, entra al Instituto Bíblico y se gradúa como pastor. Su vida está dedicada a restaurar familias, ser instrumento para la salvación de las personas y Dios lo hace prosperar en su ministerio como pastor; sin embargo, conduce sin licencia, puesto que está indocumentado, y la ley no le otorga ese derecho. No hay discusión en el sentido de que está violando la ley; sin embargo, puede pararse el domingo en la Iglesia y predicar acerca de la honestidad y de todos los demás valores morales. Él está cubierto por la ética de situación. En su corazón no obra la maldad, y esto es lo que cuenta para Dios.

3. En el tema de la ética de situación tenemos que entender que el acto contrario a la ley se justifica solamente si no existe otra forma de solucionarlo, y que su objetivo sea evitar un daño mayor. Por ejemplo, no estaría cubierto en la ética de situación un ciudadano estadounidense que conduzca sin licencia, porque él no tiene ningún obstáculo para hacerlo. En el caso de evitar un daño mayor, si es padre de familia y tiene mujer e hijos, la persona irremediablemente tendrá que mentir para trabajar y violará la ley, lo que es contrario a la ley y la moral, pero cuando los hijos tienen hambre, el manto de la ética de situación los cubre.

4. La moralidad de los actos no está determinada por la ley sino por la justicia.

5. Existen actos que son contrarios a la ley, sin embargo son actos justos y no pueden ser de ninguna manera condenados.

6. Se entiende que si tomamos una postura estrictamente legalista, la ética de situación es un engaño de Satanás, lo que convierte a este servidor _ipso facto_ en un hereje. Sin embargo, el amor y la justicia están sobre la ley y cada caso es diferente.

7. Existen otros temas morales relacionados con el tema de la inmigración. Uno de los más fuertes y delicados es el de la separación de las familias. No hay discusión en el sentido de que no es moralmente bueno abandonar a los hijos y dejarlos con terceros. Esto daña a los niños y los marca de forma negativa para siempre. La separación de la familia es un acto no aconsejable por las consecuencias que acarrea.

8. El etnocentrismo es la conducta que endiosa a la raza y, como aparejada consecuencia, menosprecia a los demás provocando una serie de conductas que pueden llevar a un fanático al asesinato o al genocidio.

9. El racismo es la consecuencia lógica del etnocentrismo, que se manifiesta en dos formas: los prejuicios y la discriminación. La Biblia condena ambas conductas.

10. Hay una serie de conductas que las minorías pueden tomar en relación con este tema. Una de las más aconsejables es el pluralismo, que consiste en el respeto de unos con otros, pero la asimilación es una conducta recomendable si vamos a relacionarnos con otra cultura y si deseamos granjearnos su simpatía. Si vamos a ser luz y sal de la Tierra, la asimilación no es conveniente.

11. En virtud de que la comunidad hispana no es una comunidad monolítica existen manifestaciones de racismo entre los mismos hispanos.

La Iglesia frente a la inmigración

1. Ni la Iglesia hispana en los Estados Unidos, ni la sudamericana en España, como Cuerpo de Cristo, debe tomar una actitud de *laissez faire laissez passer*.[128] Nuestra labor pastoral debe trascender las fronteras del espíritu y penetrar en el territorio social.

2. La Iglesia tiene una responsabilidad social con los inmigrantes indocumentados.

3. Las acciones sociales de la Iglesia deben tener un elemento espiritual, es decir, la acción social debe siempre ir de la mano de la evangelización. Los miembros de la Iglesia que realicen una acción social deberán de una forma clara y convincente desafiar a las personas a recibir a Jesucristo e invitarlas al arrepentimiento, porque ser objeto de la injusticia no las exime de su responsabilidad de pedir perdón a Dios por sus pecados.

4. No es contrario a la Biblia ni al amor cristiano convertir nuestros templos en santuarios para aquellas personas sobre las que pese orden de deportación que estén amparadas por la majestad de la ética de situación.

---

128. La expresión del idioma francés que literalmente significa 'dejad hacer, dejad pasar'.

SECCIÓN II
Hacia una hermenéutica esperanzadora. Un modelo contextual innovador

Miguel Álvarez, profesor de Hermenéutica y Misión

A. Introducción

El rostro de Jesús en la hermenéutica latinoamericana podría pintarse en el contexto de una multitud de colores, razas, culturas y tradiciones que dan lugar una diversidad inmensurable en el pensamiento de la comunidad latina. Es probable que el único denominador común en el proceso sea el idioma, pero esto último también es cuestionable, pues los idiomas, las culturas y las tradiciones originales del continente americano son más antiguos que el idioma, la cultura y las tradiciones que impusieron los colonizadores a los pueblos latinoamericanos cuando estos fueron sometidos por el imperio español.

Sin embargo, en medio de toda esa vasta inmensidad, a mí me agrada la idea de empezar a pintar el rostro hispano de Jesús de esta manera. Para lograr tal objetivo intentaré recolectar ideas, datos, historias y «fotografías» que vayan dándole forma a este proyecto. El ejercicio también incluye la tarea de tomar muchas y nuevas «fotografías». Luego habrá que organizarlas y clasificarlas adecuada y apropiadamente junto a la demás información obtenida, para comenzar a ofrecer un método interpretativo que resulte idóneo en la decisión de opinar sobre el papel que juega cada uno de esos elementos en la pintura del rostro de Jesús, que en este caso, tiene características eminentemente latinoamericanas.

Aunque el uso del término «hispano» todavía sigue siendo cuestionado, como en los Estados Unidos, por ejemplo, concuerdo con Jorge Gracia, quien asegura que el uso del término «hispano», en vez del «latino», es preferible, para no perder la costumbre y mantenerse a tono con el uso que en la actualidad se prefiere en el mencionado país,[1] para referirse a una persona de origen latinoamericano. Pero yendo un poco más atrás en la historia, uno encuentra que el nombre "hispano" fue utilizado para describir

---

1. GRACIA, Jorge: *Hispanic/Latino Identity: A Philosophical Perspective*, Oxford (Reino Unido): Blackwell Publishers, 1999. Gracia realiza una presentación filosófica, social y política de los que afectan a la identidad hispana y permiten entender dicha cultura.

a una persona que descendía de los españoles, especialmente a los que se establecieron en el sudeste estadounidense. Aquí hay que hacer notar que los descendientes de los españoles de aquella zona no eran de origen mexicano. Eran pobladores que descendían directamente de los inmigrantes españoles. Además hubo más descendientes de los españoles en otras zonas de los Estados Unidos, como fue el caso de Texas y la Florida misma, que también se conocieron como territorios hispanoamericanos. Aún más, el proceso de asimilación a la cultura estadounidense ha sido progresivo y, al final, ha evolucionado hacia situaciones nuevas, que también incluyen la adición de nuevos inmigrantes latinoamericanos que continúan sumándose a la cultura multiétnica de los Estados Unidos.

Con todo lo anterior, la motivación más acertada para esta discusión ha sido el deseo de impulsar la formación de una hermenéutica que sea hispana y que se fundamente sobre la base de un proceso de diálogo y reflexión objetivos. Históricamente la hermenéutica hispana, ha sido permeada por la influencia de diferentes teologías que también reflejan el contexto sociocultural diverso de su origen. En consecuencia, se hace necesario reflexionar sobre el pensamiento y la posibilidad de un método de interpretación que haga factible el diálogo y el encuentro fraternal entre hermanos.

Este proyecto representa un intento de pintar el rostro hispano de Jesús, el cual incluye la recolección de datos, estadísticas e información histórica del desarrollo de la interpretación de la fe cristiana en la comunidad hispana. Por supuesto, esta tarea es demandante; hay que organizarla de manera adecuada y ofrecer métodos válidos de interpretación que incluyan los diferentes contextos históricos en que se han desarrollado los miembros de esta comunidad. A continuación habrá que analizar y utilizar los resultados para desafiar la forma tradicional en que se ha interpretado la realidad histórica de la comunidad hispana y su respuesta al mensaje de las Sagradas Escrituras. Sin duda, esta comunidad cuenta con muchas personas capaces de realizar dicha tarea. Sin embargo, me parece que todavía falta la propuesta de un método de interpretación de la Escritura que sea viable y útil entre los hispanos. Mi argumento es que la comunidad hispana necesita hombres y mujeres que interpreten la Escritura dentro de los contextos más amplios posibles. Que sean capaces de escuchar las diferentes historias de la fe y las tradiciones cristianas e interpretarlas en el marco del propósito de Dios para los hispanos en los contextos donde viven la fe cristiana. Las comunidades hispanas quieren escuchar la historia de la presencia del Espíritu Santo en su peregrinaje y el significado bíblico de esa influencia.[2] Esto les

---

2. Cf. Martínez Guerra, Juan F. y Luis Scott (editores): *Iglesias peregrinas en busca de identidad:* Cuadros del protestantismo latino en los Estados Unidos, Buenos Aires (Argentina): Ediciones Kairos, 2004.

permitirá formarse una idea clara del propósito de Dios para sus vidas y sus comunidades.

La comunidad cristiana latina amerita una reflexión que aclare la verdad a la luz de un proceso hermenéutico que sea hispano, pero que refleje objetividad, justicia y verdad en su acción práctica. Las condiciones aquí planteadas demandan una reflexión seria y madura.[3] La interpretación de la Palabra y la aplicación práctica de esta debe seguirse por un proceso de reflexión que se enmarque dentro un método hermenéutico sólido, donde exista la integración de la acción dinámica de la Palabra, la dirección del Espíritu Santo, el testimonio histórico de la tradición y la autoridad espiritual de la comunidad de fe. De esa manera el intérprete podrá contar con un mensaje actualizado y válido para el contexto donde sirve.

Este estudio se ha efectuado alrededor de los siguientes elementos que afectan a la interpretación hispana de la Escritura: el encuentro de las diversas corrientes teológicas latinas, el marco contextual que posibilita una hermenéutica hispana, la propuesta de un método de interpretación hispano, la respuesta de los hispanos a los desafíos de los sistemas actuales, el pensamiento hispano con respecto al texto bíblico y la respuesta de los hispanos a la revelación y el llamamiento de Dios.

---

3. Cf. GIBBS, Eddie: *La Iglesia del futuro*, Miami (Florida): Editorial Peniel, 2005; págs. 159-185. En relación a lo que piensa sobre el cambio, Gibbs cree que los nuevos modelos de iglesia se han dado a conocer para encontrarse con estos desafíos: todos tienen fuerzas y debilidades, por lo tanto las iglesias necesitan transformarse para ser bíblicamente verdaderas en su mensaje y en su misión en el mundo.

B. La interpretación que resulta del encuentro de diferentes teologías latinas

El propósito de esta sección es presentar un marco donde se observa cómo las diferentes corrientes de pensamiento entre los hispanos pueden dar origen a un diálogo teológico amplio. Para conocer mejor a los hispanos hay que entenderlos desde su origen histórico. En esta sección se estudian los matices latinoamericanos observables en diferentes contextos sociales y culturales. Luego se estudia de manera específica la experiencia latina en los Estados Unidos, que tiene sus raíces entre los latinos conquistados del sudoeste estadounidense, los colonizados y los inmigrantes. Desde esa perspectiva se realiza la propuesta de una hermenéutica hispana sobre la cual se dialoga en otras secciones desde ángulos diferentes.

1. La hermenéutica en la literatura de la teología hispana

Según lo presenta Moisés Sandoval, la documentación más antigua que se ha encontrado sobre la teología hispana en los Estados Unidos llega hasta los años 17881853, cuando el sacerdote católico Félix Varela, un cubano en el exilio, realizaba su obra misionera entre los inmigrantes irlandeses de la ciudad de Nueva York. Entre sus obras, Varela escribió sobre varios temas que se referían a la teología política, titulada *Cartas a Elpidio* (*Letters to Elpidio*) donde trató de integrar la fe y la causa de la libertad. Sus documentos reflejaban una interpretación bíblica y dinámica a la situación social, económica, política y cultural de los inmigrantes y la necesidad pastoral del pueblo oprimido por su condición de extranjeros indeseados,[4] y ofrecía soluciones enmarcadas dentro de los principios de la fe cristiana.

Por otro lado, la literatura más conocida de la teología hispana en los Estados Unidos comenzó a gestarse en las últimas cuatro décadas del siglo XX. La iniciativa de organizar el pensamiento hispano la han inspirado varios autores, oriundos de diferentes contextos culturales hispanoamericanos.

Entre esa comunidad de eruditos pueden mencionarse a escritores prolijos como el ya desaparecido, Orlando Costas, Samuel Escobar y Justo González. Costas fue un autor muy conocido en los círculos académicos y su pensamiento misionológico trascendió a toda la comunidad hispanoamericana. Desde que se publicó en 1979, hasta la fecha, *Compromiso y misión* ha sido uno de los libros de obligada referencia cuando se habla del tema de la misión integral de la Iglesia. El legado de Orlando Costas ha sido profundo y desafiante. En sus libros se destaca la relación imprescin-

---

4. SANDOVAL, Moisés: *On the move: a history of the Hispanic church in the United States*, Maryknoll (Nueva York): Orbis Books, 1990; pág. 129.

dible que debe existir entre misión y contexto, entre discipulado y vocación misionera, entre reflexión y pasión por la causa de Cristo. En la mencionada obra Costas abordó temas como la proclamación, la movilización de la Iglesia, el crecimiento integral, la liberación, el discipulado y la celebración.[5] Su contribución resultó valiosa para la formación misional de la presente generación, tanto en América Latina como en los Estados Unidos. Una de las contribuciones más sobresalientes de Costas fue la apertura de la puerta hacia la interpretación de la misión de la Iglesia en el contexto mismo donde esta opera.

Por su parte Samuel Escobar, desde su cátedra misionológica, también ha agregado una posición teológica sólida a la interpretación de la misión de la comunidad de fe; sus escritos han servido como agentes de transformación en ambos mundos, los Estados Unidos y América Latina. Escobar ha escrito documentos muy importantes que incluyen una variedad significativa de temas que afectan a la escolaridad ecuménica, sociológica y antropológica. En una de sus obras tempranas, *Tiempo de misión. América Latina y la misión cristiana hoy*, Escobar plantea que la misión en y desde América es un tema de gran impacto que puede observarse también bajo un punto de vista transcultural. En ese estudio, realiza una mirada retrospectiva a la misión desde Latinoamérica para evaluar y valorar la manera como se ha llevado a cabo la misión desde aquellas tierras; acto seguido plantea la importancia de una mirada en perspectiva hacia el futuro, para estimular al lector a convertirse en sujeto de la misión en el mundo. Porque, «ya es tiempo que América se haga sujeto de la misión de Dios en el mundo, y no solo objeto de la misma».[6] Sin duda, cuando los intérpretes de la Palabra y del mundo buscan una opinión hispana con la autoridad académica correspondiente, uno de los eruditos más estudiados es Samuel Escobar. Sus artículos en boletines y revistas han sido muy leídos y sus libros estudiados en muchos contextos.

Por otro lado, Justo González ha sido el teólogo por excelencia entre el creciente número de eruditos hispanos. Un metodista cubano en el exilio que ha publicado muchos libros, artículos y lecciones bíblicas. González es parte del proceso de producción del *Diccionario de Biblia y religión*; ha escrito además en varias editoriales y ha sido editor del boletín de teología hispana *Apuntes*. González también se ha apoyado en las ciencias sociales para criticar la historia, las condiciones sociales y el poder político, a fin de demostrar cómo estos impactan en la vida y las percepciones teológicas de los hispanos en los Estados Unidos. Para él esos aspectos son tan

---

5. COSTAS, Orlando: *Compromiso y misión*, Miami (Florida): Editorial Caribe, Colección Centro Evangélico Latinoamericano de Estudios Pastorales, 1979; pág. 159.

6. ESCOBAR, Samuel: *Tiempo de misión. América Latina y la misión cristiana hoy*, Santa Fe de Bogotá (Colombia): Ediciones CLARA-SEMILLA, 1999; pág. 158.

importantes como la religión y la intelectualidad, y no pueden ser ignorados como si no fueran relevantes para la religiosidad y la vida espiritual de la comunidad latina.

González considera que la cultura y la perspectiva mestiza de su pueblo hispano son muy significativas y ejercen mucha influencia en su postura teológica, por lo que, de un modo intencional, dedica gran parte de su libro *Mañana: Christian Theology from a Hispanic Perspective*[7] para exponer cómo ese mestizaje influye en el pensamiento de los hispanos y la forma en que estos perciben y afrontan el mundo. González es honesto cuando expresa que su tarea teológica está profundamente ligada a la simpatía y a la solidaridad que él mantiene con su pueblo hispano, y duda mucho de la honestidad intelectual de aquellos teólogos que pretenden ser neutrales en su pensamiento sin tomar en cuenta el contexto ni el origen cultural de donde vienen. Como teólogo asegura que su tarea es «descubrir los propósitos de Dios, entender la "señales de los tiempos", y llamar a la Iglesia a la obediencia en el tiempo actual».[8] Además, señala algunos temas que generan conflictos en las relaciones internas de la comunidad hispana, tales como las diferencias de clase social, cultural y religiosa. En sus escritos asegura que en muchos contextos relacionados con los hispanos, se ha utilizado de forma negativa la relación entre la Iglesia y el mundo, la autoridad de la Escritura y «el uso de la Biblia para justificar la represión y la injusticia».[9] Por la seriedad y el contenido de su teología, González contribuye seriamente con el fundamento histórico y teológico que da inicio a la hermenéutica que interpreta la Escritura y que implementa sus principios en el contexto hispano de los Estados Unidos.

Otros pensadores de mucha influencia en la hermenéutica hispana también han significado un impacto significativo en la historia de la formación de la generación actual al ofrecer sendos legados académicos. Entre muchos se puede mencionar a Samuel Solivan, cuyo libro *Spirit, Pathos and Liberation*, ofreció una perspectiva pentecostal sobre la aplicación práctica de la verdad del Evangelio en el contexto donde reside la Iglesia.[10] Aunque su propósito no era expresarse como hispano propiamente, su identidad con la comunidad hispana de Nueva York quedó muy marcada en el desarrollo de la obra. Por su parte, Carmelo Álvarez, también ha contribuido de un modo académico con ambos, el mundo latinoamericano y el hispano de los Estados Unidos. Una de sus obras de mayor influencia ha sido *Santidad y compromiso: el*

---

7. GONZÁLEZ, Justo: *Mañana: Christian Theology from a Hispanic Perspective*, Nashvile (Tennessee): Abingdon Press, 1990; pág. 184.

8. Ib. pág. 22.

9. Ib. pág. 25.

10. SOLIVAN, Samuel: *Spirit, Pathos and Liberation*, Sheffield (Reino Unido): Sheffield Academic Press, 1999; pág. 23.

riesgo de vivir el Evangelio. En este libro, Álvarez ofrece una posición objetiva sobre la pasión por la misión que emerge de una vida enteramente dedicada a Dios, la misma que también coopera con la interpretación de la Escritura en el contexto donde administra la comunidad de fe.[11] Otro de los eruditos bíblicos de gran influencia, desde su cátedra de Teología Bíblica y Sistemática, es Samuel Pagán.[12] Sus libros edifican el conocimiento de la Escritura y, por ende, ofrecen un marco inteligente para el ejercicio de una interpretación sólida, muy leída en la comunidad hispana.

2. Diversos matices en la interpretación

El cristianismo latino o hispano tiene matices latinoamericanos y matices estadounidenses. Para entenderlo se necesita ingresar en un mundo multicultural, donde la fe cristiana se expresa en multiformes características. Por ejemplo, en la adoración, los estilos y los ritmos varían según el contexto cultural de las personas. En relación con la diversidad de ministerios entre los hispanos, Miguel de la Torre y Edwin Aponte, en el libro *Introducing Latino Theologies*, realizan una descripción analítica de las diferentes formas de servicios, religiosidad popular, espiritualidad, y del papel de la fe y la cultura en la teología hispana. Además, analizan las formas de evangelismo, cuidado pastoral, la liturgia y los estilos de adoración, al igual que la ministración en el barrio y la ética cristiana del ministerio hispano.[13] Las expresiones socioculturales también varían de pueblo en pueblo. Esto último es una expresión de la diversidad de la riqueza cultural de las comunidades hispanas. Estos componentes también se suman y se deben considerar en la propuesta de un método idóneo para la interpretación de la Escritura.

3. Jesús en la experiencia latina de los Estados Unidos

La experiencia latina en los Estados Unidos no es solo la experiencia de los inmigrantes, sino también la de los latinos «conquistados» en el sudoeste y los latinos «colonizados». Es también la historia de los encuentros en las franjas fronterizas del sur de la nación americana.[14] Esa historia es muy diferente a la historia del inmigrante latino vista desde Miami, donde

---

11. ÁLVAREZ, Carmelo E.: *Santidad y compromiso (El riesgo de vivir el Evangelio)*, México, D. F.: Casa Unida de Publicaciones, 1985; págs. 56-68.

12. Cf. PAGÁN, Samuel: *El Misterio revelado: Los rollos del mar Muerto y la comunidad de Qumrán*; Nashville (Tennessee): Abingdon Press, 2002.

13. Cf. DE LA TORRE, Miguel y Edwin Aponte: *Introducing Latino Theologies*, Maryknoll (Nueva York): Orbis, 2001.

14. Sobre este tema, se recomienda la lectura de Gloria Anzaldúa, *Borderlands (La Frontera): The New Mestiza*, San Francisco (California): Aunt Lute Books, 1999.

una comunidad multicultural ha prevalecido desde la segunda mitad del siglo XX. La comunidad latina de Miami es joven y su realidad es obviamente distinta a la de aquellos que llevan varios siglos de existencia, de forma particular las comunidades hispanas del sur y el sudeste de los Estados Unidos. Para entender mejor la identidad hispana en los Estados Unidos, Juan Francisco Martínez ha propuesto algunos niveles de identificación, que presenta de la siguiente manera:

> 1) el latino nuclear, que vive casi completamente inmerso en su cultura hispana; 2) el latino bicultural, que por necesidad, vive su vida fluctuando entre la sociedad mayoritaria y su comunidad hispana; 3) el latino marginal, que no se ha desligado completamente de la cultura latina, pero solo se identifica con ella ocasionalmente; 4) el latino que huye de su cultura; este se desconecta de lo latino para hacerse parte de la cultura mayoritaria; 5) el latino que está regresando: este es de segunda o tercera generación, que redescubre su identidad hispana y busca fortalecerla; 6) el latino asimilado; este no tiene mayores rasgos culturales hispanos, sino solo una memoria histórica de que sus antepasados eran de origen latinoamericano; 7) el latino que se une a otra cultura: este deja atrás su trasfondo hispano, pero no se une a la cultura mayoritaria, sino a otra tercera cultura, esto casi siempre sucede a través de la unión matrimonial.[15]

Estos niveles ofrecen un marco apropiado para explicar mejor los niveles de identidad de los hispanos en el proceso de interpretación de la Escritura.

Acá es importante mencionar el esfuerzo académico de Juan Francisco Martínez. En su obra *Sea la luz: The Making of Mexican Protestantism in the American Southwest* revisa la historia de los primeros hispanos protestantes en el sudeste de los Estados Unidos, desde 1848 hasta el año 1900. Su aportación explica la actitud y la conducta de los pobladores de habla hispana de aquella zona. Estos fueron considerados extranjeros por los misioneros angloamericanos de aquel tiempo y también eran rechazados por los mexicanos católicos de la época, por haber abrazado el protestantismo. Este era un pueblo que vivía en el borde de varias fronteras.[16]

Cuando México reclamó la soberanía sobre esa área geográfica, lógicamente, se pensó que los hispanos residentes allí eran mexicanos todos. Así fue como comenzó la idea de que «hispano» era el término que definía a

15. Una descripción más amplia de los diferentes niveles de identificación hispana en los Estados Unidos se encuentra en Martínez Guerra, Juan Francisco: *Caminando entre el pueblo. Ministerio latino en los Estados Unidos,* Nashville (Tennessee): Abingdon Press, 2008; págs 24-26.

16. Martínez Guerra, Juan Francisco: *Sea la Luz. The making of Mexican Protestantism in the American Southwest, 1829-1900,* Denton, (Texas): University of North Texas Press, 2006; págs 4-5.

los mexicanos de ese sector.[17] Sin embargo el proceso de colonización tuvo lugar, y al cabo de muchos años de confrontación entre la cultura hispana y la anglo, surgió una tercera cultura que creó una realidad nueva y diferente, la cual también afectó su forma de interpretar la Escritura. Tanto los hispanos del sudoeste como los del sur de Texas tuvieron que realizar los ajustes necesarios en su acercamiento a la Palabra para desarrollar una realidad bicultural que estuviese de acuerdo con las demandas del tiempo. Algunos historiadores han encontrado que el español fue el primer idioma extranjero hablado en los Estados Unidos.[18] Esto se debió a la existencia de

17. En los Estados Unidos, se utiliza el término 'hispano' para referirse a los que hablan español o castellano (en vez de llamarlos 'hispanohablantes'), independientemente de su raza, grupo étnico o nacionalidad. Así, en los Estados Unidos, un cubano de origen africano, un argentino de origen italiano, un chileno de origen británico, alemán o indígena, un mexicano de origen europeo, un boliviano de origen amerindio o incluso los mismos españoles (ciudadanos de España), son todos identificados como hispanos ante la sociedad anglosajona. Sin embargo, entre los hispanos no se identifican de esa manera, y prefieren hacerlo por su país de origen; por ejemplo, cubano-americano, peruano-americano, chilenoamericano, o por latinoamericano o iberoamericano (español o portugués) en general. Sin embargo, el origen del término 'hispano' posee fuertes connotaciones colonizadoras y por eso debe evitarse su utilización de forma errónea. En el contexto anglosajón, la definición de 'hispano' es intencionalmente racista y es una prueba del nivel de ignorancia de quienes lo usan, puesto que una persona de raza blanca y de descendencia europea nacida por ejemplo en Argentina, que es considerada como de raza blanca en Argentina, pasa a ser de una subdivisión racista llamada 'hispana' en los Estados Unidos. Esta información está disponible en el u. s. Bureau of the Census, «County Population Estimates by Demographic Characteristics by Age, Sex, Race, and Hispanic Origin», Washington DC: u. s. Census Bureau, 2008.

18. La lengua española ha estado en el territorio de los actuales Estados Unidos desde el siglo XVI. A Juan Ponce de León se le ha conocido como el primer español que entró a territorio estadounidense, cuando llegó a la Florida en 1513. En 1565, Pedro Menéndez de Avilés funda San Agustín, también en la Florida, la cual se convirtió en la ciudad más visitada por los europeos y la más antigua del territorio de los Estados Unidos. El texto de la primera gramática de español en Estados Unidos apareció en Georgia en 1658. Después de la guerra mexico-estadounidense (1846-1848), México perdió casi la mitad de su territorio, que se anexionó a la unión americana, e incluía parte de estados de Texas, Colorado, Arizona, Nuevo México, Wyoming y las regiones de California, Nevada, y Utah. Posteriormente, los millares de mexicanos residentes en esos territorios adquirieron la nacionalidad estadounidense. En el Tratado de Guadalupe Hidalgo (1848) no se hizo ninguna estipulación explícita a los derechos de la lengua española, pero la primera constitución de California aprobó un reconocimiento importante de los derechos de los hispanohablantes: «todas las leyes, decretos, regulaciones, y provisiones que emanan de los tres poderes supremos de este Estado, las cuales por su naturaleza requieren la publicación, serán divulgados en inglés y español». Información pública disponible en el U. S. Bureau of the Census, «County Population Estimates by Demographic Characteristics», 2008. Además, antes de 1870, los angloamericanos eran una minoría en California. En 1879, California promulgó una nueva constitución bajo la cual todos los procedimientos oficiales debían ser conducidos en inglés; esta se mantuvo en vigencia hasta 1966. En ese año, los votantes de California, por medio de un referéndum, agrega-

estas comunidades hispanoparlantes en las áreas mencionadas. No obstante la realidad sociopolítica causó que los hispanos adoptaran también el uso de ambos idiomas, el inglés y el español.

Los inmigrantes de los países latinoamericanos también han contribuido de manera significativa con el desarrollo de una sociedad diversa que responde positivamente al llamado de Dios.[19] En un país de inmigrantes, esto puede interpretarse como parte de la provisión de Dios para la extensión de su reino. Los inmigrantes latinos son muy flexibles; pronto entienden su condición de recién llegados, se someten a las condiciones de su nueva realidad y con paciencia aguardan la ocasión propicia para servir.

En el siglo XXI, es obvio que un alto índice de crecimiento de la iglesia cristiana se da entre los hispanos inmigrantes.[20] Esto trae consigo nuevos paradigmas frente a las necesidades y la realidad del mundo. En los Estados Unidos aun el uso del idioma representa un desafío significativo, en especial para los jóvenes, y más aún para aquellos que prestan atención a las diferencias sociales, políticas y a las nacionalidades de origen.[21]

4. Hacia una hermenéutica hispana

La inversión en la enseñanza y el ministerio de los líderes de las generaciones anteriores ha surtido un efecto positivo. Es muy claro que el desarrollo humano y el ejercicio académico se han ampliado de forma significativa. En este tiempo la comunidad hispana cuenta con excelentes teólogos y líderes distinguidos en innumerables disciplinas del conocimiento. Ese desarrollo socioeconómico e intelectual es también parte de la formación de una hermenéutica capaz de interpretar la Escritura y ponerla a la disposición de la comunidad. Uno de esos pensadores de la nueva generación

ron una nueva cláusula constitucional que instituía el inglés como la «lengua oficial del Estado de California», Sin embargo, hoy, el español se habla extensamente a lo largo del Estado, y en muchas actividades gubernamentales, los servicios están disponibles en español e inglés. El español se ha hablado alrededor del Nuevo México norteño, Colorado meridional y en la frontera con México desde el siglo XVII. En Texas, el inglés se utiliza convencionalmente, pero el Estado no tiene ninguna lengua oficial. Texas heredó una población hispana numerosa, además de tener una afluencia constante de mexicanos y otros inmigrantes de habla hispana. Cf. U. S. Bureau of the Census, «County Population Estimates by Demographic Characteristics», 2000. También en <http://www.census.gov/popest/counties/asrh/>. 2000 Census of Population and Housing for places, 7 de noviembre de 2008.

19. SANDOVAL, Moisés: *On the move: A history of the Hispanic church in the Unites*, op. cit.; pág. 119.

20. SCHWARZ, Christian: *Desarrollo natural de la Iglesia. Las 8 características básicas de una iglesia saludable,* Barcelona (España): CLIE, 1996; pág. 86.

21. MIRANDA, Jesse: «Hispanics turn evangelical», *The Christian Century,* 14 de diciembre de 1994.

de hispanos es Raúl Zaldívar. Desde su cátedra de Teología Sistemática, y desde una perspectiva latinoamericana, Zaldívar ha incorporado conceptos nuevos que han servido para revisitar y revisar la Teología Sistemática en la presente generación. En su exposición sobre la relación de la teología latinoamericana con la teología propia, Zaldívar escribió:

> En la teología latinoamericana [la teología propia] ha provocado [en el orden lógico] una serie de reacciones motivadas por las condiciones socioculturales del continente y se ha hablado del Dios de los pobres. Porque ser rico es sinónimo de corrupción, de injusticia, de explotación de deshonestidad en las esferas de poder de la sociedad y Dios como tal no puede ser el Dios de estas personas. Por otro lado, mira al pobre como al objeto de la injusticia, de la humillación, de la pobreza e identifican a ellos con Dios y hablan del Dios de los pobres, de los oprimidos. Sus presupuestos tanto teológicos como ideológicos encuentran asidero en las Escrituras, pues hay muchos textos que hablan contra las injusticias y los ricos y sus conclusiones finales son muy claras y convincentes, sin embargo, hay un problema, tropiezan con el hecho de que el problema del hombre radica en su corazón, o mejor dicho, allí donde está el asiento de su intelecto, sensibilidad y voluntad. No hay Dios de pobres ni de ricos, hay un Dios, bueno, amoroso, soberano, que recompensa el bien, empero reprende el mal, por eso Él es un Dios justo.[22]

Aunque lo expresado por Zaldívar responde a un marco de referencia eminentemente latinoamericano, no obstante, los principios tienen validez para interpretar también la teología propia de la comunidad hispana de los Estados Unidos y otros contextos. Al igual que Zaldívar, son muchos los pensadores de origen latinoamericano que se ha sumado al creciente número de teólogos en la presente generación.

Preguntas para reflexionar

1. ¿Cómo se refleja el pensamiento de los hispanos en la interpretación de la Escritura?
2. ¿Quiénes serían algunos pensadores de mayor influencia en el desarrollo del pensamiento teológico hispano?
3. ¿Dónde radica la legitimidad del desarrollo de una hermenéutica hispana?
4. ¿Dónde se ubica a Jesús en la experiencia cristiana peregrina de los latinos?
5. ¿Qué le hace pensar el intento de pintar el rostro hispano de Jesús?

22. ZALDÍVAR, Raúl: *Teología sistemática. Desde una perspectiva latinoamericana*, Barcelona (España): CLIE, 2006; pág. 151.

C. El pensamiento hispano en un marco histórico

En esta sección se estudia el desarrollo del pensamiento de los hispanos en el contexto teológico de los Estados Unidos. Este estudio forma parte del enfoque histórico y cultural en el que se enmarcan las corrientes teológicas latinoamericanas. Estas, por supuesto, hacen uso de sus propios métodos de interpretación. Así que para estudiarlas hay que analizar las fuentes de conflicto y las soluciones que se adoptaron con el transcurrir del tiempo. Esta sección echa un vistazo a algunos de los conflictos más notables que han tenido que ver con la formación teológica de los hispanos en este país.

¿Una hermenéutica que interpreta la realidad de la comunidad hispana? Hasta hoy no se conoce que haya una hermenéutica hispana, como tal, o que exista un método de interpretación en el cual se basen los hispanos para interpretar el texto bíblico. Más bien, estos se han apoyado en métodos tradicionales diferentes para la interpretación del texto, lo cual ha complicado el estudio la Palabra generando posiciones encontradas en relación con su revelación, en especial cuando buscan una explicación teológica a la realidad que viven los hispanos en la diáspora. Obviamente hay muchas formas de justificar la presencia de los hispanos en los Estados Unidos y otros contextos, pero para justificarla teológicamente es necesario encontrar un método de interpretación que sea viable y congruente con los principios de la Palabra.

Por otro lado, la tarea de pintar el rostro de Jesús en la comunidad hispana desde una perspectiva hermenéutica no sería posible si no se tomara en cuenta la diversidad de las culturas que forman parte de esta. Para hacerlo con objetividad es necesario revisitar la historia latinoamericana para entender mejor la cultura y la idiosincrasia de los pueblos hispanos.

1. Diversidad de culturas

Cuando la reina Isabel I de Castilla, *la Católica*, tomó la decisión de enviar a Cristóbal Colón con una tripulación heterogénea en 1492, se establecieron las bases para el asentamiento de diversas culturas. Del mismo Colón se ha dicho que era un judío italiano y que este comandaba una tripulación de inmigrantes, italianos, portugueses y españoles. Dentro de los mismos españoles había diversas culturas: unos eran extremeños, otros eran gaditanos, otros sorianos y segovianos. Cuando pisaron territorio americano trajeron consigo diferentes culturas y tradiciones; quizá lo único en común era el mandato de conquistar en nombre de la corona española, la cual contaba con la bendición de la Iglesia católica. Estos colonizadores, de origen cultural diverso, recibieron órdenes directas de la corona española de convertirse en evangelistas terratenientes a fin de convertir a todos los nativos. El recuento histórico de Juan A. Mackay lo describe de manera clara:

> La corona encomendó a los colonos la conversión de los indios a la Santa Fe Católica, y a fin de facilitar su obra e investir de mayor autoridad sus esfuerzos evangelizadores, les concedió al mismo tiempo el más absoluto poder sobre la raza indígena. A quienes aceptaron tal responsabilidad [de someter a los indios] se les llamó encomenderos. A cambio de su celo cristianizador, los encomenderos tenían el derecho a emplear los servicios de los indios y exigirles tributo. Con lo cual estos se convirtieron en esclavos de sus «evangelistas».[23]

Años más tarde la historia de la conquista de América registra la invasión de las diferentes potencias europeas que se disputaban el control político y económico del mundo. El nuevo mundo fue sometido bajo fuerzas españolas, portuguesas, francesas, holandesas e inglesas. Ese marco dio origen a la diversidad de razas, culturas y lenguas en el continente. Al final las que más prevalecieron fueron la española y la portuguesa, en el sur, y la inglesa, en el norte.

Para la comunidad hispana esta revisión histórica es necesaria. Los hispanos tienen un lugar claramente definido en la historia humana. Es obvio que la providencia divina irrumpió en la historia latinoamericana a fin de preservar a su gente a través de las generaciones que pasaron por el fuego de la colonia y, después, por el sometimiento bajo el poder de los criollos que heredaron el poder político y la riqueza de sus padres. Como resultado, las poblaciones indígenas y las mestizas de América Latina fueron relegadas a la pobreza y el menoscabo cultural. No fue sino hasta el principio del siglo XX cuando misioneros evangélicos y pentecostales, enviados

---

23. MAKAY, Juan A.: *El otro Cristo español,* Guatemala: Ediciones Semilla, 1989; pág. 69. El autor afirma que «no hay palabras con que describir las crueldades cometidas por los encomenderos con sus esclavizados catecúmenos. Ningún oído cristiano podría soportar el relato de sus crímenes. Terrible es el lenguaje con que los denunciaba el noble Las Casas, amigo y protector de los indios, quien dijo que andaban vestidos en sedas, y no solo ellos sino sus mulas, pero que si la seda bien se exprimiese, sangre de indios saldría de ella. Pero lo doloroso es que detrás y debajo de la servidumbre en que vivían los indios había un motivo religioso y un fondo teológico». El argumento teológico para ese trato era el siguiente: primero, porque no conocen a Dios; segundo, porque se matan unos a otros; tercero, porque comen carne humana; cuarto, porque pecan contra la naturaleza; quinto, las Sagradas Escrituras no mencionan a los indios, estos no pertenecen a la raza humana, por lo tanto pueden ser legítimamente usados por los cristianos para sus fines privados. El punto de vista oficial se expresaba en una de las cartas reales: «La esclavitud se justifica solo en caso de que los indios ofrezcan resistencia a la Fe o rehúsen obediencia con la fuerza de las armas». Cf. REMBAO, Alberto: *El orden de Dios y el desorden del hombre,* México DF: Casa Unida de Publicaciones, 1964; págs. 302-326.

desde los Estados Unidos, establecieron y desarrollaron programas para la reevangelización del continente.

Como consecuencia de las dificultades políticas y económicas que afectaban a la región, muchos latinos emigraron a los Estados Unidos en busca de mejores horizontes. Estos, al llegar, muy pronto se dieron cuenta que aun en este país ya existía una comunidad hispana que había quedado en territorio estadounidense desde antes del tiempo en que este país se apropiara de territorios conocidos históricamente como mexicanos. Es más, aquellos que estudian el origen de los pueblos afirman que el primer idioma europeo que se habló en suelo estadounidense fue el español.[24]

2. Diversidad de teologías

Es probable que todavía no se pueda hablar de una teología hispana, ni que ya exista tal disciplina. Desde una plataforma de reflexión tradicional, quizá no haya una línea de pensamiento que tenga su propio método. Sin embargo, sí se puede reflexionar sobre las múltiples formas de entender la obra y la misión de Dios en el contexto hispano de los Estados Unidos y en otros países. Aunque el término 'hispano' ha sido acuñado solamente para referirse a la comunidad de origen latinoamericano que reside en los Estados Unidos, este país es el segundo país hispano más grande del mundo. La población hispana de los Estados Unidos ha crecido aproximadamente un treinta por ciento: de 35 millones en el año 2000 a 45 millones en el 2007.[25] Esta realidad convierte a los hispanos en una comunidad importante, cuyo papel en la vida de la nación se debe tener en cuenta seriamente.

Desde una perspectiva histórica, la teología hispana tuvo sus inicios en la imposición del Evangelio de corte «no reformado», que fue introducido por los conquistadores católicos españoles. La estrategia consistió en sustituir las creencias y tradiciones paganas de los locales por las creencias y tradiciones del cristianismo católico romano. En enero de 1492, los españoles habían expulsado a los musulmanes y a los judíos del territorio ibérico, después de setecientos años de dominio del imperio musulmán. Meses más tarde, en ese mismo año, la corona española, con la bendición de la santa fe católica, emprende la misión de conquista que también incluía la expansión de la fe católica. Aquí es importante enfatizar que el cristianismo que se impone a los habitantes del nuevo mundo era aquel que todavía no había pasado por el movimiento de la Reforma Protestante. En otras

24. Para el propósito de este estudio al idioma castellano se le llama 'español'. En el contexto de los Estados Unidos al castellano se le conoce como el idioma español.

25. MOSCOSO, Eunice: «U. S. Hispanic population up 30 %; Gwinnett 25th in growth». *The Atlanta Journal-Constitution (23 de octubre de 2008).*

palabras, el Evangelio que exportaron los españoles hacia el mundo conquistado no había sido reformado aún. De ahí que para el propósito de este estudio necesariamente me referiré al Evangelio «no reformado», que llegó a través de los españoles conquistadores, y al Evangelio «reformado», que llegó a través de los movimientos misioneros que se iniciaron de forma especial durante el siglo XX. Entre estos movimientos misioneros de corte reformado están los evangélicos y los pentecostales con sus múltiples variaciones que surgieron después, como resultado natural de la expansión de la evangelización de América Latina.

El momento inicial de la Reforma ocurre justo 25 años después del descubrimiento de América, el 31 de octubre de 1517. Cuando Martín Lutero clavó las 95 tesis en la puerta de la catedral de Wittenberg, Alemania, para protestar contra la idolatría en forma de indulgencias que se comercializaban en las iglesias europeas. El movimiento de reforma continuó creciendo y por último provocó que personajes políticos de gran influencia tomaran decisiones que cambiarían el rumbo de la teología en Europa y en el Nuevo Mundo.

La caída del imperio español y el alzamiento del imperio británico sirvieron de marco histórico para que cristianos «reformados» emigraran a las tierras del norte del continente americano y con ello iniciaran un proceso de evangelización diferente. Con la aparición de los nuevos movimientos misioneros, se enviaron muchos cristianos a evangelizar al mundo aún no alcanzado por la fe cristiana. Estos movimientos también fueron estableciéndose en América Latina y, poco a poco, crecieron hasta formar movimientos nacionales de mucha influencia. Al final del siglo XX, las iglesias del Evangelio de corte reformado habían alcanzado a una considerable y significativa población de la América Latina.

Naturalmente, cuando los hispanos emigran hacia los Estados Unidos, unos traen consigo el cristianismo no reformado y otros, el reformado. Los reformados, más identificados como evangélicos o pentecostales, se mostraron muy activos y eficientes en la evangelización, hasta lograr que, en la diáspora, una población considerable de los latinos se convirtieran a su fe.

3. Otra realidad espiritual

Mientras tanto, en el sur del continente, la Iglesia católica había formado parte de la conquista y se había instalado en todos los pueblos, tradiciones y culturas del continente. La América Latina se había convertido al catolicismo romano. Esto es importante entenderlo, porque cuando los primeros cristianos de corte reformado ingresaron a la América Latina se encontraron con un mundo hostil, al cual ellos miraban como gente religiosa, que necesitaba ser reevangelizada.

Esto último es importante para el intérprete de la Palabra que busca la integración de la verdad de las Escrituras y la dirección del Espíritu Santo, con la realidad histórica del mundo donde opera la Iglesia. El contexto de sufrimiento y opresión que experimentan los inmigrantes latinoamericanos los obliga a buscar vías adecuadas para superar sus dificultades. Por un lado ellos pueden recurrir a la religión ofrecida por la fe tradicional de la Iglesia católica, o buscar ayuda en las iglesias que han sido renovadas espiritualmente. Estas últimas ofrecen un nivel espiritual que ha superado a la religión y ponen al creyente en acceso directo con la Escritura y el Espíritu Santo mismo. Esta forma de integrar a la verdad del Evangelio con la realidad del mundo permite que la Palabra cobre realidad y que el creyente también tenga acceso a lo sobrenatural, especialmente cuando sus oraciones son contestadas y sus problemas superados. Esto lo convierte en una persona agradecida que está dispuesta a compartir con otros la fe que le ha liberado y le ha dado una nueva realidad a su vida. Ese creyente es una persona muy agradecida con Dios y no está dispuesto a retornar a sus antiguos patrones religiosos que lo mantuvieron en la oscuridad espiritual.

4. Diferencias en la interpretación

En el contexto geopolítico del siglo XX, y en particular después de la segunda guerra mundial, el mundo se vio afectado por polos opuestos, en cuanto a lo económico y lo político, los cuales afectaron al pensamiento, la conducta y la filosofía cultural, social y religiosa. Obviamente esta situación también afectó la forma en que los latinoamericanos interpretaron las Sagradas Escrituras. Estos también tuvieron que incluir la realidad socioeconómica y cultural, el trasfondo cristiano y la alineación política del intérprete. Entonces, es lógico entender que entre los latinoamericanos también hayan existido diferentes métodos de interpretación, lo cual genera diferentes posturas teológicas.[26] Así que la diversidad debe ser acuñada como parte del método de interpretación del texto bíblico, a lo cual hay a que sumar un grado sustancial de paciencia, flexibilidad y comprensión por parte de aquellos que desean conocer el pensamiento teológico de los hispanos. Esto también revelará profundas diferencias en los escenarios políticos y socioeconómicos del cristianismo latinoamericano.

26. LUND, Enrique y Alice C. Luce: *Hermenéutica. Introducción bíblica*, Grand Rapids (Michigan): Zondervan, 2005. En esta obra se combinan dos libros de estudio que han tenido amplia aceptación entre los estudiosos evangélicos de habla hispana: *Hermenéutica y Estudios de introducción bíblica*. El primero, escrito por E. Lund, fecundo y prestigioso maestro de estudios bíblicos, es un libro que viene a llenar una sentida necesidad entre el pueblo evangélico de habla hispana. El segundo, escrito por Alicia C. Luce, es una obra concisa que responde a muchas preguntas que surgen en la mente del hombre respecto al origen y traducción de las Sagradas Escrituras.

Ahora bien, en el siglo XXI, ya no se habla tanto de polarización sino más bien de diversidad. La diversidad puede generar aún más ansiedad y otros peligros. En este tiempo los grupos se asocian por intereses comunes y la conducta de los individuos se determina por el grupo al que estos pertenecen. Existe un alto sentido de pertenencia y asociación. Las reglas y las normas se deciden por el grupo, y los miembros se ajustan a ellas mostrando lealtad a toda costa. Los psicólogos sociales se han visto en la necesidad de interpretar y predecir la conducta de los individuos por el tipo de asociación que tienen. Ejemplo de estos grupos son las pandillas o las maras,[27] entre los jóvenes latinos. Las pandillas se han convertido en asociaciones grupales que persiguen intereses comunes, sobre todo en la autopreservación y la subsistencia en un mundo hostil donde todos los miembros se protegen manteniendo gobiernos grupales rígidos que exigen lealtad al más alto nivel. El marco aquí descrito indica que los métodos de evangelización y las aplicaciones prácticas de la teología y la interpretación misma de la Escritura tendrán que replantearse, de modo que queden bien y proclamen de manera satisfactoria los valores y principios de la Palabra a la realidad cultural de este tiempo.

Por otro lado, en este siglo la demanda ya no es adquirir conocimiento, como en el pasado, sino más bien desarrollar una alta capacidad de discernimiento. Dentro del proceso de interpretación de la Escritura y la forma en que esta se aplica a la realidad hay que tomar en cuenta todas estas variables. Una nueva generación se ha levantado que demanda que la predicación sea consistente con el Evangelio. Es obvio que los jóvenes ya se dieron cuenta que la pornografía y que la cultura MTV —una cadena de televisión— son ficticias, y que no tienen nada positivo que ofrecer a sus necesidades. Además, los jóvenes también están cansados de la religiosidad vacía de aquellos que predican un mensaje comprometido con los valores del mundo. Como respuesta a esta sociedad posmoderna los líderes de la Iglesia latinoamericana tendrán que apoyarse en el estudio de la Palabra, en la dirección del Espíritu Santo, tomando en cuenta las lecciones de la historia y sometiéndose a la autoridad de la congregación. Esto es básico porque solo de esa manera el mensaje puro de una comunidad redimida alcanzará al pecador que es miembro de otra comunidad que no conoce el Evangelio; o dicho de otro modo, que un grupo cristiano tenga la capacidad de alcanzar a otro grupo que aún no ha sido evangelizado. Así de sencillo, la diversidad del siglo XXI se manifiesta en grupos o asociaciones con intereses comunes.

---

27. Cf. MOLTMANN, Jürgen: *God for a Secular Society*, Mineápolis (Minnesota): Fortress Press, 1999.

5. El conflicto norte-sur

En el contexto económico del final del siglo XX las diferencias entre el norte y el sur eran muy marcadas, y aún en el siglo XXI algunas continúan sin resolverse. Por un lado estaba la prosperidad y la riqueza del mundo del norte que vivía según la realidad del mercado, donde la oferta y la demanda determinaban los valores y la capacidad económica de las personas, entidades e instituciones. El poder del capitalismo adquirió bienes y servicios y los utilizó para el desarrollo de una sociedad de consumo. Para muchos latinoamericanos el «sueño americano» se convirtió en la atracción más poderosa, y muchos emigraron hacia los Estados Unidos en un plan de conquista. La prosperidad económica y sus consecuentes beneficios eran la fuente de atracción más grande para los nuevos inmigrantes.

Por otro lado, el contexto de pobreza y opresión que se vivía en el sur causó que las sociedades y los sistemas políticos fueran cuestionados y desafiados abiertamente por los pueblos. En algunos casos se levantaron revoluciones que causaron trágicos resultados, y en particular en la seguridad individual, la implementación de la justicia y el desarrollo socioeconómico y cultural de los pueblos. En el sur, los pueblos se motivaban para desarrollar una conciencia de clase social, para levantarse en rebelión contra las autoridades injustas que servían como agentes represivos a favor de la clase dominante. En ese contexto era necesaria una teología que motivara a los cristianos a luchar a favor de la justicia social y de la libertad económica y política de los pueblos.

6. Teologías opuestas

Mientras el contexto de riqueza y prosperidad en el norte originaba una teología de fe, en el contexto del sur se originaba una teología de liberación en contra de la opresión y la pobreza. Ambas corrientes teológicas tenían su fundamento en las realidades socioeconómicas, políticas y religiosas que prevalecían en sus respectivos ambientes. En el norte surgieron teólogos y pastores prominentes que predicaban la prosperidad como señal de libertad y santidad espiritual. Predicadores neopentecostales y carismáticos insistían en que la prosperidad económica era la evidencia de la bendición de Dios, y que la falta o carencia de esa prosperidad, era la evidencia de una vida en desobediencia a Dios.[28]

Al mismo tiempo, el contexto de opresión y pobreza de los pueblos del sur, condujo a la aparición de teólogos que promulgaban una teología de

28. VENABLES, Gregorio, Marcelo Vargas, Alvin Góngora, Rolando Villena, Daniel Salinas, Julio Córdova, Marcelino Tapia y Lilia Solano: *Fe y Prosperidad. Reflexiones sobre la teología de la prosperidad*, La Paz (Bolivia): Editorial Lámpara, 2008.

la liberación cuyo objetivo era crear conciencia entre los cristianos sobre la realidad que vivían los pueblos pobres del continente. Los cristianos no podían cerrar los ojos ante la necesidad espiritual y material de los pueblos oprimidos por las fuerzas del mal. El pecado se veía no solo desde la perspectiva moral y personal, sino también desde una perspectiva estructural, donde los más poderosos aprovechaban los mecanismos de control y poder para oprimir a los pobres y sacar ventaja de dicha disparidad.

7. El conflicto este-oeste

Mientras el conflicto entre ricos y pobres se daba entre el norte y el sur, en el plano político se libraba el conflicto político entre el este y el oeste. La guerra fría se daba entre los poderes políticos del este, liderados por la Unión Soviética y el bloque socialista, contra los poderes políticos del oeste, que eran liderados por los Estados Unidos y la Europa occidental. En la estrategia soviética la meta era expandir su radio de acción a través del poderío militar. Su cabeza de playa eran los países pobres donde los enunciados socialistas del marxismo se aceptaban por las masas oprimidas y ávidas de libertad. Además, el socialismo marxista soviético encontraba un terreno fértil entre los teólogos de la liberación y los pueblos convulsionados por las protestas contra la opresión y la pobreza.

Por su parte el capitalismo del oeste, mantenía el equilibrio mediante la fuerza militar, el desarrollo de la tecnología y la libertad del mercado. Los teólogos del oeste eran utilizados para satanizar al socialismo soviético. Naturalmente el poder económico de las denominaciones cristianas del occidente permitían que la propaganda antisocialista se difundiera mediante todos los tipos de literatura posibles, y utilizando todos los medios de comunicación disponibles. Las denominaciones evangélicas con procedencia de los Estados Unidos eran utilizadas para satanizar a la Unión Soviética y todo lo que pareciera socialista.

Por su parte la Iglesia católica, en América Latina, también aprovechaba la coyuntura histórica para satanizar a las «sectas protestantes fundamentalistas» estadounidenses, que, según sus líderes, iban a convertir a los fieles católicos a la religión evangélica o pentecostal. Sin embargo, tanto era el sufrimiento de los pueblos latinoamericanos que la predicación de corte reformado generó conversiones masivas al Evangelio, lo cual ocasionó que surgieran nuevas iglesias, asumiendo cada una responsabilidades claves para la transformación de los pueblos. Aquí es muy importante señalar que la teología católica ha perneado al pensamiento de los hispanos de una u otra manera. En realidad, la influencia de la tradición católica sigue viva en muchas formas de religiosidad entre los convertidos al Evangelio. La defensa de la tradición y el poder de la religión todavía permanecen vivas en la mentalidad y la conducta de aquellos fieles que profesan la fe evangélica o pentecostal. Esta es una de las razones que justifica la inclusión del estudio de la historia y la importancia de la tradición en una hermenéutica hispana que trata de interpretar la Escritura.

Preguntas para reflexionar

1. ¿Cuáles serían algunas de las lecciones históricas que debe aprender la comunidad hispana en relación con su pasado histórico?
2. ¿Cómo afecta la realidad socioeconómica, política y religiosa en la formación del pensamiento cristiano?
3. ¿Qué lecciones pueden aprenderse del conflicto norte-sur en la hermenéutica hispana?
4. ¿Qué puede entenderse como hermenéutica hispana?
5. ¿Qué efecto tiene la influencia de la cultura catolicorromana sobre la formación de la teología hispana?

D. Un marco hispano que interpreta la escritura

En esta sección se estudia la posición de los hispanos frente a la Escritura. Una vez conseguido este objetivo, se ofrece una idea de cómo se enmarca la hermenéutica hispana dentro del pensamiento y la actitud participativa de estos en los campos de la reflexión y la aplicación de la Escritura a la vida diaria. Esta discusión allana el camino hacia la siguiente sección, que desarrolla un método hermenéutico nuevo.

1. Una definición de la hermenéutica

En general, a la hermenéutica se la define como el conjunto de principios, reglamentos y métodos que hacen posible la interpretación de textos literarios. La interpretación aquí se refiere al proceso de una doble vía que da acceso al texto y que incluye, primero, el desarrollo de un sistema metodológico que se ocupa del significado original del texto (exégesis), y, segundo, la determinación de su significado lograda por el lector contemporáneo, teniendo en cuenta su situación real actual. Además, a través de este proceso, el intérprete deberá tener en cuenta los aspectos lingüísticos, culturales, geográficos y otras variables que podrían afectar a la interpretación correcta del texto. Aunque la definición antes ofrecida incluye la interpretación de todos los géneros literarios, en esta presentación la preocupación inmediata solo es la interpretación del texto bíblico, por lo que será necesario aclarar que el intérprete deberá reconocer de forma inmediata que la Biblia presenta un conjunto de elementos hermenéuticos únicos que también demandan una atención única.

Dentro de este marco será necesario notar, en primer lugar, que mientras la Biblia se presenta como un solo libro en términos de revelación, en realidad no lo es en términos lingüísticos, pues contiene hebreo, arameo y griego. Los autores son varios, por ejemplo Moisés, Esdras, Mateo, Lucas, Pablo y otros. En cuanto a la cronología, los libros se escribieron a lo largo de un período que abarca desde la era prehebrea hasta la Iglesia del primer siglo. Con relación a los géneros literarios en que están escritos, además de la narrativa histórica, también contiene abundante literatura jurídica, lírica, sapiencial, apocalíptica, evangélica, epistolar, etcétera. Además, en cuanto a la perspectiva teológica, se puede encontrar mucho sobre profecía y cumplimiento profético, la preservación nacional, la evangelización transcultural y otros temas.

En segundo lugar, la Biblia es aceptada como un texto verbalmente inspirado, y como tal, no solamente representa el testimonio de Dios, sino también la voz de Dios que habla directamente al lector. Este último elemento es fundamental en la hermenéutica bíblica.

Tercero, la Biblia ofrece un texto que también se interpreta a sí mismo. El producto de esta autointerpretación ofrece una nueva revelación y, con frecuencia, presenta nuevos desafíos de interpretación al lector contemporáneo. En la mente del intérprete hay una pregunta constante: ¿Qué es lo que realmente dice la Palabra? La conclusión es final y hay que aceptarla en su revelación más estricta.

En cuarto lugar, el texto bíblico también presenta algunas dificultades en el proceso de armonización, tales como los problemas sinópticos, que el intérprete debe resolver. Ejemplos de estas dificultades se pueden observar en la organización sinóptica de los Evangelios, en las diferentes narrativas de los libros de los Reyes, las Crónicas y las tres diferentes narrativas de la conversión de Pablo, entre otras.

Por otro lado, la Biblia es una obra literaria, y como tal, el intérprete se enfrenta a los problemas típicos asociados con la interpretación de textos literarios. Además, como Palabra verbalmente inspirada por Dios, el intérprete se enfrenta con nuevas dificultades, que no se encuentran presentes en otros textos literarios. Esto último hace que la hermenéutica bíblica sea única en su género.

2. Los hispanos frente a la Escritura

Por lo general, los hispanos abrazan el principio reformado de que las Escrituras son la única regla de fe y práctica de la vida cristiana. Este principio también es fundamental en su hermenéutica. La interpretación de la autoridad de la Palabra de Dios no es negociable, y esta sustituye a toda interpretación o cualquier tipo de «revelación». La mayoría de los creyentes de origen hispano afirman y dependen de manera absoluta de la inspiración verbal de la Biblia.

La base para la inspiración de la Escritura se encuentra en la naturaleza misma de Dios. Comunicar es parte de la naturaleza de Dios. Él tomó la iniciativa de compartirse a sí mismo con nosotros enviando a su Hijo al mundo, quien hoy es revelado, presentado y comunicado por el Espíritu Santo. El deseo de Dios de comunicarse o de revelarse a sí mismo encuentra su expresión en el registro escrito de su Palabra. Así como en la encarnación el Espíritu Santo revela Dios a la humanidad, de la misma manera el texto bíblico revela la vida, naturaleza, ministerio y glorificación final de Jesucristo. La implicación aquí es que la Biblia ya no se ve como un testigo secundario de Dios, sino como la voz misma de Dios hablando a través de las edades, utilizando a sus autores. Es un testigo primario de Dios porque el registro escrito de su discurso en el texto bíblico está inspirado por el Espíritu Santo; además, como testimonio primario, es un agente salvífico: la Palabra se hizo carne con el fin de redimir. Esta posición en referencia a la Biblia se apoya sobre el hecho de que un encuentro con la Escritura es en realidad un encuentro con Cristo, el Hijo de Dios.

Los escritores bíblicos disfrutaban de una relación particular con Dios, y el resultado de esa experiencia fue el texto bíblico. El problema se da en la comprensión de la combinación entre la actividad humana y la divina en la producción del texto. Es un problema que acarrea similares dificultades en la discusión de las naturalezas, divina y humana, que ocurre en la encarnación de Cristo. Similar dificultad se presenta al tratar de explicar la cooperación entre la voluntad humana y la divina. Como respuesta a este problema, algunos asumen que los escritores bíblicos fueron instrumentos pasivos en las manos de Dios. Estos eran solamente canales a través de los que se expresó la Palabra de Dios. Como resultado, la inspiración fue entendida como si se tratara de un dictado. Esta posición se puede observar en el hecho de que su método de interpretación no incluye o no le da importancia al contexto histórico en el que se escribió. Los enunciados bíblicos fueron entendidos como valores o principios generales, pero sin apreciar el contexto histórico en que se dieron. Por supuesto, ese punto de vista sobre la inspiración no parece ser satisfactorio. Al contrario, en el texto se observa la cooperación total entre la naturaleza divina y la humana durante el proceso de registro de la Escritura. Como resultado, la Biblia es tanto la Palabra de Dios como la palabra del hombre. Para ser más preciso, la Biblia es totalmente divina y totalmente humana, así como Jesucristo, desde el momento de la encarnación, es totalmente Dios y totalmente hombre. Además, si en Jesucristo ambas naturalezas son indivisibles, de igual manera, en la Escritura, ambas naturalezas son indivisibles. Ahora bien, la dinámica de esa cooperación entre ambas naturalezas sigue siendo un profundo misterio. Con respecto a este misterio, hace muchos años, Georges Florovsky escribió:

> Las Escrituras son inspiradas, y por ello, son la Palabra de Dios. En cuanto a la inspiración, es muy dificultoso definirla apropiadamente. Una definición de la inspiración es muy difícil proveerla: hay un elemento de misterio contenido en ella. Es el misterio del encuentro entre lo divino y lo humano. Por lo tanto, es muy difícil entender cómo es que esos hombres de Dios recibieron la Palabra de Dios y cómo es que ellos la pudieron articular en sus propias palabras y en su propio idioma. Con todo ello, esa transmisión humana también era la Palabra de Dios.[29]

La aceptación de la Biblia como un documento humano, de ninguna manera minimiza la realidad de su inspiración divina. *Toda* la Escritura está inspirada por Dios y *toda* la Escritura fue escrita por hombres. La

---

29. FLOROVSKY, George V.: *Bible, Church, and Tradition: An Eastern Orthodox View*, Belmont, (Massachusetts): 1972; pág. 78.

Biblia es enteramente la Palabra de Dios y, al mismo tiempo, contiene enteramente las palabras de los hombres. Estos dos elementos no pueden separarse ya que ambos forman parte de la totalidad de la Escritura; tratar de separarlos solo serviría para destruir el propósito de la Biblia. El elemento divino de la Palabra tampoco se puede separar del humano, porque Dios ha decidido irrumpir, de esa manera, en la historia humana. La historia humana se convierte entonces en el vehículo que Dios ha escogido para revelarse a sí mismo, por lo que sería incorrecto tratar de descubrir la Palabra de Dios en las Escrituras separándolas del elemento humano presente en ellas.

Este contexto sirve de marco para que también se pueda proponer una actividad interpretativa desde una perspectiva y una plataforma más específica; en este caso se trata de una aproximación de la comunidad hispana hacia la Escritura. Los hispanos pueden disentir en cuestiones de estrategia, énfasis y aun en la práctica misionológica, pero por lo general están de acuerdo en la supremacía de la Escritura, en la centralidad de la Iglesia y en la unidad del Cuerpo de Cristo.[30]

3. La hermenéutica dentro del marco del pensamiento hispano

En el contexto latino de los Estados Unidos, se necesita una hermenéutica que sea hispana. Esta debe incluir no solo elementos de reflexión, sino también procesos de formación teológica, práctica y académica, que apuntan a la formación de los líderes; de manera especial entre aquellos sectores de la Iglesia que se muestran pujantes en la interpretación de la Palabra de Dios.[31] En los últimos años, la Iglesia hispana ha crecido de un modo significativo en lo eclesiológico, teológico y pastoral. Esa realidad justifica el establecimiento intencional de programas orientados hacia la interpretación y la reflexión, donde se permita dialogar sobre el mensaje y la revelación de Dios en el contexto actual.

4. El papel de la hermenéutica hispana

Se necesita una hermenéutica que presente la verdad según lo revela de la Palabra en una sociedad compleja. Es imprescindible que el pueblo de Dios asuma el papel que le corresponde para presentar la verdad, en

---

30. Más información sobre temas importantes en la integración de los ministerios entre la comunidad de Latinoamérica se encuentra en NÚÑEZ, Emilio Antonio y William D. Taylor: *Crisis and Hope in Latin America. An Evangelical Perspective*, Pasadena, (California): *William Carey Library, 1996*; págs. 462474.

31. Cf. LUDIN, Roger: *La cultura de la interpretación*, Grand Rapids (Michigan): Eerdmans, 1993; pág. 15.

amor, sobre la voluntad de Dios para esta generación. Por otro lado, se desafía a la iglesia a presentar un mensaje redentor, que ofrezca esperanza a un mundo posmoderno, influenciado por la xenofobia y el etnocentrismo. Debe ser un mensaje puro, y que sea activo en su papel profético y pastoral. Los males de la sociedad actual se deben confrontar con los principios y valores de la Palabra. La Iglesia hispana poco a poco ha ido cobrando conciencia de esa responsabilidad, y el liderazgo actual cada vez asume papeles de mayor influencia en la proclamación de la justicia en favor del pueblo que sufre bajo el poder de la sociedad opresora.

Mucho se ha dicho sobre la condición espiritual poscristiana de la sociedad estadounidense.[32] Esa condición se debe más que todo a la decadencia de las iglesias históricas, reformadas y evangélicas. No obstante, las iglesias hispanas surgen ante esa situación como una opción que contribuye de forma significativa a mantener viva la fe cristiana y la conduce hacia su destino integral en Dios. La interpretación de la Palabra a la luz de una hermenéutica hispana debe ofrecer no solo una vida espiritual profunda, sino también una condición de vida activa en todas las áreas que afectan a los seres humanos. Una hermenéutica hispana tendría la capacidad de transformar al individuo y a su universo, debido a la eficacia generada por la integración de la verdad de la Palabra, la sabiduría del Espíritu Santo, el testimonio histórico de la tradición y la autoridad espiritual de la comunidad de fe.

5. Una hermenéutica alerta y participativa.

La interpretación del contexto actual debe ser objetiva y apegada a los principios escriturales. Dicho proceso de interpretación se solidifica cuando se mantiene la autoridad de la Escritura, se depende de la dirección del Espíritu Santo, se revisa el testimonio histórico de la tradición y se incluye el consenso sabio de la comunidad de fe. Esto último va más allá de una actividad puramente teórica o de un proceso de interpretación que se inhibe del papel profético de la Iglesia; ser cristiano es tener la mente del Espíritu Santo y el poder necesario para operar en el contexto histórico humano conforme a la voluntad de Dios. Por lo tanto, la condición de estar alerta con respecto a lo que pasa en el mundo y el elemento participativo se hacen necesarios especialmente para repeler los ataques del enemigo de Dios contra los intereses del Reino de Cristo. En este caso, los elementos redentores y transformadores generados por la práctica de la Palabra, capacitan a los creyentes para enfrentarse al mal con la verdad y derrotarlo

---

32. CLAPP, Rodney: *Una persona peculiar: la Iglesia como cultura en una sociedad post cristiana*, Downers Grove, (Illinois): InterVarsity Press, 1996; pág. 163. Ver también a GRENZ, Stanley J.: *Un cebador en el post-modernismo*, Grand Rapids, (Michigan): Eerdmans, 1996; págs. 167-174.

en la manifestación de la redención y del poder transformador de Cristo, quien por medio del Espíritu Santo equipa a sus seguidores para transformar las condiciones del contexto donde sirven.

Lo señalado anteriormente tiene que originarse en el seno de la Iglesia. Es esta la llamada a entrenar y equipar a los creyentes para realizar la misión. Para que esto ocurra será necesario que las congregaciones hispanas asuman un papel que sea redentor y profético. En cuanto a su misión redentora la Iglesia hispana es efectiva. Las conversiones masivas a Cristo evidencian la eficacia de la presentación del Evangelio. Donde la Iglesia hispana se queda corta es en aquella parte de la misión que proclama la práctica de la verdad y la justicia en todos los contextos, sean estos cristianos o no. La poca actividad profética de los hispanos tiene que ver con la formación heredada de las denominaciones cristianas con sede en los Estados Unidos. La influencia práctica del fundamentalismo evangélico histórico ha circunscrito a los movimientos cristianos a proclamar solo la función redentora de Cristo, ignorando o minimizado la función profética de su Evangelio para no afectar a lo establecido. Esto último genera cristianos tímidos e impotentes para afrontar la injusticia y la distorsión de la verdad por temor a ser considerados políticamente incorrectos o, simplemente, fuera del orden dictado por los consistorios que los gobiernan. Resulta obvio que es necesario que los hispanos revisen esa influencia tradicional y reestudien la misión de la Iglesia en el contexto de la generación actual, utilizando un método hermenéutico que se ajuste a los principios de la Palabra de Dios, la revelación del Espíritu Santo, el testimonio histórico de la tradición y la confirmación de la comunidad de fe.

6. La reflexión dentro de un contexto multicultural

La reflexión es una disciplina todavía descuidada en muchas de las congregaciones hispanas. Por lo general, se ha propagado la idea de que dicha disciplina no es necesaria o que solo aquellos denominados «teólogos» la pueden ejercer. Todo lo contrario, esta tarea debe ser promovida en las iglesias y se le debe abrir el espacio para que se produzca de forma saludable y sólida. Esto generará congregaciones mucho más activas e influyentes que podrán permear todas las áreas de la vida en el contexto donde operan. Para que este ejercicio se dé de manera saludable es necesario impulsarlo desde el seno de la iglesia local misma. Por eso, insisto, en que el entrenamiento primario y el más influyente en la vida de los creyentes tiene que originarse en la congregación local. La capacidad y la habilidad para pensar y reflexionar sobre la Iglesia y su papel en el contexto donde se encuentra ubicada, debe formarse en el seno mismo de la congregación local. Por supuesto, el seminario y las instituciones de formación teológica se encargarán de desarrollar las áreas de especialización ministerial donde funcionarán aquellos que necesitan un entrenamiento más específico. Por esa razón, la reflexión teológica debe ser parte de la vida de la Iglesia. Los creyentes no solo deben orar por la paz de la nación y por los gobernantes, sino que también deben reflexionar y proclamar sus convicciones cristianas sobre la vida y la condición de la nación y sus gobernantes.

Además, el Señor Jesucristo identificó las marcas del Evangelio y afirmó que Él mismo es el cumplimento de ellas. Esas marcas se pueden ver en la narrativa de Lucas:

> El Espíritu del Señor está sobre mí, por cuanto me ha ungido para dar buenas nuevas a los pobres; me ha enviado a sanar a los quebrantados de corazón; a pregonar libertad a los cautivos, y la recuperación de la vista a los ciegos; a poner en libertad a los oprimidos; a predicar el año agradable del Señor.[33]

Entonces, la Iglesia está llamada a servir a los pobres, al débil, al huérfano, a la viuda, al refugiado y al extranjero. Las personas que están bajo estas condiciones de desventaja son el objetivo primario del poder redentor y transformador del Evangelio.[34] Tales condiciones son notables principalmente en las ciudades y en lugares con un alto contenido multicultural, donde abunda la opresión contra aquellos que están en posición de desventaja en relación con el *statu quo*.

Por supuesto, la reflexión en un contexto multicultural tiene que ser muy madura y muy objetiva. Es necesario tener en cuenta las diferencias múltiples y aquellas que son típicas de cada grupo. La multiculturalidad del contexto estadounidense[35] podría ser un obstáculo o una oportunidad para la expansión de la Iglesia: todo depende de la posición doctrinal o teológica y el propósito del intérprete de la Palabra de Dios.

7. La apologética de una hermenéutica hispana

En relación con este tema, el apóstol Pablo afirma que «las armas de nuestra milicia son poderosas en Dios para la destrucción de fortalezas, derribando argumentos y toda altivez que se levanta contra el conocimiento de Dios, y llevando cautivo todo pensamiento a la obediencia a Cristo».[36]

---

33. Lucas 4:18,19.

34. HENCILES, Jehu: «Migration and Mission: Some Implications for the Twenty-First Century Church», *International Bulletin of Missionary Research*, n.º 27; 4 de octubre de 2003; pág. 146-153.

35. Cf. NEWBIGIN, Leslie: *El Evangelio en una sociedad pluralista*, Grand Rapids (Michigan): Eerdmans, 1989; págs. 45-50; y *Tontería para los griegos*, Grand Rapids (Michigan): Eerdmans, 1986; págs. 36-38.

36. 2 Corintios 10:4-5 (Reina-Valera 1960).

En primer lugar, es necesario proclamar el propósito de Dios para este mundo y todos los que en él habitan. A través de Cristo Jesús, Dios tiene un plan redentor que abarca a toda criatura y a toda la creación. Ese propósito incluye elementos claves como la paz, prosperidad, salud y bienestar para toda la creación. En segundo lugar, también es necesario desenmascarar las artimañas del enemigo, cuyo objetivo es distorsionar, falsear y crear confusión. Esa obra de maldad acarrea consigo enfermedad, guerra, pobreza, inmoralidad y destrucción. Obviamente el mundo es el campo de batalla de una lucha de contrarios que demandan una decisión. Los hijos de Dios tienen que estar muy bien equipados para ofrecer la alternativa correcta a la confusión que existe en el contexto histórico. El poder que opera en los hijos de Dios se manifiesta a través de los dones espirituales, que aclaran el camino y que manifiestan la verdad y la voluntad de Dios para este mundo. Esto hace necesario que exista una capacidad apologética sólida que sea capaz de revelar la verdad y las obras de Dios y que desenmascare la falsedad y el propósito destructor de Satanás.

Al parecer, la comunidad hispana de los Estados Unidos todavía no ha hecho uso pleno de la apologética para defender la verdad y la justicia sobre su misión y propósito en el país. Por un lado parece que aún no ha aprendido a utilizarla, tal vez porque no la consideran necesaria o útil en este tiempo. No obstante, es necesario que exista una plataforma apologética que se enseñe y practique de forma seria. La demanda es clara, y de un modo particular en las condiciones de opresión, persecución y violencia que sufren los hispanos en ese país. Además, algunos hispanos, en especial los inmigrantes, tienen la responsabilidad de contestar algunas preguntas muy importantes y explicar con claridad al resto de la sociedad estadounidense por qué están allí y a qué han ido, cuál es la razón por la que han emigrado a ese país y deben responder a otras preguntas que aún no se han contestado de manera apologética. ¿Por qué es importante esta disciplina apologética? Porque contribuirá con el establecimiento de un fundamento idóneo y objetivo para el desarrollo de un método hermenéutico que justifique su identidad hispana.

No entiendo

Preguntas para reflexionar

1. ¿Qué se entiende por hermenéutica hispana?
2. ¿Cuál es la posición típica de los hispanos frente al texto bíblico?
3. ¿Cómo explica la necesidad de desarrollar una apologética hispana?
4. ¿Qué debe entenderse por una reflexión sana dentro de un contexto multicultural?
5. ¿A qué se refiere el autor cuando propone una hermenéutica que sea alerta y participativa?

E. El método de interpretación integral

En esta sección me referiré al nuevo método de interpretación integral, al cuál prefiero llamar de esa manera porque engloba un amplio universo con una dinámica inclusiva y completa que acerca al intérprete hacia un significado integral de la Escritura. Este es el método que más se ajusta a la realidad del pueblo hispano de los Estados Unidos —muchas culturas en solo pueblo— y de otros latinos que han emprendido la diáspora hacia otros lugares. Utilizar este método para interpretar el mensaje del texto bíblico obliga a ser inclusivo de manera global.

Sin embargo, antes de presentar este método integral y justificarlo de forma académica es necesario revisar otros métodos tradicionales que históricamente han sido los más utilizados por la hermenéutica bíblica. Dicha revisión permitirá crear la necesidad de presentar un nuevo método que satisfaga las demandas de una investigación rigurosa al acercarse al significado de la Palabra de Dios. La validez del método integral se justifica en la solidez bíblica, espiritual e histórica y en la sumisión a la autoridad de la iglesia.

1. Hacia un método de interpretación integral

Es necesario que haya un método integral en la interpretación de la Escritura. Históricamente han existido métodos que han ofrecido marcos de interpretación muy valiosos. Estos han servido como fundamento para entender el mensaje de Dios a su pueblo. Sin duda, cada uno de esos métodos debe ser tomado en cuenta cuando el intérprete consulta el testimonio de la historia y la tradición en el proceso de entender el texto bíblico. Entre los métodos más implementados se encuentran el histórico-crítico, el gramático-histórico, el inductivo y el neumático.

A. El método histórico-crítico

La finalidad del método histórico-crítico es dejar en claro, de un modo sobre todo diacrónico, el sentido expresado por los autores y redactores del texto bíblico. Con la ayuda de otros métodos y enfoques, ofrece al lector el acceso al significado de la Biblia, tal como se presenta esta hoy.

El método histórico crítico somete al texto a un análisis lingüístico (donde la morfología, la sintaxis y la semántica son claves), que utiliza los conocimientos obtenidos gracias a los estudios de la filología histórica. Por ejemplo, mediante la crítica literaria este se esfuerza por discernir el comienzo y el final de las unidades textuales, grandes y pequeñas, y de verificar la coherencia interna de los textos.

127

En este método, la función pragmática del texto se puede tomar en consideración solamente cuando los textos pertenecen al género literario de la narrativa histórica o están en relación con acontecimientos de la historia. La crítica histórica completa la crítica literaria para precisar el alcance histórico y darle el sentido que tendría en la actualidad la expresión de los textos estudiados.

Es un método histórico, no solo porque se aplica al estudio de textos antiguos (en este caso los de la Biblia) y porque se estudia su alcance histórico, sino también —y sobre todo— porque procura dilucidar los procesos históricos de producción del texto bíblico, procesos diacrónicos a veces complicados y de larga duración. En las diferentes etapas de su producción, los textos de la Biblia se dirigen a diferentes categorías de oyentes o de lectores, que se encontraban en situaciones espaciotemporales diferentes.

Es un método crítico porque en cada uno de sus pasos opera con la ayuda de los criterios científicos más objetivos posible (desde la crítica textual hasta el estudio crítico de la redacción), que hacen accesible al lector de hoy el sentido de los textos bíblicos, que con frecuencia es difícil de captar.

Es un método analítico porque estudia el texto bíblico del mismo modo que todos los textos de la antigüedad, y lo analiza como lenguaje humano. Sin embargo, permite al intérprete, sobre todo en el estudio crítico de la redacción de los textos, captar mejor el contenido de la revelación divina.

Entre algunas de las limitaciones significativas del método históricocrítico se encuentra la restricción que se impone a sí mismo en la búsqueda del sentido del texto bíblico. Su interpretación de la Escritura se restringe a las circunstancias históricas de su producción y no se interesa por las otras posibilidades de significado que se revelan en el curso de las épocas posteriores a la revelación bíblica y de la historia de la Iglesia. Eso hace que el método sea muy rígido y prácticamente reduce el significado de la Escritura al marco histórico donde esta se generó. De esa manera la revelación queda limitada a su tiempo original y no da lugar a la revelación posterior que se puede obtener por medio de la interpretación.

Sin embargo, este método ha contribuido a la producción de obras de exégesis y de teología bíblica de gran valor. La historia de la crítica a la Escritura encuentra su fuente de origen en el método histórico-crítico.

B. El método gramático-histórico

El método gramático-histórico es el que más se ha utilizado y el que más se ha recomendado en la formación del criterio y la conciencia de los intérpretes evangélicos. Su tarea fundamental consiste en conseguir de las Escrituras mismas el significado preciso que los escritores quisieron

dar. Ese método aplica a los libros sagrados los mismos principios, el mismo proceso gramatical y el mismo proceso de sentido común y de razón que se aplica a otros libros. El intérprete gramático-histórico dotado de convenientes cualidades intelectuales, educacionales y morales, acepta las demandas de la Biblia sin prejuicios o prevenciones; y, sin ambición alguna de demostrarlas como verdaderas o falsas, investiga el lenguaje y las tendencias de cada libro con total independencia y sin temor de ninguna clase; se posesiona del idioma del escritor, del dialecto especial que hablaba, así como de su estilo y manera peculiar de expresión; investiga las circunstancias en que escribió, las maneras y costumbres de su época y el motivo u objetivo que tuvo en mente al escribir. Además el intérprete tiene claro que ningún autor en su sano juicio será, a sabiendas, inconsecuente consigo mismo ni tratará de extraviar o de engañar a sus lectores.

Al interpretar un documento es de primordial importancia descubrir quién fue su autor y determinar la época, el lugar y las circunstancias en que escribió. Por consiguiente, el intérprete debe tratar de olvidar el momento y las circunstancias actuales y trasladarse a la posición histórica del autor, mirar a través de sus ojos, darse cuenta del ambiente en que actuó, sentir con su corazón y entender sus emociones. Aquí también se puede notar el alcance de la expresión «interpretación histórico-gramatical». El intérprete tiene que apropiarse no solo de la tendencia gramatical de las palabras y frases, sino que también debe sentir la fuerza y la situación de las circunstancias históricas que, en alguna forma, pudieron afectar al escritor. De ahí, también puede deducirse cuán íntimamente relacionado puede estar el objetivo o designio de un escrito con la ocasión que sugirió su producción. La individualidad del escritor, su medio ambiente, sus necesidades y deseos, su relación con aquellos para quienes escribió, su nacionalidad y la de ellos, el carácter de la época en la que escribió: todas estas cosas son asuntos de la mayor importancia para una perfecta interpretación de los diferentes libros de la Biblia.

Entre algunas de las limitaciones del método gramático-histórico, una de las que más resalta es la relación entre el tiempo presente y el tiempo del texto. No es tarea fácil despojarse del instante actual y transportarse a una época pasada. A medida que se avanza en conocimientos generales y se alcanza una civilización más desarrollada, naturalmente lo normal es pasar más allá y dejar atrás las antiguas costumbres e ideas. Se pierde el espíritu de los tiempos antiguos y la gente se llena con la generalización más amplia y los procedimientos más científicos del pensamiento actual. Además, la inmensidad del universo, la vasta acumulación de los estudios e investigaciones humanas, el influjo de grandes instituciones civiles y eclesiásticas y el poder del sentimiento y las opiniones tradicionales rigen y modelan el modo de pensar de las nuevas generaciones. No hay duda de que este método es muy valioso en la tarea de la exégesis. El exégeta tendrá que estudiar a las épocas de Moisés, David, Isaías, Esdras, Mateo y Pablo, y colocarse en el punto de vista histórico de esos escritores a fin de ver y de sentir como ellos para formarse una idea de lo que realmente dijeron en sus escritos. Sin embargo, para el intérprete de la Escritura esta no es tarea fácil. Para realizar dicha tarea el intérprete tendrá que apoyarse en el exégeta. Es por esa razón que algunos intérpretes han concluido que para entender el mensaje de los textos antiguos tienen que asirse del espíritu y sentir la fuerza viva de los antiguos oráculos de Dios, y tienen que recibirlo con una sensación análoga a la que experimentaron los corazones de aquellos a quienes les dieron los textos de inmediato.

C. El método inductivo

Por lo general el método inductivo es uno de los más utilizados en la predicación actual. Este método crea leyes a partir de la observación de los hechos mediante la generalización del comportamiento observado; en realidad, lo que realiza es una especie de generalización, sin que por medio de la lógica pueda conseguir una demostración de las citadas leyes o un conjunto de conclusiones. Dichas conclusiones podrían ser falsas y, al mismo tiempo, la aplicación parcial efectuada de la lógica podría mantener su validez; por eso, el método inductivo necesita una condición adicional: su aplicación se considera válida mientras no se encuentre ningún caso que no cumpla el modelo propuesto.

El método inductivo se enfoca en tres áreas:

1. El contexto. Trascendente para asegurar la intención original tanto como el propósito del autor en el tiempo que fue escrito.

2. El ambiente histórico. Muy importante porque muestra la cultura y las costumbres y permite saber si la aplicación es de actualidad.

El lenguaje original. El idioma original es clave para entender el sentido de las Escrituras.Además el método inductivo observa tres etapas en el proceso de interpretación:

1. La observación. Revela lo que dice el texto. Registra todo lo que aparece en lo que está escrito. Solo lo que aparece en el texto tiene autoridad, y es la verdad bíblica en contraste con la opinión y especulación humana.

2. La interpretación. Está en el contexto, el ambiente histórico y el idioma. Es aquí donde las observaciones empiezan a identificarse en relación con otras y al pasaje entero para revelar lo que se trataba de comunicar a la gente de aquel tiempo.

3. La aplicación. Está centrada en destinar la práctica y relevante verdad a la vida del cristiano en el mundo de hoy.

Estos pasos básicos ayudan a entender las Escrituras pero hay que tener presente que, además de la mera habilidad intelectual y la capacidad para observar e interpretar, al estudioso le afectan muchas variables extrañas o independientes que hacen su tarea difícil.

D. El método neumático

Este método ha sido propuesto por el pentecostalismo clásico como respuesta a las exigencias críticas de los métodos antes mencionados. En este método el proceso de interpretación incluye a tres agentes que son vitales para interpretar la Palabra de Dios, que son: 1) la autoridad de la Escritura; 2) la revelación del Espíritu Santo; y 3) la confirmación de la comunidad de fe (los ancianos de la congregación o la propia asamblea de creyentes). Este método es sólido y ofrece una interpretación equilibrada de la Palabra de Dios. Sin embargo una de las deficiencias del método neumático es su distanciamiento de la historia y la importancia de la tradición en la dinámica de la interpretación. Por ejemplo, los intérpretes que utilizan el método neumático no parecen interesarse en establecer una conexión histórica entre la experiencia pentecostal de Hechos 2 con la experiencia de la calle Azusa,[37] que sucedió muy al principio del siglo XX. La conexión que realizan los intérpretes neumáticos cumple más bien una función comparativa. Es decir, que lo que sucedió en la experiencia pentecostal del siglo XX fue parecido o similar a la experiencia de Hechos 2, y, por lo tanto, eso justifica la autoridad escritural de la experiencia contemporánea. Los intérpretes neumáticos observan deficiencias en la confirmación histórica de la experiencia pentecostal. No es que no exista esa conexión histórica, al contrario, la experiencia y la actividad pentecostal a través de los siglos son evidentes. El problema es que para los intérpretes pentecostales el estudio de la historia y la influencia de las tradiciones cristianas no son relevantes o necesarias en la interpretación de la Escritura. Esto último es entendible por el marcado distanciamiento del pentecostalismo clásico de las denominaciones históricas. Aunque esto último también es el resultado del rechazo abierto de las denominaciones históricas tradicionales contra los pentecostales.

37. El avivamiento pentecostal del siglo XX ha sido conectado con el avivamiento iniciado el 14 de abril de 1906, en la Calle Azusa de los Ángeles, bajo la predicación del Pastor afroamericano William Joseph Seymour. Información disponible en <http://www.buenasnuevasparaelmundo.com/notas/brevehistoriaAzusa.pdf>; 17 de octubre de 2008.

Así que, como respuesta natural a ese rechazo, los pentecostales no solo se distanciaron de aquellos movimientos, sino que se vieron forzados a encontrar su propio método de interpretación que les condujera a una hermenéutica respetable.

En realidad, el método neumático es mucho más completo que los métodos anteriormente señalados. Lo único que le falta a este es la inclusión del estudio de la historia y la tradición para ser capaz de entender el valor histórico de la interpretación del texto bíblico. En respuesta a esta necesidad se propone un nuevo método, que es más completo y que responde a las deficiencias aquí planteadas.

2. El método de interpretación integral

A este método integral hay que entenderlo como aquel proceso de interpretación que, en efecto, integra la revelación de la Palabra de Dios por medio de la acción del Espíritu Santo, observa el testimonio de la historia y el contenido de la tradición, y se somete a la autoridad espiritual de la comunidad de fe. Este método es integral y se consuma cuando la fe y la experiencia del intérprete es confrontada dinámicamente con 1) la verdad de la Palabra de Dios, 2) la iluminación del Espíritu Santo para entender la Escritura, 3) el testimonio de la historia del pueblo de Dios[38] y el contenido de la tradición, y 4) la autoridad espiritual de la comunidad de fe. Estos cuatro elementos básicamente confirman la legitimidad de una hermenéutica que es integral y accesible a una comunidad diversa.

En este método se integran la actividad divina y la humana. Por ejemplo, toda interpretación para ser aceptada o confirmada debe pasar por este proceso de examen riguroso, el cual ineludiblemente legitimará o invalidará la proposición ofrecida. Así que cuando estos elementos, la Palabra Dios, el Espíritu Santo, el estudio de la historia y la tradición y la autoridad de la comunidad de fe se integran dinámicamente, no hay lugar para el error. Además, los intérpretes pueden disentir en cuestiones de es-

---

38. La inclusión del testimonio histórico de la tradición en el método de interpretación hispano tiene un doble propósito: 1) Establecer un puente real entre la tradición católica y la protestante, que permita un diálogo franco entre ambas corrientes. La mayoría de los hispanos vienen de un origen católico. Esto hay que tenerlo en cuenta en el contexto de este estudio. 2) Los protestantes, evangélicos y pentecostales, en algún momento han menospreciado o ignorado el valor del testimonio histórico de la tradición. En algunos casos esa actitud tuvo su origen en el intento por distanciarse de todo los que parezca catolicismo, el cuál, al contrario, sobrevalora la tradición por encima de los demás componentes del método de interpretación aquí propuesto. En todo caso, el objetivo es establecer un balance que en medio de una reflexión permita el diálogo altamente productivo y constructivo que beneficie a las diferentes comunidades de fe hispanas.

trategia, énfasis y aún en la implementación de la revelación, pero en lo que se refiere a la supremacía de la Escritura, la revelación del Espíritu Santo, el valor historia y de la tradición y la autoridad espiritual de la comunidad de fe están muy de acuerdo.[39] También están de acuerdo en lo que respecta a la evangelización, y la necesidad de equipar a los creyentes para un servicio integral.

A. Los agentes que intervienen en el método integral

Este método es muy parecido al neumático, que propone en su dinámica la inclusión de la Palabra, el Espíritu Santo y a la comunidad de fe. La diferencia entre el método neumático con este método de interpretación integral es la inclusión del estudio de la historia y de la tradición en el proceso dinámico de interpretar el texto. El estudio de la historia y de la tradición es necesario incluirlo para entender el desarrollo hermenéutico del pueblo de Dios a través de las edades. Esto último lo requerirán las denominaciones cristianas históricas que querrán encontrar evidencia histórica en la proposición de una hermenéutica que afecte a todo cristianismo y no solamente a uno de sus segmentos. Para que esto último sea posible, el método integral propone cuatro agentes, que son los que intervienen en el proceso dinámico de la interpretación de la Escritura.

En el caso de los hispanos, la gran mayoría proviene de un origen y un contexto católico romano, donde la tradición ha sido fundamental para entender la Iglesia, el ministerio, la liturgia y la salvación. Un método que ignore el valor de la historia o el testimonio de la tradición tendría dificultades para ser aceptado entre la comunidad hispana. Lo mismo podría suceder con otras entidades cristianas históricas. Por supuesto, la diversidad de posiciones teológicas y doctrinales entre los movimientos y denominaciones es obvia, y, por esa misma razón, la generalización no es recomendable en este caso. No obstante, el estudio de la tradición y la historia del pensamiento del pueblo de Dios tienen un beneficio incalculable a la hora de formarse una idea del origen de la doctrina y la teología.

El mundo contemporáneo pone mucho énfasis en precedentes históricos y muchas decisiones, especialmente de tipo jurídico, social y espiritual se apoyan en antecedentes históricos para fortalecer sus conclusiones, especialmente aquellas de carácter normativo. Así que para recomendar un método que resulte representativo de las teologías hispanas debe incluir una evaluación completa de la tradición y el papel de la historia en la interpretación. En virtud de lo anterior, la dinámica de los elementos que

---

39. NÚÑEZ, Emilio Antonio y William D. Taylor: *Crisis and Hope in Latin America. An Evangelical Perspective*, Pasadena (California): William Carey Library; págs. 46-48.

participan e intervienen en la acción de este método integral se presentan de la siguiente manera:

1. LA PALABRA DE DIOS

Entendida esta como la revelación de Dios al género humano. Dios se comunica con el hombre a través de la Escritura, la cual es inspirada y revelada por el Espíritu Santo. La Palabra de Dios tiene una naturaleza divina y otra humana. Está divinamente inspirada por Dios a través de seres humanos sujetos a las limitaciones humanas. De esa manera el Dios omnipotente lleva a cabo su incursión en la historia humana y se revela el origen divino de una Escritura documentada por hombres; no eran robots que recibieran un dictado de Dios, sino personas que escribían en situaciones particulares sobre cuestiones humanas específicas y, al hacerlo, documentaban la Palabra de Dios.

La Escritura es la revelación verbal de Dios

La unidad entre Jesucristo y la Palabra es un misterio entendido por la acción reveladora del Espíritu Santo. La Palabra se hizo humana al encarnarse en Jesús. Jesucristo es el origen, el cumplimiento y el final de la Palabra. En la persona de Jesucristo se encarna la plenitud de la deidad en una naturaleza humana sujeta a las limitaciones del mundo humano.

La integración de las naturalezas humana y divina

Así como en Cristo Jesús se juntan ambas naturalezas, la divina y la humana, de igual manera en la Escritura se juntan las dos naturalezas. Dios se hace accesible al hombre. Puede ser entendido en su propósito y su misión para la humanidad. La Escritura es divina y es humana al mismo tiempo. Eso facilita la comunicación entre Dios y el hombre. En la persona de Jesucristo, quien es la encarnación de la Escritura, Dios Padre se da a conocer al hombre en su propia realidad humana.

2. EL ESPÍRITU SANTO

El Espíritu Santo es la tercera persona de la Trinidad. Él es la fuente de todo conocimiento, entendimiento y sabiduría. Su objetivo hacia el hombre está claramente revelado en la Escritura: guiar al hombre hacia su destino final en la redención ofrecida por el Padre en su Hijo Jesucristo. El Espíritu Santo revela a Cristo en la Palabra. Guía al hombre a entender el Evangelio y a aceptar el plan de redención de Dios por medio de la fe.

El Espíritu Santo desarrolla y estimula la fe y abre el entendimiento del creyente a fin de que este pueda conocer a Dios en la persona de Jesucristo.

La iluminación del Espíritu es necesaria para entender la Escritura

La fe que entiende el plan de redención se origina en el poder iluminador del Espíritu Santo. Él es quien despierta la necesidad de Dios y quien hace que la Palabra sea accesible al entendimiento del individuo necesitado de salvación. El Espíritu Santo hace que la Escritura cobre relevancia y se vuelva realidad en situaciones y contextos determinados, toda vez que esa revelación tenga como objetivo glorificar a Cristo Jesús y confirmar la verdad de la Palabra revelada de Dios.

El papel de la iluminación en la interpretación

Naturalmente, en el proceso de interpretación de la Escritura se necesita la iluminación, la dirección y la revelación del Espíritu Santo. La profundidad de las riquezas de la Palabra puede ser accesible a la persona cuya motivación sea propicia para entender las verdades de la Escritura. El Espíritu Santo convence al hombre de pecado y lo guía al arrepentimiento. Por medio de la fe, este acepta la oferta salvadora de Jesucristo y se convierte en su discípulo para vivir su vida conforme a los valores, enseñanzas y propósito de la Palabra.

La revelación de Jesús Cristo en la Palabra

La verdad sobre la persona, la misión y el propósito de Jesucristo se revela en la Palabra de Dios. Esta revelación ocurre bajo la influencia del Espíritu Santo sobre el entendimiento del hombre. Además el Espíritu Santo llena al creyente y lo capacita para servir de manera eficiente a través de los dones espirituales, útiles para el servicio cristiano.

3. El testimonio de la historia y la tradición

El valor de la historia y el testimonio de la tradición en la interpretación de la Escritura se pueden apreciar en la formación doctrinal y teológica de las comunidades cristianas a través del tiempo. Al revisar los dogmas, las doctrinas y los enunciados teológicos de la iglesia, el intérprete de la Escritura llega a conocer la importancia de la tradición en la historia del pensamiento del pueblo de Dios. La tradición puede tener un lado positivo y otro negativo. El aspecto positivo estimula la formación saludable que permite al creyente entender la Escritura con relación a su mundo. El lado negativo es aquel que detiene el progreso de la revelación y se queda fijado en tradiciones estáticas del pasado, que fueron relevantes para las generaciones anteriores, pero que con el tiempo se volvieron irrelevantes e inútiles en las generaciones que siguieron. El estudio de la tradición permite analizar lo positivo y lo negativo de las tradiciones pasadas para el beneficio de las generaciones actuales.

Este agente también toma en consideración la metodología que se ha usado históricamente para interpretar las Sagradas Escrituras: el método histórico-crítico, el gramático-histórico, el inductivo y otros que se han implementado de un modo particular en la exégesis bíblica. El método integral recurre a estos métodos para auxiliarse y comprobar la fidelidad del trato que se le da al texto bíblico. Al hacer esto, el método integral reconoce la importancia y el valor de aquellos en el proceso histórico de interpretar la Palabra de Dios. En lo que se refiere a la exégesis propiamente dicha el método integral utiliza los servicios de los métodos tradicionales, aunque en la interpretación que está ligada a la predicación expositiva, este se apoya más en el método inductivo.

El fundamento doctrinal

El impacto histórico de la Escritura en la historia humana se aprecia más en los fundamentos doctrinales y en la teología que el pueblo de Dios ha desarrollado a través del tiempo. Por ejemplo, el credo de Nicea ha servido como fundamento doctrinal de la Iglesia durante muchos siglos y ha permanecido inamovible como testimonio de su desarrollo doctrinal. El estudio de las corrientes eclesiales y teológicas de la Iglesia a través de la historia ayuda al intérprete a entender el fundamento doctrinal y el pensamiento histórico del cristianismo.

La historia del pueblo de Dios

En la historia de la influencia de la Escritura sobre el pueblo de Dios se observa un alto contenido de verdades, dogmas, principios y símbolos que se han archivado en la tradición. Lógicamente la tradición, vista desde una perspectiva meramente humana, está enmarcada dentro de un contexto en el que las sucesivas generaciones emprendieron diversas acciones y tomaron decisiones diferentes, y para entenderla hay que analizarla en el contexto histórico en el que se dio.

La historia del pensamiento cristiano

En la interpretación objetiva de la Escritura es necesario estudiar la historia de la tradición y el pensamiento histórico del pueblo de Dios. Hay

[anotación manuscrita: Acaso no debemos ser fieles algunos que nos permito ... la Biblia?]

verdades que se descubrieron hace mucho tiempo y no pueden ser ignoradas por el intérprete de hoy. Los símbolos y significados encontrados en el pasado poseen un gran valor para los que buscan la evidencia histórica de la fe en el pasado. El equilibrio entre la interpretación histórica de la tradición y la revelación de hoy conducen a una verdad revelada de manera saludable para las necesidades y la realidad de hoy.

4. La participación de la comunidad de fe en la interpretación de la Escritura

Este elemento en el método integral está basado en la experiencia y el consejo de la Iglesia. Una interpretación saludable de la Escritura necesariamente reconocerá el valor de la autoridad espiritual en la comunidad de fe, la asamblea de creyentes o la congregación misma. La Iglesia tiene un orden claramente establecido, y es deber de los creyentes honrar dicho orden, porque ello mantiene relaciones saludables y permite que todos los miembros se ubiquen en el lugar que el Espíritu Santo les ha señalado en la congregación.

El examen de los creyentes

La comunidad de los creyentes tiene la autoridad para evaluar la revelación que pueda proponer un grupo o alguno de los miembros de la comunidad. La sabiduría de la comunidad establece un balance con todos los elementos propuestos anteriormente y decide si la interpretación es correcta o no. Esto último lo estableció el apóstol Pablo para evitar el desorden y la desobediencia en las congregaciones.[40] El examen de la comunidad de fe es necesario para mantener el orden y la salud de la Iglesia.

La aprobación de la Iglesia

Al igual que Cristo Jesús o la propia Escritura, la Iglesia también goza de una naturaleza divina y otra humana. En contra de lo que enseña el dualismo, estas naturalezas son una constante en la revelación de Dios a la humanidad. Es Dios mismo quien decide irrumpir en la sociedad humana tornándose accesible a través de la Escritura y visible en Jesucristo y, además, revelado y entendido por medio del Espíritu Santo. Así pues, la Iglesia tiene la mente del Espíritu Santo, quien la guía a toda verdad,[41] y es capaz de decidir conforme a la mente de Cristo en cuestiones relacionadas con la interpretación y la aplicación de la Escritura en la comunidad de fe.

40. 1 Corintios 14:29.
41. Juan 16:13.

Obediencia y sumisión a la autoridad espiritual

La obediencia y sumisión a la autoridad del gobierno de la comunidad de fe es indispensable en la aplicación del método integral. El concepto de membresía cultiva la actitud de sumisión, en la que la salud del grupo o el beneficio de la comunidad es capital. En las comunidades hispanas se enfatiza la importancia de someter todo asunto al consejo de la comunidad a fin de encontrar equilibrio en el propósito de todo aquello que afecta al grupo o a uno de sus miembros.

Un ejemplo de la interacción dinámica en la interpretación de la Escritura con la participación de estos cuatro agentes se encuentra en el capítulo 15 del libro de los Hechos de los Apóstoles. Veamos cómo se produjo esa acción en la Iglesia neotestamentaria.

B. La práctica del método integral en la Escritura

Durante el concilio de Jerusalén, los creyentes se reunieron para resolver un asunto teológico muy fundamental. La cuestión planteada estaba entre la salvación por medio de las obras de la ley o solo a través de la fe. El capítulo 15 del libro de los Hechos sirvió como modelo para que los líderes de la Iglesia utilizaran el método de interpretación que incluyera cuatro elementos básicos en la interpretación: 1) la dirección del Espíritu Santo, 2) la autoridad de la Escritura, 3) el testimonio histórico de la tradición y 4) el consenso de comunidad de fe. Hechos 15 describe una reunión donde se registra que la decisión del concilio fue una respuesta corporal e integral con relación al asunto de la admisión o no de los gentiles a la plena comunión de la Iglesia. Como resultado, Santiago pudo declarar con solvencia: «nos ha parecido bien al Espíritu Santo y a nosotros» (v. 28). Los participantes del concilio de Jerusalén tenían certeza de la dirección y la autoridad del Espíritu Santo en sus decisiones. Esto mismo es lo que determina la actividad central del Espíritu Santo en la tarea hermenéutica y en toda la vida de la Iglesia en general.

Además, durante esa reunión el concilio apeló a la centralidad de las Escrituras, la dirección del Espíritu Santo en la experiencia de la fe, el testimonio de la tradición y la historia del pueblo de Dios y el uso de la razón consensuada de la comunidad de creyentes. Santiago dijo con plena certidumbre que la Escritura concordaba con el informe misionero y con el argumento de Pedro, y que todos los profetas, particularmente Amós, incluían a los gentiles en la familia de la Iglesia, según el propósito eterno de Dios (vv. 14-18: cf. Amos 9:11-12). Por su parte, Pablo y Bernabé también presentaron su informe de campo y contaron su experiencia misionera en la predicación del Evangelio entre los gentiles (v. 12). Pedro les recordó a los miembros del concilio su llamado personal de predicar a los gentiles, en particular durante su visita a la casa de Cornelio y sus amigos (vv. 7-11). Pero también es bueno señalar aquí que Santiago igualmente apeló al llamado de predicar e hizo uso del testimonio de la tradición cuando le pidió a los gentiles que observaran por lo menos aquellas cuatro prohibiciones basadas en la ley (vv. 20-21; cf. Lev. 17:8, 10-12, 13; 18:6-23). Pedro agregó que los gentiles deberían ser aceptados en el seno de la Iglesia, debido a la santificación por la fe y el derramamiento del Espíritu Santo que también ellos habían experimentado (vv. 811). De igual manera, Santiago volvió a argumentar, basándose en la ley y la tradición, que a los gentiles no se les requiriera la práctica de la circuncisión (vv. 1321). Obviamente, fue bajo la dirección del Espíritu Santo como el concilio estuvo en común acuerdo y alcanzó un final positivo para la Iglesia.

Así queda claro que el método que funcionó en la Escritura fue integral. Incluyó la integración de la Palabra de Dios con la dirección del Espíritu Santo, el testimonio de la historia y la tradición y la confirmación de la comunidad de fe. Este mismo método de interpretación integral se puede aplicar en todas las comunidades cristianas hoy, en particular en la hispana, donde este método podría funcionar de forma adecuada y servir como puente en la diversidad de posiciones teológicas entre los hispanos.

La práctica del método integral

Ejemplos prácticos del uso del método de interpretación integral se observan continuamente en un gran número de iglesias contemporáneas. Por lo general, todo asunto, sea este doctrinal, espiritual, ético o de carácter congregacional, es sometido en oración, bajo la dirección del Espíritu Santo, en primer lugar a la autoridad examinadora de la Palabra. Acto seguido se consulta la sabiduría de los ancianos de la Iglesia para asegurarse de que la interpretación de la Escritura y los estatutos observados en la vida práctica de la Iglesia —doctrina, reglamentos, tradición—, mantienen su lugar y que todo está en orden. Esto ayuda a mantener un balance sano en todas las áreas, sean estas espirituales, organizacionales, éticas, sociales, o simplemente asuntos que tengan que ver con una buena comunicación.

Por lo general, en casos difíciles, los creyentes buscan la dirección del Espíritu Santo antes de proceder. Esta acción crea una conciencia espiritual que se manifiesta en una actitud de reverencia y humildad. Luego proceden a examinar el caso a la luz de la Palabra de Dios para observar si existe algo que sea conforme o contrario a los principios de la Escritura. En ambos pasos se recurre a la sabiduría y a la admonición de los que presiden la congregación. Estos juzgan si el juicio es correcto o incorrecto, si contradice o no el orden espiritual, bíblico y eclesial. En cada congregación existe un orden que tiene su base en los estatutos denominacionales o congregacionales que se han establecido para mantener el orden en la Iglesia. En algunos casos se tiene que recurrir a la investigación histórica de los antecedentes previos para conocer cómo se manejó el asunto en generaciones anteriores o en situaciones históricas parecidas. Esta dinámica permite que el asunto sea resuelto correcta y consistentemente y que al final todas las partes involucradas queden satisfechas con las decisiones tomadas por la congregación. Este método es integral porque involucra a todos los agentes necesarios que dan fe de una interpretación completa, equilibrada y total.

Aquí es necesario aclarar que este método integral, en realidad, no es nuevo: en la vida práctica de la Iglesia ya se ha utilizado o se ha venido practicado de manera empírica en los círculos eclesiales, de forma especial en aquellos donde la interpretación del texto no ha sido tan estricta o rigurosa. Así que esta concepción metodológica no es nueva. Lo que hago aquí, más bien, es organizar metodológicamente lo que ya se ha venido practicando desde hace mucho tiempo atrás. Por ejemplo, los intérpretes pentecostales del siglo XX introdujeron formalmente el campo de la hermenéutica en el método neumático. Desde esa plataforma, el método neumático se convirtió en la herramienta más utilizada por las iglesias contemporáneas en la interpretación de la Escritura. No obstante, estos fallaron al no tener en cuenta el valor del testimonio ofrecido por los precedentes históricos de la interpretación y las tradiciones históricamente observadas por el pueblo de Dios. Para compensar esa deficiencia algunos intérpretes contemporáneos, además del uso del método neumático, se han apoyado en el método inductivo para la predicación, y también han utilizado de una manera empírica los recursos de la historia y la tradición para confirmar la certeza de dicha interpretación. De esa manera es como surge la necesidad de organizar el método integral, el cual es necesario para justificar el uso adecuado de todos los agentes que toman parte en el trato responsable del texto bíblico.

Preguntas para reflexionar

1. ¿Cuáles han sido los métodos de interpretación más utilizados en el contexto hispano?
2. ¿En qué consiste el método integral que propone el autor?
3. Proponga algunos ejemplos prácticos que demuestren el uso del método integral en la Iglesia.

F. Hacia una hermenéutica integral hispana

La propuesta de una hermenéutica que interpreta la realidad de la comunidad hispana y la hace relevante en el contexto actual es un desafío ineludible, especialmente para este tiempo en que la población inmigrante ha aumentado de forma significativa. En esta sección enfocaré la discusión hacia aquellos elementos que representan fuentes de preocupación para la consecución de una interpretación adecuada del texto bíblico. Una interpretación integral debe afrontar de un modo adecuado algunas variables que son típicas de la comunidad hispana. Una de ellas es el fatalismo, que históricamente ha encontrado lugar en alguna parte de la mentalidad latina, y parece tener mucho que ver con el origen histórico. Esto último lo revisaremos con más detalle en esta sección.

Otro elemento de discusión es la posición de desventaja que sucede como consecuencia de la condición socioeconómica de los hispanos que emigran sin documentos a los Estados Unidos y a otros contextos geográficos del mundo. Tales desventajas se acentúan más si se toman en cuenta las diferencias lingüísticas y culturales relacionadas con el nuevo contexto sociocultural. Esto último genera situaciones impredecibles que en casos extremos pueden causar daños irreparables.

Con el tiempo, una comunidad nueva se levanta, con una actitud positiva, en busca de progreso. Esa nueva actitud se muestra positiva hacia el trabajo y las nuevas oportunidades que afronta la siguiente generación. Estas condiciones representan opciones de progreso para la nueva sociedad donde ahora se integran.

1. Una hermenéutica que batalla contra el fatalismo

La herencia tradicional del cristianismo no reformado que heredó la América Latina se mezcló con las religiones precolombinas de los pueblos que habitaban el continente. Esa combinación generó diversas formas de responder a la realidad del hombre y su universo. Una de esas respuestas que se originó en la combinación de religiones fue la propuesta de una teología fatalista. Esta se explica a través de la respuesta del hombre ante la adversidad. Por ejemplo, algunos que profesan la fe católica responden con una actitud similar ante las condiciones adversas: qué será, será... no hay nada que se pueda hacer. «El mundo es así y hay que aceptarlo de esa manera. Si el destino de la persona fue nacer pobre, es posible que su destino sea morir pobre, no hay nada que se pueda hacer, así es la vida».[42]

---

42. Cf. SÁNCHEZ, Daniel R: *Realidades hispanas que impactan a América*, Fort Worth (Texas): Church Starting Network, 2006; pág. 52.

Ante esa actitud fatalista el Evangelio reformado responde con optimismo y con un alto sentido de responsabilidad hacia la transformación del mundo: cada persona fue creada con el propósito de desarrollar todo el potencial del que es capaz bajo la influencia del poder y el amor de Dios. Esa posición ofrece esperanza y nuevas posibilidades. Tal actitud genera un espíritu de lucha por la vida y por la transformación del mundo y la cultura. De esa manera, el nuevo cristiano percibe que un mundo nuevo de posibilidades se abre ante él. Pero ese acontecimiento toma lugar en el proceso de aprendizaje que ocurre en las iglesias de corte reformado. Los creyentes experimentan un tipo de metamorfosis que les permite encontrar nuevos paradigmas en la interpretación de la Palabra, la Iglesia y su mundo. Definitivamente la conversión de los hispanos también incluye el traslado desde una fe «no reformada» a una fe «reformada». Esto hace que la decisión sea difícil y genera la ruptura de patrones tradicionales que antes se aceptaron de forma incuestionable.

2. Una comunidad en desventaja

Por otro lado, la realidad socioeconómica de los hispanos en situación de inmigrante hace que estos afronten condiciones de mucha desventaja. Algunos se encuentran en dicha posición en su afán por mejorar sus condiciones de vida.[43] En consecuencia, la forma de observar e interpretar el mundo se enmarca en un contexto de sufrimiento. La comunidad hispana inmigrante sufre bajo la imposición de leyes antinmigrantes y de mecanismos de control que violan los derechos individuales de la libertad. El país que antes fue conocido como una nación de inmigrantes, ahora se ha convertido en un país influido y gobernado por personas y poderes antinmigrantes. Naturalmente, la guerra contra el terrorismo del siglo XXI persigue a un enemigo sin rostro. Eso genera un temor que se ha extendido en la ciudadanía creando una xenofobia generalizada, que está promovida de un modo intencionado por grupos radicales con mentalidad antinmigrante y por los medios de comunicación instrumentalizados por la agenda antinmigrante.

La reacción al ataque terrorista del 11 de septiembre de 2001 se utilizó por los grupos de influencia antihispanos para presionar a los poderes del Estado para que aprobaran leyes represivas contra los inmigrantes de América Latina, especialmente contra los mexicanos y centroamericanos. En el Estado de Arizona, por ejemplo, se ha construido la mayor parte del muro aprobado por el Congreso, conocido entre la comunidad hispana como «el muro de la vergüenza». Como consecuencia, los hispanos en mayor desven-

---

43. Cf. HUGHES, Richard: *Mitos de los Estados Unidos de América,* Grand Rapids (Michigan): Libros Desafío, 2005.

taja han emigrado a otros estados y ciudades en busca de protección contra este otro tipo de terrorismo, estimulado por el racismo de los líderes que utilizan el poder económico y político para perseguir y oprimir a los inmigrantes más pobres, y en especial los hispanos. La respuesta lógica de estos ha sido la invención de métodos creativos no convencionales de protección que les permita superar la crisis. Otros son capturados, maltratados y luego deportados, dejando como resultado a familias separadas. Las secuelas de este marco de injusticia e inmoralidad son impredecibles y supone otra forma de terrorismo que debe denunciarse como corresponde.

El terrorismo contra los inmigrantes

El terrorismo contra los inmigrantes indocumentados ha sido establecido por algunos Estados de la Unión estadounidense para expresar su desprecio por sus vecinos de los países del sur. Una de las figuras grotescas del terror antinmigrante es el «avión de la vergüenza». El Departamento Homeland Security de los Estados Unidos ha contratado a una compañía aérea para deportar a los inmigrantes indocumentados. Dicha compañía cobra por cada asiento disponible en el avión. Para evitar pagos por asientos desocupados, los agentes de la Migra, en acuerdo con la policía local y estatal, lanzan feroces ataques para capturar la mayor cantidad posible de inmigrantes, particularmente hispanos. Después de capturarlos, en muchos casos sin razones justificadas, los juntan en los centros de detención para inmigrantes ilegales y seguidamente proceden a llenar cada asiento disponible en el avión de la vergüenza: el avión no puede irse con asientos vacíos.

Este acto de terrorismo sucede y se repite todos los días. De esta otra forma de terrorismo son responsables directos los gobiernos estatales y federales. También son responsables las iglesias y los pastores conservadores fundamentalistas que con acción deliberada o por omisión condonan y aprueban esta injusticia contra un pueblo desprotegido, débil e incapaz de defenderse. Esta es una ética diabólica que se ha entronado en la mente y el corazón de los líderes políticos y religiosos inescrupulosos que justifican la injusticia ética y el terrorismo genocida contra los inmigrantes indocumentados más recientes de su país. Esta es sin duda una de las tragedias más deplorables en la conducta moral de ciudadanos que pretenden ser honorables en los Estados Unidos y en los países de Europa.

3. Barreras culturales, lingüísticas y socioeconómicas

Los hispanos inmigrantes también se enfrentan a barreras muy difíciles de sortear. Lo inhóspito de la cultura, el idioma y la realidad socioeconómica del país, hace que los más débiles tomen la actitud de esconderse y protegerse creando grupos cerrados que les permiten mantener su cultura y los elementos comunes de su lugar de origen. Esta es una forma de defenderse, de refugiarse y de rebelarse contra un mundo hostil. Los más débiles experimentan los ataques más feroces del racismo, la discriminación y la opresión. Son los más atacados y rechazados por el racismo de la policía y de los agentes de migración. Por ejemplo, el 10 de octubre de 2008, en la ciudad de Newburgh (Nueva York), una joven hispana indocumentada, embarazada de tres meses, fue brutalmente arrestada por la policía de la ciudad por no comparecer a su cita ante el juez. Ante la orden de arresto los agentes de policía la arrestaron haciendo uso de mucha violencia verbal y física. Después de golpearla la joven abortó el feto de tres meses. Aun en ese estado, y cuando todavía estaba sangrando con profusión, la policía la encarceló esposada de pies y manos y no le proveyó ninguna asistencia médica. De no haber sido por la intervención del pastor de la iglesia de la joven, ella misma también habría perdido la vida, al igual que su bebé, a manos de los policías que la atacaron brutalmente.

En mayo de 2007, un pastor hispano de la ciudad de Rochester (Nueva York), viajaba en su automóvil con dos miembros de su iglesia. Sin motivo alguno, dos policías los detuvieron y en seguida procedieron a requerirles los documentos de identificación, además de al chofer, también a los pasajeros. Entre ellos viajaba uno que no tenía documentos. Al no tener consigo ningún documento de identificación oficial, este fue inmediatamente arrestado y conducido al centro de detención de inmigrantes más cercano. La policía de tráfico arrestó, por falta de documentos de identidad, a un miembro de una de las iglesias hispanas de Rochester. Días más tarde deportaron al joven, pero su esposa y sus cuatro hijos nacidos en el estado de Nueva York, se quedaron en Rochester sin esposo y sin padre.

Casos como estos se siguen dando todos los días en la realidad de los hispanos inmigrantes que viven en los Estados Unidos. El temor a la Migra[44] hace que estos busquen formas creativas para sobrevivir y ajustar-

44. Un ejemplo del temor a la Migra es el reportaje radial de Walter Gallacher. Especial para La Tribuna de Glenwood Springs, Colorado. (www.latribunacolorado.com/article/20081008/LT01/810089987&title=Historias de Inmigrantes/) Elizabeth Weber emigró de México hace 13 años con su hijo y esposo. Ella llegó con un visado temporal, que venció, y, durante muchos años, Elizabeth y su familia estuvieron sin documentos en los Estados Unidos. Elizabeth es ciudadana estadounidense y dueña de un negocio. En esta entrevista ella relata su experiencia como inmigrante indocumentada.

Gallacher: ¿Fue difícil estar sin documentos?

Weber: Fue muy difícil. Encontraba trabajo, luego los empleadores se enteraban de que no tenía documentos buenos y me despedían. Tenía que buscar otro trabajo y esperar que no revisaran mis papeles y así poder estar bien por un tiempo. Algunas veces funcionaba, otras no. Una vez duré solamente tres meses en un trabajo. Cuando mi empleador revisó mi situación y me dijo, «No tienes documentos buenos. Tu eres una empleada muy capaz, pero no tienes los papeles que necesitamos. Si consigues

se a ese ambiente de opresión e injusticia. Por lo general, estos hispanos encuentran asistencia en las congregaciones cristianas y seguidamente se convierten a Cristo. La oración típica de estos nuevos miembros del Cuerpo de Cristo incluye una petición, en la cual vehementemente le piden al

los papeles, te daremos nuevamente el puesto porque estamos contentos con tu trabajo. Tu eres muy responsable y trabajas duramente, pero no podemos tenerte sin papeles. Debemos despedirte». Así que me puse a llorar. Me sentía muy mal porque nunca en mi vida me habían despedido de un trabajo. ¡No había hecho nada malo!

Gallacher: Te consideras una buena persona y el rechazo te hizo sentir como alguien sin valor.

Weber: Sí, fue difícil pensar que estaba haciendo algo malo cuando lo único que quería era trabajar. Solamente quería una vida mejor para mi y mi familia.

Gallacher: ¿Así que los primeros años fueron difíciles?

Weber: Sí, fueron muy difíciles. En aquel entonces quería volver a mi país porque allá nadie me trata de esa manera. Allá yo era alguien, pero no aquí.

Gallacher: ¿Todavía piensas así?

Weber: No, en realidad ahora me siento bien y ya no quiero volver. Voy solamente para ver a mi mamá. Aquí la gente es muy agradable. Ellos simplemente tratan de hacer las cosas de la manera correcta: si uno no tiene papeles, ellos se tienen que proteger a sí mismos y a su compañía.

Gallacher: ¿Puedes explicar cómo se siente un inmigrante indocumentado en una tierra desconocida?

Weber: Es muy difícil. Una se siente como si siempre estuviera haciendo algo malo. Estás siempre con el temor que se van a enterar de que mientes. Uno tiene que mentir para poder trabajar. No es algo positivo pero a veces tienes que hacerlo. Si no lo haces, no puedes conseguir un trabajo, ni vas a tener vida propia. Eso es realmente muy triste. Es triste y difícil porque en tu país nunca has mentido. La gente aquí no sabe como es eso. Ellos no entienden lo difícil que es estar «indocumentado». No lo entienden porque no están en esa situación. Ellos no saben cómo se siente estar buscando trabajo y que simplemente te digan que no pueden emplearte sin no tienes papeles. Te dicen [susurrando], «Oh, la Migra esta por todos lados». Así que una está siempre alerta, con el miedo de que te puedan llevar. Y no quieres volver porque aquí haces suficiente dinero como para pagar la renta y la comida. Y a veces en México una no gana ni para eso.

Gallacher: ¿Así que nunca te hubieras ido si la vida en México fuera distinta?

Weber: No, no me hubiera ido. Porque sentía que pertenecía a mi tierra natal. Yo nací y me crie en México. Si allá la vida fuera diferente, sería un lugar hermoso para vivir. Allá lo tienes todo, excepto un buen Gobierno.

Historias de Inmigrantes es un proyecto de la Iniciativa de Integración en la Comunidad (CII), desde Aspen hasta Parachute, coordinado por Walter Gallacher, un educador que ha vivido en la región durante 45 años. El propósito es el de promover un mejor entendimiento sobre la vida de los inmigrantes, del pasado y del presente, y están basadas en entrevistas con inmigrantes. Más información se encuentra disponible en www. communityintegration.net; 22 de octubre de 2008.

Señor que los guarde de la Migra y que los permita evadirse o escapar de la policía, en el caso de que esta aparezca en su camino. Muchos ahora aseguran que el Señor ha contestado sus oraciones; por ejemplo, Dios ha cegado en muchos casos a los agentes de la Migra o simplemente les ha dado la habilidad para escapar y esconderse de la persecución de tales agentes del mal.

4. Una comunidad en busca de progreso

Los hispanos que han emigrado a los Estados Unidos lo han hecho bajo las mismas condiciones que los inmigrantes europeos que llegaron hace doscientos años. La mayoría llegaron buscando nuevas oportunidades para mejorar sus condiciones de vida. El sueño americano no lo crearon los hispanos, sino que fueron otros inmigrantes que llegaron de Europa los que crearon ese mito. Cuando se creó la nación estadounidense mantuvo los principios del Evangelio al documentar su Constitución. Pero, con el paso de los años, la mezquindad, el racismo, la xenofobia y otros males sociales parecidos a estos, se han desarrollado en la población y han trascendido a la economía y al poder político, hasta el punto de violentar los derechos del pobre, del débil y del extranjero. Han caído en la xenofobia, y sufren una persecución sistemática con la anuencia de los poderes civiles y políticos de la nación.

Los hispanos son gente industriosa, creativa y con el deseo de progresar. Su laboriosidad los conduce a aceptar trabajos que el típico ciudadano estadounidense no está dispuesto a realizar. La oportunidad y la necesidad de ganar dinero los convierte en trabajadores serviciales y útiles a la comunidad. Además, son gente fiel, confiable y laboriosa. Los hispanos tienen una alta capacidad de producir y generar riqueza.

El marco aquí descrito obliga a la confrontación de la justicia con la verdad, la justicia y la paz.[45] La justicia de Dios trasciende a los sistemas humanos, la verdad de Dios, la misericordia y la paz, trascienden los límites territoriales establecidos por los hombres. El cristianismo fundamentalista estadounidense no se ha tomado tiempo para reflexionar sobre la ética que propone una situación diferente. El silencio o la negligencia pueden ser igualmente injustos y reflejar que no hay ni amor, ni misericordia, ni justicia, ni verdad en las acciones de aquellos que predican el Evangelio. Sus acciones son tan fuertes que no permiten escuchar lo que predican. Obviamente es necesario que estos «creyentes» salgan de sus templos lujosos, se ensucien las manos y los pies para practicar el Evangelio que predican.

---

45. Con respecto a asuntos como este, la Biblia dice: «La misericordia y la verdad se encontraron; la justicia y la paz se besaron». (Salmos 85:10, Reina-Valera 1960).

Esto último representa una reprensión, más que una crítica. Los hispanos inmigrantes son seres humanos. Muchos de ellos han abrazado la fe cristiana de manera integral y se han dedicado a servir a Dios, a pesar de la adversidad, muchas veces permitida o simplemente ignorada por otros que también confiesan el amor de Dios. Resulta obvio que este es un tema para realizar una reflexión seria y profunda. La teología y la hermenéutica cristiana tienen una tarea muy grande que completar en estos campos de la ética, la justicia y la solidaridad humana.

Preguntas para reflexionar

1. Dé algún ejemplo de soluciones prácticas para vencer el fatalismo histórico que menciona el autor.

2. ¿Cómo se sobreponen los hispanos a las barreras culturales, lingüísticas, y socioeconómicas?

3. Explique la diferencia entre el Evangelio reformado y el Evangelio no reformado que han expuesto ante la comunidad hispana.

4. ¿Cómo afrontan el sufrimiento los hispanos?

G. Respuesta a los desafíos actuales

Esta sección procura ofrecer una respuesta idónea a los desafíos que representan los sistemas socioeconómicos, políticos y religiosos que afronta la comunidad hispana de los Estados Unidos. Afronta la opresión que se da dentro de un contexto donde todavía se manifiestan de forma clara el racismo y la hostilidad hacia el inmigrante. También evalúa la motivación que se esconde detrás de las decisiones políticas, tales como aquella que se tomó para construir el muro de la vergüenza en la frontera sur que separa a los Estados Unidos de México. Luego, dentro de la actual polarización del continente americano, esta sección ofrece una alternativa para resolver el problema, presentando al elemento redentor del Evangelio que se practica por el pueblo de Dios en este tipo de circunstancias. Además, para entrar en acción, la Iglesia deberá ejercer su papel profético con el fin de impulsar la paz y la justicia en una sociedad multicultural.

En virtud de la discusión que antecede, es necesario establecer un puente entre la realidad hispana y el texto bíblico como respuesta a los desafíos de los sistemas actuales. El mundo en el que vive la mayoría de los hispanos en los Estados Unidos es hostil. A mí me sorprendió que el candidato presidencial, John McCain y la candidata a la vicepresidencia por el partido Republicano, Sarah Palin, durante su campaña presidencial, la emprendieran en contra de una de las organizaciones que más beneficio comunitario ha ofrecido a más de cien ciudades de los Estados Unidos. En septiembre y octubre de 2008 ambos candidatos denigraron y politizaron negativamente la organización conocida como ACORN.[46] Esta es una organización de comunidades cuya misión es asistir a las personas de bajos ingresos, trabajar en favor de la seguridad de la familia promoviendo la seguridad en la comunidad, la salud y otros beneficios sociales. Mejorar la vivienda y los salarios para los pobres y cuidar que los bancos y el Gobierno inviertan más en mejorar los servicios de las escuelas públicas y el desarrollo de la comunidad. Esto lo hace posible a través de la negociación, la legislación y el impulso del voto popular. Obviamente el discurso político de MaCain y Palin pudo haberle causado daño a una de las agencias de servicio que promueve asistencia para las comunidades más débiles del país. Esa parece ser la mentalidad típica de la población que posee los recursos y los beneficios económicos del Estado. Sin sonar político, ni levantar una bandera partidista, es nece-

---

46. ACORN: Association of Community Organizations for Reform Now, por sus siglas en inglés. ACORN cuenta con más de 350 000 miembros y más de 850 capítulos en más de cien ciudades de los Estados Unidos. ACORN se fundó en 1970 por Wade Rathke y Gary Delgado. Maude Hurd ha sido el presidente nacional de ACORN desde 1990. Esta información está disponible en <http://www.acorn.org/>. (Consulta realizada el 17 de octubre de 2008).

sario proponer una teología que interprete la realidad del mundo, que sea humana, que defienda al débil, que proteja al pobre, que abra las puertas al inmigrante, que socorra a la viuda y que no haga excepción de personas en la impartición de la justicia (Éxodo 22:21; 23:9; Levítico 19:33-34; Números 15:15-16; Deuteronomio 24:17; 27:19; Salmos 146:9; Jeremías 7:6). En realidad esas son las marcas del Evangelio.

1. Un ambiente de opresión

Hacer referencia a un asunto como este, en el contexto de los Estados Unidos, podría sonar como algo fuera de lugar, por tratarse de este país, el gran campeón de la libertad. No obstante, la realidad humana indica otra cosa. En el siglo XXI hay personas que viven en los Estados Unidos bajo un contexto de opresión muy grave. Muchos hispanos sufren violencia en contra de sus derechos individuales y civiles. No pueden movilizarse libremente, no pueden obtener su licencia para conducir vehículos, no pueden comprar ni vender porque no tienen el número de seguro social. Muchos empleadores los explotan, no les pagan ni siquiera el salario mínimo. A algunos los permiten trabajar, pero antes de que llegue el día de pago llaman a la Migra para que vaya, los arreste y los deporte, y de esa manera no les pagan por su trabajo. Muchas mujeres, trabajan limpiando casas a cambio de sumas muy bajas de dinero.

Además, el temor a la Migra, a la policía y a los racistas, en especial los antihispanos, hace que muchos de ellos empleen métodos no convencionales para defenderse de los agentes opresores. Por ejemplo, algunos se ven obligados a utilizar documentos falsos para identificarse. Otros sencillamente se esconden o cambian de manera periódica de domicilio para despistar a la Migra. Estas y otras formas de defenderse crean condiciones desfavorables y desventajosas, en particular para aquellos inmigrantes hispanos indocumentados.

Así que al rostro hispano de Jesús también hay que agregarle el toque de la opresión que vive su pueblo en los Estados Unidos. Ese rostro, aún muy joven, refleja signos de dolor, tristeza y sufrimiento.[47] Es un rostro en el cual se nota la inseguridad típica de aquel que siente que en cualquier momento puede capturarlo la Migra. Ese rostro refleja el llanto de los niños que se quedaron sin padre y el de la esposa que ha quedado indefensa e impotente por la separación violenta de su esposo y padre de sus hijos. El rostro de Jesús muestra el dolor de la violencia física a la que la policía de

---

47. Cf. ÁLVAREZ, Miguel: «The South and the Latin American Paradigm of the Pentecostal Movement», *Asian Journal of Pentecostal Studies*; vol. 5, n.º 1; enero de 2002; págs. 135-153.

migración ha sometido a ese hombre, que no se pudo defender, ni mucho menos llamar a un abogado para que lo defendiera. Oh, también se ve en el rostro de Jesús el engaño de los abogados o en la explotación financiera que estos crean para «defender» lo indefendible y darle esperanzas falsas a alguien que en realidad no tiene ninguna. En otra parte del rostro de Jesús se debe observar la desdicha del fracaso por el impacto de los vicios, la inmoralidad y otros males de los cuales no se han despegado aun viviendo en los Estados Unidos.

En el rostro hispano de Jesús también se observa la ingenuidad, la gentileza y el deseo de servir. Se ve el gozo de la compañía de los amigos, porque todos se ayudan unos a otros y comparten el cuarto, la cocina, la comida y el coche. El rostro de Jesús es hispano porque no hace caso al color de la piel o al lugar de origen. La única vez que se separan es cuando juega la selección nacional de fútbol de su país de origen. Una vez concluido el partido, gane o pierda la selección, los amigos siguen apreciándose. También el rostro hispano de Jesús contiene mucha espiritualidad: los hispanos al final saben que en la Iglesia está la solución y la respuesta que están esperando.

Según las estadísticas del Buró de Censos en los Estados Unidos, la edad media de los hispanos es de 26 años. Así que la edad promedio de los hispanos es más joven que la de los demás grupos étnicos del país.[48] Este dato es importante porque puede despertar los celos de otros grupos étnicos. Los hispanos podrían estar viviendo la experiencia de los israelitas en la esclavitud de Egipto (Éxodo 1). ¿Hasta dónde llegan los límites de la ley? En última instancia los hispanos saben que su único recurso es Dios, y que este soporta la injusticia contra el pobre, el débil y el extranjero.

2. Afrontando la realidad de un ambiente de racismo y hostilidad

Por lo general los hispanos están muy unidos. Casi siempre se agrupan por nacionalidades o por zonas geográficas. Es muy común hablar de los centroamericanos, los caribeños o los sudamericanos. Esto les permite compartir y enfrentar sus necesidades de manera individual o colectiva. Se ayudan entre sí y comparten tiempo y recursos necesarios para subsistir en un ambiente hostil y racista. Debido a su alta capacidad para crear e innovar, los hispanos afrontan su realidad con optimismo. No se achican, no se detienen por nada. Siguen adelante ante la adversidad. El contacto con la fe cristiana y la renovación espiritual les abre nuevas oportunidades y adoptan una disposición y actitud positiva frente a la vida.

En el presente estado de persecución y opresión se han percatado que en la fe cristiana está la solución a sus necesidades. Las congregaciones his-

48. US Census Bureau: *La población hispana, Washington,* dc, 2000; págs. 1-8.

panas con espíritu evangelizador los han alcanzado: las conversiones son masivas. Muchos han afirmado que este es el tiempo para los hispanos. Sin embargo, hay que agregar, en efecto, que este es el tiempo de los hispanos, pero en los Estados Unidos la persecución y la opresión contra ellos los ha impulsado a acercarse más a Dios. Naturalmente, las conversiones son genuinas y las disciplinas de la Iglesia les permiten aprender y crecer en el conocimiento de Dios. Esa nueva vida genera actitudes nuevas. Se enfrentan a los peligros con seguridad y con la convicción de que Dios dirigirá su futuro, porque Él cumplirá su propósito en sus vidas.

Las congregaciones hispanas ha crecido y otras nuevas ha surgido. Nuevos pastores y líderes se han levantado. Esto es necesario mencionarlo porque está dando origen a una nueva generación. Si el presente orden continúa, en las próximas décadas la comunidad hispana deberá ser muy fuerte y muy respetada en el contexto de la sociedad estadounidense. Los jóvenes están estudiando y aprendiendo a ser ciudadanos de valor. La Iglesia, por su parte, juega un papel decisivo en la formación de esa nueva generación. Al final, Dios usará el estado actual de persecución y opresión para establecer un pueblo nuevo y fuerte, fiel a su Palabra y obediente a su llamado.

3. Un país que abandona los principios que le dieron origen

Desde una perspectiva teológica es posible afirmar que una gran parte de la población de los Estados Unidos, vive en un estado de indiferencia hacia los principios que tuvieron en mente los líderes que la fundaron. Los principios de fe y libertad han sido condicionados por los poderes políticos, socioeconómicos y espirituales que prevalecen en la nación. Dichos poderes ha creado posiciones de fuerza etnocentristas que se dedican a promulgar un sentimiento de xenofobia entre la población. La capacidad financiera de estos grupos les permite utilizar los medios de comunicación para manipular la información y la imagen de los inmigrantes, particularmente la de los hispanos. Según James D. Vigil:

> En el pasado, los estereotipos de la sociedad hispana, perpetuada especialmente en algunos sistemas educativos, anuncios comerciales, y los reportes de los medios masivos han contribuido a la formación de la imagen negativa que los hispanos tienen de sí mismos. La actitudes etnocéntricas de los maestros y del contenido educativo que enfatiza el valor del grupo predominante y denigra a la minoría ha contribuido al desarrollo de las autoimágenes negativas de parte de muchos estudiantes hispanos.[49]

49. VIGIL, James D.: *From Indians to Chicanos: A Sociocultural History*, Londres (Reino Unido): C. V. Mosby Company, 1980; págs. 173-174.

Además, a muchos de los profetas de la nación americana se los observa cegados por el patriotismo y la posición política conservadora que profesan. Están tan cómodos en sus posiciones de poder y autoridad que no son capaces de ver —o mucho menos denunciar— el pecado individual y estructural de la nación. Su tarea es predicar a las iglesias prósperas y animar a sus líderes a continuar su camino de prosperidad. Quizás lo más peligroso de esto es que no se han dado cuenta de su extravío espiritual, lo cual imposibilita que sean conscientes de su condición de ceguera religiosa.

Por otro lado, el mensaje de los pastores está orientado a estimular la fe y la prosperidad de sus feligreses. La Iglesia se percibe como una fuente de recursos que son aprovechados por los de mayor influencia en la organización. Su mensaje también está cargado de pensamiento positivo y de enunciados psicológicos para mejorar las condiciones de vida. En círculos religiosos como estos no hay lugar para los hispanos. Es más, las condiciones no son apropiadas para dar la bienvenida a los cristianos como los hispanos pobres. Si estos quieren ir a la Iglesia, deben edificarla ellos mismos o congregarse en alguna iglesia con gente como ellos.

En contra de lo que ostentan los líderes políticos, los profetas y los pastores de la sociedad estadounidense blanca, la mayoría de los líderes, profetas y pastores de la Iglesia hispana se concentran en proveer de asistencia inmediata a los pobres y débiles de su rebaño. Cada día el número de hispanos que sufren la violencia del poder político, la opresión de la cultura, la injusticia de la sociedad y la indiferencia de la iglesia blanca aumenta de manera significativa. El sistema y la estructura de la aplicación de la justicia se desvían cada vez más de los principios del Evangelio.

4. Reflexión sobre el problema migratorio en los Estados Unidos

Desde los años ochenta hasta la fecha, el problema migratorio ha surgido en los Estados Unidos como uno de los temas más controvertidos de la nación.[50] Fue a causa de las cifras estimadas de los últimos censos de población del u. s. Census Bureau, que empezaron a surgir reacciones controvertidas en contra de los inmigrantes nuevos, en particular contra los hispanos.[51] Estos hoy son el grupo minoritario más grande de la población del país, y la reacción natural de los inmigrantes antiguos es de rechazo contra los inmigrantes nuevos.[52] Obviamente el problema se agudiza cuan-

50. Una versión parcial sobre este asunto lo publicó Miguel Álvarez bajo el tema «Reflexión sobre el muro en la frontera sur», El Evangelio 1; abril-junio, 2007.

51. ORTIZ, Manuel: *The Hispanic challenge: Opportunities confronting the church*, Downers Grove (Illinois): InterVarsity Press, 1998; págs. 22-26.

52. JONES, Rachel L.: «Los hispanos ahora: el grupo más grande en los Estados Unidos», u. s. Census Bureau: Knight-Ridder/Tribune News Service, P701K3770, 1996.

do se incluye el prejuicio racial, social, cultural y lingüístico; y se agrava cuando la Iglesia también decide ignorar el problema o rehúsa afrontarlo. Esto último es delicado porque las denominaciones evangélicas, y las pentecostales en particular, han guardado un silencio significativo y peligroso con relación al problema migratorio.

Algunos han comenzado a observar con sospecha esa conducta de omisión o silencio deliberado, mientras muchas personas sufren el ataque racial, discriminatorio y opresivo del sistema migratorio oficial. En realidad no hay ninguna excusa que sea válida; la Iglesia debe reflexionar y actuar con objetividad en todo lo referente a este tipo de circunstancias o, de lo contrario, perderá el sentido de misión.

5. El muro de la vergüenza

Recientemente, en algún sector muy poderoso y de mucha influencia en el Gobierno y la sociedad estadounidense, se gestó la idea de crear la necesidad de construir un muro en la frontera con México, con el fin de impedir el flujo de inmigrantes indocumentados a los Estados Unidos. Esta idea ha cobrado fuerza a medida que crece la fobia estadounidense hacia los extranjeros, ya sean estos documentados o indocumentados. De hecho, la situación se ha agudizado al continuar la «guerra contra el terrorismo» que persigue a un enemigo sin rostro, lo que crea un sentimiento de inseguridad en el ciudadano común, que hace que este al final se torne en contra de toda persona que parezca extraña, ya sea asiática, africana, árabe o hispana.

Por desgracia, esta coyuntura en realidad ha afectado más al sector de la comunidad hispana que se encuentra en posición de desventaja en relación con los derechos migratorios,[53] cuyos miembros, por su condición de indocumentados, no se pueden defender. Estos son los que necesitan la mano amiga; que al salir del servicio de la Iglesia los cristianos tengan la capacidad de mostrar el verdadero amor de Dios a otros que también son seres humanos y que tienen derecho a la vida como todas las personas.

El papel profético de la Iglesia también debe manifestarse contra la influenza xenofóbica de personajes, tales como Lou Dobbs, a quien la cadena CNN permitió hacer mucho daño a los hispanos indocumentados. Esta clase de personajes aprovechan sus posiciones de influencia para instigar a la población blanca hacia un marcado sentimiento antiextranjero, especialmente antihispano, muy peligroso. Durante sus años en la CNN, el señor

---

53. SHAW, R. Daniel: «Migrations: Avenue and Challenge to Mission». *Missiology: An International Review*, XXXI, n.º 1; enero de 2003; págs. 17-28.

Dobbs[54] insistió en la creación de un ambiente antinmigrante y particularmente antihispano, que al final justificara la persecución nacional contra los inmigrantes indocumentados y la construcción del susodicho muro de la vergüenza. Curiosamente, en los países latinoamericanos ese es el adjetivo con que se califica al muro que con tanta vehemencia han tratado de impulsar el señor Dobbs y otros que piensan como él.[55] Estos personajes han manejado los medios de comunicación y han causado que hasta los hijos de Dios caigan en la trampa de sus mensajes discriminatorios y racistas.

6. La polarización del continente americano

Por desgracia, las diferencias entre el norte y el sur continúan manifestándose en las culturas y realidades socioeconómicas de ambos contextos. La situación es preocupante y es necesario orar de manera específica por la intervención de Dios para romper la polarización del continente. Para añadir más elementos significativos, en algunos países latinoamericanos se ha elegido en los últimos años a gobiernos de corte socialista, indigenista y nacionalista, que utilizan un lenguaje populista antiestadounidense muy marcado.[56] Esto ha creado una tensión política peligrosa y en el aspecto espiritual crea un conflicto teológico, que puede agravarse con cualquier imprudencia cometida por una de las partes involucradas.[57]

Por el momento la retórica de algunos gobernantes latinoamericanos es independentista, indigenista y nacionalista. Por supuesto, ese discurso está afectado por la realidad socioeconómica del contexto de cada país. Mientras tanto, en la unión americana es notable la indiferencia, especialmente política, hacia lo que sucede en el contexto Latinoamericano. ¡Pase lo que pase o se diga lo que se diga, no parece ser importante! Esto no parece bien, porque el diálogo con el vecino nunca debe dejar de ser relevante.

54. Lou Dobbs era el presentador y editor en jefe del programa *Lou Dobbs Tonight* de la cadena de cable CNN. Dobbs también es director del programa nacional *Financial News Radio Report*. También es portavoz de los grupos conservadores más radicales que han tomado control del movimiento antinmigrante de los Estados Unidos. http://www.cnn.com/cnn/Programs/lou.dobbs.tonight/, 19 de junio de 2007.

55. Cf. RIVERA, Geraldo: *His Panic. Why Americans Fear Hispanics in the US*, Nueva York: Celebra, 2008. Rivera ha iniciado una discusión sobre la razón por la que los nativistas estadounidenses temen a los inmigrantes. Esta reacción está provocada y dirigida por algunos de los personajes más xenófobos que dirigen programas televisivos a través de los cuales crean y alimentan el temor y el rechazo hacia los inmigrantes. Entre ellos se encuentran los señores Rush Limbaugh y Lou Dobbs.

56. MOIRA MACKINNON, María y Mario Alberto Petrone: *Populismo y neopopulismo en América Latina: El problema de la Cenicienta*, Buenos Aires (Argentina): Editorial Universitaria, 1998; págs. 102-106.

57. SCHALLER, Lyle: *Innovaciones en el ministerio*, Nashville (Tennessee): Abingdon, 1994; pág. 65.

El problema se agudiza cuando la Iglesia adopta la misma actitud y entra en un estado de insensibilidad hacia las necesidades de los pobres, los oprimidos y los débiles. Esta condición aparta a la Iglesia de su misión y la convierte en una institución religiosa, nada más. Además se vuelve inefectiva y pierde credibilidad ante el mundo y ante aquellos que están necesitados de ayuda. Por lo expresado antes, es imprescindible establecer un proceso de diálogo y reflexión donde todas las voces implicadas puedan ser escuchadas y donde se tomen decisiones consensuadas, basadas en la justicia y el amor de Dios. Entonces, como muy bien apunta Samuel Escobar, estamos haciendo referencia a «una hermenéutica que cobra sentido en el contexto de la realidad y que se aleja de abstracciones teológicas que solo alimentan el intelecto y que alejan al teólogo de la realidad de su universo».[58]

7. El contexto teológico

Lo expresado anteriormente desafía a los hijos de Dios a pensar en la necesidad de la reconciliación. Resulta obvio que no se puede vivir el Evangelio a plenitud si algunos de los miembros del Cuerpo se excluyen mutuamente o no se respetan en la forma debida. También existe peligro cuando un miembro se vuelve indiferente ante la realidad del otro, o cuando uno acusa al otro, sin brindarle la oportunidad para la reflexión, el arrepentimiento, el perdón y la restauración. En este momento la respuesta idónea para el problema migratorio la tiene la Iglesia. Esta es la llamada a desafiar a todos sus miembros a practicar una vida espiritual que sea compatible con los enunciados del Evangelio. Además, la Iglesia debe afrontar los poderes políticos y económicos del mundo cuando estos se convierten en instrumentos del mal. La agresión, el menosprecio, la indiferencia o la acusación solo sirven para contrarrestar la eficacia del Evangelio.[59] De igual manera, el atropello al pobre, al débil y al extranjero se convierten en afrenta y maldición contra las naciones.

Curiosamente, ninguna de las denominaciones cristianas, excepto la Iglesia católica, se han expresado de una manera abierta en contra de las injusticias de este proceso antinmigrante. Eso deja pendientes muchas preguntas y temas sin resolver entre los creyentes que forman parte del cristianismo evangélico y pentecostal, en particular en los Estados Unidos. Esto último suena paradójico, pues se supone que son los evangélicos y los pentecostales quienes deberían estar haciendo eso; sin embargo, es todo lo

---

58. Escobar, Samuel: «¿Qué significa ser evangélico hoy?», *Misión 1:1*; marzo-junio 1982; págs. 15-18, 35-40.
59. Cf. Marroquín, Óscar Clemente: «Hacen falta resultados», *La Hora*, Guatemala de la Asunción, (Guatemala): Opinión Editorial; miércoles, 28 de mayo de 2003.

opuesto, y esto, lejos de parecer un asunto insignificante, hay que tomarlo con seriedad pues tiene implicaciones hermenéuticas serias. Obviamente los evangélicos y los pentecostales estadounidenses se ha acomodando a los valores éticos, sociales y políticos determinados por las corrientes ideológicas que predominan en el contexto xenófobo de este tiempo. La pregunta obligada es ¿Cómo pueden servir anglos e hispanos en igualdad de condiciones, como hermanos, en la misma denominación cristiana? Los evangélicos y pentecostales tienen la obligación de responder a esta pregunta según los principios del Evangelio.

8. El elemento redentor del pueblo de Dios

El problema del muro de la vergüenza solo podrá resolverse cuando los diferentes pueblos del continente aprendan a vivir o a coexistir de manera pacífica. Cuando los pueblos reconozcan el señorío de Cristo y le permitan a Él gobernar en todos los asuntos humanos. El aspecto redentor del Evangelio se podrá manifestar a través de la obediencia a la Palabra de Dios. Para lograr esto, la práctica del amor, el perdón y la justicia son indispensables, en particular cuando los hombres tienen ideas y posiciones encontradas en cuanto a lo político y aun en lo teológico. Así que en este tiempo, cuando algunos aprovechan la coyuntura para aumentar la separación entre dos pueblos vecinos, la Iglesia debe hacer lo contrario: involucrarse en una acción de unidad, de respeto y de aceptación mutua.

Aquí es donde entra en juego una hermenéutica capaz de afrontar la realidad del mundo a través del consejo fiel de la Palabra, así como la revela el Espíritu Santo, que aprende de las lecciones de la historia y que se somete a la autoridad espiritual de la comunidad de fe.[60] Se necesitan hombres y mujeres de valor que asuman el papel histórico de su misión, la cual debe ser escrituralmente sana y, en este caso, que sea hispana, para que proponga una transformación verdadera de la realidad de dicha comunidad de la diáspora.

Este estudio también conlleva la intención de crear conciencia social sobre la realidad en la que viven la mayoría de los hispanos en los Estados Unidos, Europa y Australia. Dicha realidad debe analizarse cuidadosamente por la Iglesia y las entidades de ayuda y desarrollo. Una hermenéutica actualizada ofrecerá elementos de juicio que ayudarán a entender las necesidades más urgentes, en especial de los más pobres y más débiles, que sufren bajo el sistema opresivo del aparato migratorio y legal de las naciones. Por supuesto, esa misma hermenéutica debe ofrecer un marco

---

60. ANDERSON, Allan: *An Introduction to Pentecostalism: Global Charismatic Christianity*, Cambridge (Reino Unido): Cambridge University Press, 2004; págs. 94-96.

responsable para estudiar los aspectos éticos que involucran a todo este proceso complejo sobre la presencia de hispanos indocumentados en los mencionados países. Obviamente todas las partes involucradas deben iniciar un diálogo franco que permita encontrar soluciones objetivas que reflejen consonancia con los principios de la Palabra de Dios.

9. El papel profético de la iglesia

Otro aspecto que no debe ignorarse es el empuje de la comunidad hispana hacia la evangelización y la edificación de nuevas iglesias. El Espíritu Santo ha iniciado y desarrollado congregaciones con un estilo nuevo de adoración y ministerio. La alabanza y adoración a Dios con corazón latino ha crecido hasta impactar aun a las congregaciones de corte anglo. Por supuesto, esto último no debe crear un triunfalismo estéril dando la idea de que solo los hispanos tienen la última revelación de Dios. Esto sería un error muy grande, o tal vez producto de la ingenuidad y la inexperiencia. Al contrario, el llamado de Dios a su comunidad es para derribar barreras de separación entre los pueblos.[61] La tarea también incluye la labor de denunciar y proponer soluciones contra la opresión, la injusticia, el orgullo y la vanidad. Todos esos males se podrán eliminar a través del poder y la eficacia redentora del amor de Cristo Jesús.

Una observación objetiva del tiempo actual indicará que el pueblo hispano forma parte de un avivamiento espiritual que no tiene precedentes en los Estados Unidos. Es obvio que junto al sufrimiento humano también el Espíritu Santo ha provisto de la gracia suficiente para que el pueblo hispano tenga la oportunidad de conocer y servir al Señor Jesucristo. Esto es halagador y es una muestra de que Dios está cumpliendo su propósito con este pueblo. Como consecuencia de esto último, las iglesias pentecostales y evangélicas han reportado un crecimiento sin precedentes en los últimos años.[62] Este es un indicador de que la búsqueda de Dios representa la solución para ellos.

Por otro lado, la Iglesia tendrá que expresarse. La omisión es un pecado que ha sido cómplice de muchas injusticias en el mundo. En su papel profético el pueblo de Dios debe hacerle frente a los agentes de separación y opresión. Está muy claro que a raíz de los acontecimientos del 11 de septiembre de 2001, muchos agentes de discordia se han aprovechado para oprimir al extranjero y al débil. Eso también es pecado y hay que denunciarlo en el orden establecido por Dios. La justicia divina prevalece

61. PADILLA, René: «Misiones transculturales», *Iglesia y Misión,* n.º. 61, vol. 16, n.º 2, julio-septiembre de 1997; págs. 4-5.

62. SURO, Roberto y Jeffery S. Passel: «The Rise of the Second Generation», Pew Hispanic Center; octubre, 2003.

por encima del poderío humano. La Iglesia está capacitada para realizar esa tarea.

Si los cristianos callan ante la injusticia, se hacen cómplices de ese pecado; pero si de forma deliberada se enfrentan a ese mal, la justicia y la gracia de Dios prevalecerán sobre los valores éticos y morales de este mundo. Por desgracia, la mayoría de las iglesias evangélicas y pentecostales, no se han expresado de manera oficial ni han manifestado públicamente su posición sobre los problemas migratorios. Ese silencio podría afectarlas y, al final, les pasará factura por esa actitud que solo servirá para descubrir los verdaderos motivos que se esconden detrás del corazón de esos líderes denominacionales.

La persecución contra los inmigrantes ha servido para exponer el corazón y las intenciones de los que la proponen. Sin embargo, dicha acción también representa una oportunidad para que el pueblo de Dios reflexione y responda según los principios del Evangelio ante acciones tan injustas e inhumanas como esas.[63] En tiempos de crisis o de necesidad, la Iglesia tiene la oportunidad y la obligación de responder según el orden divino. El pueblo de Dios debe ofrecer una alternativa mejor contra la persecución y la opresión del pobre, del débil y del inmigrante.

Preguntas para reflexionar

1. ¿Cómo afrontan los hispanos la condición de desventaja por el racismo y la hostilidad?

2. ¿Qué debe hacer la Iglesia para elevar su voz profética ante la injusticia?

3. ¿Cómo se debe afrontar a las organizaciones cristianas que callan ante la persecución contra los inmigrantes?

4. ¿Cómo practicar el elemento redentor del Evangelio en un contexto de persecución?

5. ¿Cómo deben interpretar los hispanos la construcción del muro de la vergüenza en la frontera sur?

---

63. Cf. Sandoval, Moisés: *On the move: A history of the Hispanic church in the United States*, Maryknoll (Nueva York): Orbis Books, 1990; págs. 36-42.

H. La revelación divina y el llamamiento de Dios

En esta sección se hace referencia a la relación entre la revelación divina y el llamamiento de Dios a los latinoamericanos. El propósito es identificar elementos que justifican la importancia de la presencia de los latinos en los Estados Unidos y otros países europeos, como el caso de España, y otros como Australia. Aquí se presenta el tema de que los latinoamericanos tienen una misión específica, ligada al propósito de Dios en la extensión de su Reino en el mundo. Este es un pueblo puente, inmigrante, solidario y peregrino. Esas características testifican la flexibilidad y la alta capacidad de adaptación que forma parte de la naturaleza de los hispanos.

Para entender la revelación y el llamamiento de Dios a los latinos es necesario estudiar cómo es que se da ese sentido de misión y propósito entre ellos.[64] Históricamente, el pueblo latinoamericano nunca había sido misionero. Los latinos siempre fueron receptores pasivos de misioneros europeos y estadounidenses que llegaron a compartir con ellos las nuevas del Evangelio. Aunque los latinos habían conocido el cristianismo por medio de la fe no reformada que les impuso el imperio español por medio de la Iglesia católica, no fue sino hasta los siglos XIX y XX cuando el Evangelio de corte reformado llegó hasta ellos. Con todo, los latinos, por lo general, todavía no habían entendido su misión y propósito en la evangelización del mundo.

Durante las últimas dos décadas del siglo XX la Iglesia latinoamericana entendió ese llamamiento, y pronto las organizaciones cristianas, en particular las evangélicas y luego las pentecostales, comenzaron a implementar un proceso sistemático de entrenamiento y envío de misioneros a otros pueblos dentro y fuera del continente americano. La iniciativa de la Cooperación Misionera Iberoamericana (COMIBAM), en 1987, inició un proceso de formación misionera transcultural que finalmente produjo la movilización de muchos misioneros desde América Latina. Así, Latinoamérica dejaba de ser un campo misionero y se convertía en una fuerza misionera.[65] Esto último es muy importante entenderlo debido a la disminución de la fuerza misionera de las iglesias ubicadas en el hemisferio norte.

1. Un pueblo solidario

Es probable que uno de los elementos más distinguidos entre la comunidad latina sea su disposición y sentido de unidad en medio de la

---

64. «El Evangelio de poder», Congreso Latinoamericano de Evangelización CLADE III, Quito, Buenos Aires: Fraternidad Teológica Latinoamericana 1993; págs. 166-184.

65. STEUERNAGEL, Valdir: *Obediencia misionera y práctica histórica*, Buenos Aires-Grand Rapids: Nueva Creación-William B. Eerdmans Publishing Company, 1996; págs. 5-6.

adversidad. Esa unidad se manifiesta en diferentes formas, una de ellas es la solidaridad humana. Esta genera la práctica de virtudes que desarrollan la cooperación, el compañerismo y la colaboración. Ante estos indicadores, el estudioso de la Palabra integra esas actitudes positivas en la aplicación práctica de su significado. Los latinos tienen un alto concepto de solidaridad social, eso incluye a la familia, la iglesia, la nacionalidad y el interés común. Quizá a ello se deba que emocionalmente sean muy expresivos, pues sus niveles emocionales están afectados por las diferentes circunstancias que inciden en su conglomerado, sean estas individuales o colectivas.

La solidaridad de la comunidad latina se expresa de muchas maneras. Una es la forma creativa de buscar soluciones prácticas a las necesidades y los problemas que crean alguna situación de crisis. Para respaldar bíblicamente su actitud se apegan a porciones de la Escritura que levantan el ánimo en tiempos de dificultad. Por ejemplo, «Todo lo puedo en Cristo, que me fortalece»,[66] es un versículo comúnmente utilizado para mantenerse firme en medio de la adversidad. Aunque esta sea una aplicación empírica del texto bíblico a la realidad práctica de la vida, no obstante tiene un significado profundo para la persona que lo utiliza y no solo forma parte del contexto emocional para asumir una actitud positiva, también es parte del estilo de vida y de las motivaciones del individuo para afrontar su realidad en el mundo. Esa forma de interpretar la Escritura en algún momento afecta al consejo de la comunidad y la espiritualidad de las personas.

2. Un pueblo peregrino

La Iglesia cristiana se encuentra entre los latinoamericanos que emigran a otros países del mundo. Esta es precisamente la situación de los hispanos que emigran hacia los Estados Unidos o la de otros latinos que emigran a España, Canadá o Australia. Esto último es crucial, debido a que los creyentes de las iglesias de corte anglo, en Estados Unidos, aún no se han percatado de la importancia de ello. La Iglesia hispana se encuentra incrustada dentro de los inmigrantes que ingresan en otros países, estén documentados o indocumentados. De forma paradójica estos son los que ayunan y oran por el país donde están. Por ejemplo, una vez que entran a los Estados Unidos, oran e interceden continuamente por la paz y el bienestar de la nación, y de igual manera oran por el avivamiento de la Iglesia. Desafortunadamente, hasta hoy, la Iglesia anglo no los ha reconocido, ni los ha apoyado como debiera. Al contrario, los ha juzgado como ilegales y los ha condenado por haber cruzado la frontera sin un pasaporte visado (Raúl Zaldívar, en la primera parte de este libro, discute ampliamente la ética situacional).

---

66. Filipenses 4:13 (Reina-Valera 1960).

Por supuesto esto abre de nuevo el debate sobre los valores morales y la ética de los cristianos con respecto a la obediencia y sumisión a la ley. Pero la Iglesia hispana de los Estados Unidos no se detiene, ni tiene tiempo para probar su inocencia o culpabilidad con respecto a la legitimidad de las fronteras. Esta iglesia sabe que el Espíritu Santo la ha enviado a cruzar fronteras y a proclamar el Evangelio a toda criatura.[67] La Iglesia hispana sabe que en Hechos 1:8, el Señor Jesucristo ordenó a los creyentes que emigraran y que no se haga evangelismo transcultural si los hijos de Dios no emigran. La emigración ordenada por Jesús en Mateo 28:19 y Hechos 1:8 no requiere el visado de pasaportes. Por supuesto, la escolaridad de esta teología de la misión es muy práctica y superficial, pero su eficiencia se comprueba a través de la conversión de miles de personas al Evangelio de Cristo Jesús: los números hablan por sí mismos.

3. Un pueblo puente

Los hispanos se caracterizan por su flexibilidad en las relaciones étnicas y culturales. La mezcla de razas y combinaciones multiculturales es parte de la composición de la comunidad.[68] A eso se debe que los etnólogos se refieran a los hispanos como un pueblo puente. Para pintar el rostro de Jesús entre los hispanos necesariamente habrá que pensar en un Cristo multiétnico, con diferentes colores de piel y complexión física.[69] Por todo lo anterior, la flexibilidad en las relaciones interpersonales los hace capaces de aprender y ajustarse a los cambios requeridos por las demandas del medio.

Este marco también es aplicable a la interpretación de la Escritura. La hermenéutica hispana se enriquece por la variedad sociocultural y multiétnica de su contexto. Esto no es equivalente a afirmar que dicha variedad genera una diversidad de métodos de interpretación, o que el contexto multicultural trascienda al método teológico de los latinos. Es probable que cada grupo étnico o cultural enfatice algunos elementos más que otros en lo que a la interpretación del texto se refiere, pero por lo general los hispanos respetan mucho la historia, la tradición, el contenido de la doctrina bíblica y la comunión con el Espíritu Santo. Si hay variaciones, estas se dan en casos aislados, pero por lo normal se trata de asuntos prácticos que tienen que ver con la idiosincrasia del lugar. El punto positivo es la habilidad que tienen para aprender y preservar la veracidad de la Escritura.

67. Cf. <http://ibvn.wordpress.com/2007/11/24/peregrinos-y-extranjeros/>, 17 de octubre de 2008.
68. GRACIA, Juan y Victoria Gracia: «Adaptación cultural: momentos de alegría y/o tristeza». *Iglesia y Misión* n.º 69, vol. 18, n.º 3; julio-septiembre 1999; págs. 15-16.
69. Cf. PAREDES, Jorge: «Cruce de civilizaciones: las migraciones internacionales». *El Dominical de El Comercio*, Lima, 5 de noviembre de 2006, págs. 4-5.

4. Un pueblo eminentemente hispano

Esto último tiene que ver con la mentalidad y la cultura de los hispanos en los Estados Unidos —muchos pueblos en uno—, con una historia y un futuro común. Es indudable que esta característica es la que da lugar a la flexibilidad en el diálogo y las relaciones interpersonales y grupales entre latinos. El acercamiento a la Escritura tiene implicaciones personales y colectivas; el intérprete debe entender y proponer una aplicación práctica que sea capaz de afectar de manera positiva al individuo y a la comunidad. Por esa razón es más fácil interpretar la Palabra de Dios aceptando su autoridad, siguiendo la dirección del Espíritu Santo, estudiando la historia y las tradiciones del pueblo de Dios y aceptando el consenso de la comunidad de fe. De esa manera el cristiano adquiere seguridad en su posición frente al significado y la aplicación práctica del texto bíblico.

Desde los años noventa se comenzó a escuchar una canción dentro de la comunidad hispana que reflejaba el destino de los inmigrantes al llegar a este país. Aunque al principio el canto se escuchó solo entre los misioneros transculturales, muy pronto se cantó por las congregaciones hispanas en los distintos lugares adonde habían emigrado. El canto dice así:

> Dios no nos trajo hasta aquí
> para volver atrás.
> Nos trajo aquí, a poseer
> la tierra que Él nos da.
> Aunque gigantes encuentre allá,
> yo nunca temeré.
> Nos trajo aquí, a poseer
> la tierra que Él nos da.[70]

Lo más apasionante en cuanto al estudio de los hispanos y su misión en los Estados Unidos es que estos tienen clara su visión y su sentido de propósito para lo que han llegado. Los hispanos cristianos son personas de oración y un pueblo generoso. Es un pueblo trabajador y fiel a los principios familiares, sociales y culturales. Reconocen sus limitaciones y debilidades, sin autojustificarse. Admiten su responsabilidad y están dispuestos a afrontar las consecuencias de sus decisiones y acciones. El punto es que los hispanos están en los Estados Unidos para bendecir a la nación. Dios ha creado este pueblo hispano para bendecir también a las naciones. Esto trae consigo una actitud de esperanza y paz. Está muy claro que mientras estos permanezcan bajo la voluntad de Dios, él los bendecirá y los hará prosperar.

El rostro hispano de Jesús no se ha terminado de pintar. Es un proceso que lleva varios siglos. Cada generación le ha dado su toque particular. Al-

---

70. Autor desconocido.

gunas pensaron que habían conseguido el toque final del cuadro; no obstante, el proceso debe continuar. La historia de los hispanos todavía no se ha terminado de incluir en esa pintura del rostro de Jesús. Ese toque final no será posible sino hasta que el mismo Señor Jesucristo retorne como ha prometido. Hasta que ese evento suceda, la Iglesia está involucrada en una misión: la expansión del Reino de Cristo entre todos los grupos étnicos del mundo. Cada persona que se convierte al Evangelio tiene lugar la pintura del rostro de Jesús. Obviamente faltan otros por llegar. Aquí hay algo en que pensar: los hispanos forman también parte de la evangelización global reservada por Dios para este tiempo.

Pero, ¡un momento!: en el rostro hispano de Jesús todavía falta aquella parte que tiene que ver con la evangelización del mundo. ¿Se imagina a los hispanos en la evangelización transcultural? Esa parte de la pintura del rostro de Jesús apenas ha comenzado; hace falta que un ejército de misioneros llegue hasta el último rincón de la Tierra para que ese cuadro quede concluido. Sin duda este es el tiempo para realizar esa tarea.

Preguntas para reflexionar

1. ¿Cuál es la misión de los hispanos en los Estados Unidos?
2. ¿Cómo explica la condición de «pueblo puente» entre los hispanos?
3. ¿Cómo se puede aprovechar la diversidad étnica a favor de la evangelización?
4. ¿Cómo se explica la actitud de solidaridad humana entre los hispanos?
5. ¿Qué debe hacerse para estimular a los hispanos a involucrarse de lleno en la evangelización transcultural?

I. Conclusiones finales

El propósito de este estudio es iniciar un diálogo que permita entender el pensamiento de los hispanos con relación a la Escritura y la aplicación práctica que realizan de ella a la situación y condición que estos experimentan en los Estados Unidos y otros contextos geográficos. Desde esta perspectiva, y a manera de conclusión, me gustaría presentar algunos elementos de reflexión que considero necesarios, si es que el pueblo hispano está dispuesto a seguir el consejo de la Palabra de Dios en el contexto actual. De nuevo, este es un intento por establecer un diálogo positivo: en ningún momento trato de crear controversia, aunque, si la hubiera, el mejor recurso para solucionarla sigue siendo el diálogo responsable.

La interpretación que resulta del encuentro de las diferentes teologías latinas

1. La literatura teológica hispana contiene una combinación de matices latinoamericanos y estadounidenses, los cuales deben ser considerados seriamente para favorecer una interpretación de la Escritura que sea completa. Para ello se necesita un método integral que en la interpretación incluya las corrientes y métodos de interpretación más conocidos para mantener la objetividad. Por supuesto, para lograrlo el diálogo debe ser abierto, inclusivo y respetuoso con las otras corrientes de pensamiento.

2. Por otro lado, el entendimiento de las culturas hispanas preponderantes en los Estados Unidos permitirá entender de manera epistemológica el origen, los límites y el propósito de la teología que emerge de los diferentes grupos hispanos. Esta actitud causará que al final del estudio se pueda hablar con objetividad de una hermenéutica hispana, la cual necesariamente sugerirá un método integral para interpretar su realidad, su historia y su misión frente al mundo y frente a la Escritura.

3. La condición de inmigrante prevalece como una constante dentro de la predisposición natural del quehacer teológico entre los hispanos. Dicha condición es ineludible y los habilita para entender la cultura teológica del conquistado, colonizado y oprimido por fuerzas externas que van más allá de su capacidad de autodeterminación. Hasta cierto punto, esto es lo que ha obligado a los hispanos a adoptar una actitud crítica, pero, al mismo tiempo, reprimida por el temor a la superioridad del que posee el poder económico, social y político. Esta hermenéutica debe generar un espíritu positivo y triunfador. La comunidad es capaz de crear y desarrollar proyectos de gran valor en el mundo donde reside.

El pensamiento hispano en un marco histórico

1. Los hispanos deben proponer una teología que sea práctica y aplicable a su contexto. Esto último podría parecer trillado dentro del léxico evangélico y pentecostal; sin embargo, es muy importante en el contexto misional de la Iglesia hispana. Las circunstancias actuales de los hispanos en los Estados Unidos presentan condiciones ideales para servir de forma integral a las necesidades de los pobres, los débiles y todos los necesitados. En la narrativa del libro de los Hechos de los Apóstoles, Lucas dice: «Y con gran poder los apóstoles daban testimonio de la resurrección del Señor Jesús, y abundante gracia era sobre todos ellos [y] no había entre ellos ningún necesitado...».[71] La opción por los pobres debe estar despolitizada y, al contrario, debe observarse como uno de los principios más prominentes de la fe evangélica.

2. Los hispanos reconocen que la diversidad de teologías y métodos de interpretación de la Escritura ofrece una oportunidad única para el diálogo franco y positivo que les permita entenderse y establecer lazos de colaboración y cooperación para el desarrollo de la comunidad hispana en general. El diálogo fraternal debe ser apreciado como uno de los métodos más valorados y prominentes entre las diferentes confesiones de fe.

3. La diversidad del pensamiento supone una gran riqueza que permite desarrollar varias áreas y disciplinas en las que los hispanos no se han introducido todavía. Es necesario aprovechar esta coyuntura en favor del desarrollo de los hispanos. Esto último hay que verlo con objetividad y con una actitud positiva.

Un marco hispano que interpreta la Escritura

1. Los hispanos conocen la Escritura y son capaces de interpretarla y aplicarla objetivamente a su propio contexto. Ellos saben que su interpretación está claramente ligada a la realidad de su mundo. Esto genera un pensamiento multidireccional en relación con la forma de interpretar la Escritura, pues los ubica frente a un mundo con estímulos diversos y con variables que muchas veces es imposible de manejar o controlar. Sin embargo, muchos parecen concordar en aquella solidaridad que les permite afrontar el mundo con conciencia y mentalidad hispanas.

2. La hermenéutica hispana está alerta y es participativa. Esta condición se da como resultado de la lucha por progresar y cumplir con su misión en el mundo. El deseo de superarse y triunfar en la vida los habilita para perseverar aun en medio de la adversidad.

---

71. Hechos 4:33-34 (Reina-Valera 1960).

3. La Iglesia hispana debe involucrarse en un proceso de interpretación dentro del marco de su propia hispanidad para entenderse a sí misma y a su misión. Para ello se sugiere un método de interpretación integral que incluya la interacción de cuatro elementos indispensables: la verdad absoluta de la Palabra de Dios, la dirección del Espíritu Santo en la interpretación, el testimonio histórico de la influencia de la tradición y la influencia de la autoridad de la comunidad de fe sobre el intérprete.

4. La reflexión es una área que debe impulsarse de manera intencionada y debe originarse en el seno de la iglesia local, lo que dará lugar a una generación de pensadores capaz de transformar la cultura en el propósito de la misión de Dios para los hispanos.

5. Se necesita una apologética que sea hispana. Esta es tal vez una de las áreas más descuidadas en las aulas de clase de los seminarios y en las clases bíblicas de las congregaciones hispanas. Esta disciplina debe impulsarse intencionadamente.

El método de interpretación integral

1. Con el fin de ubicarse adecuada y eficazmente frente al mensaje de Dios para la comunidad hispana, se necesita de un método que integre a los agentes involucrados en la relación de la Escritura con el pueblo. Los agentes participantes en este método son la Palabra de Dios, el Espíritu Santo, el testimonio de la historia y la tradición y, la confirmación de la comunidad de fe. La integración de dichos agentes permite que el intérprete de la Escritura tenga diferentes opciones para entender la Palabra, pero también que tenga elementos de seguridad y examinadores que podrán juzgar independientemente si la interpretación está en orden con la participación activa de los agentes involucrados.

2. El método integral extiende sus límites epistemológicos más allá del método neumático, al incluir el valor del testimonio de la historia y el examen de las tradiciones cristianas. En el caso del pueblo hispano, esto último es valioso, pues, por lo general, tiene sus orígenes en el catolicismo romano heredado desde el tiempo de la colonia. La Iglesia católica romana depositó una carga de gran influencia sobre la mentalidad religiosa de los pueblos latinoamericanos, donde, durante siglos, la tradición cristiana católica ejerció una influencia importante.

3. No obstante, la inclusión de la historia y la tradición en el método integral no es para satisfacer esa demanda católica histórica nada más. En realidad tal inclusión va más allá del interés propiamente hispano; la verdad es que todas las tradiciones cristianas históricas tienen mucho que ver con la interpretación de la historia y el impacto de las tradiciones sobre la fe de sus adeptos. Los dogmas, los credos y las confesiones de fe; el uso

de los símbolos cristianos, la configuración de las estructuras eclesiales y la práctica de la liturgia, todos ellos forman parte de una riqueza que debe observarse cuidadosamente para entender el significado de la Escritura en el tiempo actual.

4. El método integral también incluye el estudio objetivo y el diálogo franco con otros métodos que se utilizan para la interpretación de la Palabra. Para el intérprete que utiliza el método integral es muy importante entender el manejo que realizan otros métodos del texto bíblico. Esa actitud integral le permite al intérprete establecer una perspectiva amplia y formarse una idea mucho más clara sobre el significado o el mensaje de la Palabra para hoy. Esta posición es concomitante con la idea de que «los pensamientos son frustrados donde no hay consejo; mas en la multitud de consejeros [estos] se afirman».[72]

5. El método integral también es consistente con la autoridad de la comunidad de fe. El intérprete se somete al juicio de sus líderes, a quienes les debe sumisión y respeto. Por consiguiente, este método afirma el orden de la congregación y se somete al servicio del pueblo de Dios. Esto último logra un sano equilibrio y permite que exista una unidad evidente entre el erudito que interpreta la Escritura y el liderazgo que preside la Iglesia.

Hacia una hermenéutica hispana

1. La comunidad hispana está expuesta a una hermenéutica que vive una continua batalla contra el fatalismo inspirado en la tradición religiosa heredada desde el tiempo de la colonia. Se necesita una nueva cátedra que eduque y prepare al creyente para marcar la diferencia entre el pasado y el presente.

2. Los hispanos de los Estados Unidos afrontan un sin número de barreras culturales, lingüísticas y socioeconómicas. El fatalismo histórico heredado debe ser afrontado con una preparación adecuada. Las escuelas, la Iglesia y la comunidad juegan un papel decisivo en esta preparación.

3. Los hispanos han aprendido a afrontar, con optimismo, la realidad de un contexto donde el racismo y la hostilidad hacia la gente de color son notorios. Esta es una cualidad positiva que los ha entrenado para afrontar la adversidad con objetividad y para triunfar sobre ella.

Respuesta a los desafíos de los sistemas actuales

1. Los hispanos de los Estados Unidos han crecido en un ambiente de opresión. Muchos lo han superado y han sobrevivido, y ya existe una nueva

72. Proverbios 15:22.

generación que se apresta a transformar su mundo utilizando los medios más sanos y adecuados para desarrollarse. Para lograrlo es necesario establecer estrategias educativas y de formación idóneas para mantener este empuje hacia el futuro.

2. Es necesario iniciar e impulsar estratégica e intencionadamente un diálogo y una reflexión teológicos que traten sobre el problema migratorio de los Estados Unidos. La Iglesia hispana debe establecer una plataforma, foro o instrumento de diálogo y reflexión sobre el problema migratorio. Para lograrlo es necesario despertar la conciencia cristiana de los líderes cristianos. Muchos han optado por guardar silencio u omitir sus opiniones al respecto, lo que los vuelve cómplices de las injusticias cometidas contra la familia indocumentada, que está compuesta por muchos hermanos y hermanas en Cristo. Las denominaciones evangélicas y pentecostales, en especial, deben salir de sus posiciones políticas conservadoras para lograr que los principios del Evangelio prevalezcan por encima de sus posiciones o simpatías políticas.

3. Debemos entender el contexto donde opera la Iglesia. Se necesita una hermenéutica sana que capacite y habilite al creyente y a la congregación para entender el temperamento de los tiempos y las condiciones del contexto en el que opera la Iglesia.[73] Esto último es vital en el cumplimiento del ministerio de todos los creyentes. Lo hispanos deben estudiar los modelos eclesiales y aplicar aquellos que funcionan mejor en su contexto.

4. Los hispanos tienen la oportunidad de expresar los principios redentores del Evangelio mediante la implementación del perdón, la reconciliación y el ejercicio de la paz y la justicia. Estos principios deben ser impulsados intencionadamente desde el púlpito y la cátedra, de modo especial en tiempos donde se violentan los derechos humanos de los más débiles y de los más pobres. Ignorar esta situación es caer en la complicidad con la injusticia y es también pecaminoso.

5. Debemos estimular el papel profético de la Iglesia. En este caso, no se trata de aquella área de la profecía que estimula, exhorta o predice el futuro, no; se trata más bien de aquella acción que afronta la injusticia, la inmoralidad, la opresión y toda clase de mal con la Palabra de Dios y que en su lugar promueve la preminencia y la práctica de la verdad, la justicia y el amor, según los principios del Evangelio.

La revelación divina y el llamamiento de Dios

1. Una característica hermosa del pueblo hispano es su espíritu solidario. Es una comunidad solidaria que participa de forma activa en la trans-

---

73. Cf. 1 Crónicas 12:32

formación de la familia y la comunidad. Los hispanos se ayudan mutuamente y se identifican con causas comunes para la defensa del progreso.

2. El hispano es también un pueblo peregrino, que entiende las características de una vida en continuo cambio y movimiento. Para esta comunidad es viable entender aquella expresión preparadora que infiere su papel histórico según la Escritura: «pero recibiréis poder, cuando haya venido sobre vosotros el Espíritu Santo, y me seréis testigos en Jerusalén, en toda Judea, en Samaria, y hasta lo último de la Tierra».[74] En esta orden, el Señor Jesucristo los mandó emigrar para cumplir con el gran cometido. En realidad, no es posible cumplir con ese mandamiento de Cristo Jesús sin emigrar. La orden de «Id y haced discípulos»[75] requiere emigrar; definitivamente sin ese paso no puede haber evangelización.

3. Los hispanos son conscientes de la necesidad de trabajar en la definición de una hermenéutica que sea hispana; que interprete la Escritura y el mundo desde una perspectiva hispana. El uso del método integral los ayudará a entender mejor su realidad y su propósito frente al mundo. Naturalmente, esta es una disciplina nueva y habrá que desarrollarla siguiendo el método de manera adecuada.

4. La comunidad hispana debe proponer elementos de diálogo que conduzcan hacia una interpretación de la Escritura, que ofrezcan repuestas idóneas y adecuadas a los que se involucran en la tarea de interpretar la Palabra de Dios, dentro del contexto de los Estados Unidos. Esta obra tiene como objetivo iniciar ese diálogo.

---

74. Hechos 1:8 (Reina-Valera 1960).
75. Mateo 28:19 (Reina-Valera 1960).

El compromiso de un futuro mejor.
Una perspectiva pastoral de alto impacto misional

David E. Ramírez, catedrático de Teología Práctica

A. Introducción

Los mejores líderes pastorales tienen una capacidad casi extraordinaria para entender el contexto en el que sirven, y para aprovechar las oportunidades que les presenta su época. El éxito a largo plazo de un pastor, hombre o mujer, no se debe solo a la fuerza de su personalidad ni a la amplitud y profundidad de sus destrezas. Sin la capacidad de percibir y adaptarse a las cambiantes condiciones del mundo ministerial, la personalidad y las destrezas son fortalezas temporales. Una comprensión del *Zeitgeist*,[1] o espíritu de la época, y de sus implicaciones ha desempeñado un papel crucial pero inadvertido en algunas de las mayores victorias ministeriales de todos los tiempos. En la historia cristiana contamos con grandes ejemplos de hombres y mujeres que supieron interpretar el *Zeitgeist* y ver grandes

---

1.   «*Zeitgeist* es originalmente una expresión del idioma alemán que significa "el espíritu (*Geist*) del tiempo (*Zeit*)". Muestra el *clima* intelectual y cultural de una era. Es un término que se refiere a los caracteres distintivos de las personas que se extienden en una o más generaciones posteriores que, a pesar de las diferencias de edad y del entorno socioeconómico, una visión global prevalece para ese particular período de la progresión sociocultural. *Zeitgeist* es la experiencia de un clima cultural dominante que define, particularmente en el pensamiento hegeliano, una era en la progresión dialéctica de un persona o el mundo entero. La contribución principal de Hegel a la formulación del concepto de *Volksgeist* ("espíritu del pueblo") es la atribución de un carácter histórico al concepto. El espíritu de una nación es una de las manifestaciones de Espíritu Mundial (*Weltgeist*). Ese espíritu está esencialmente vivo y activo a lo largo de la historia de la humanidad. Ahora, el espíritu de nación es una etapa intermedia en la historia mundial, conocida como la historia mundial del espíritu. (…) / El concepto de *Zeitgeist* se remonta a Armando Peters y otros románticos alemanes, como Cornelius Jagdmann, pero es más conocido en relación con la filosofía de Hegel de la historia. En 1769 Herder escribió una crítica de la obra *Genius* S[a]eculi escrit[a] por el filólogo Christian Adolph Klotz (artículo en *Wikipedia* en alemán) e introdujo al alemán la palabra *Zeitgeist* como una traducción de *genius seculi* (en latín: *genius*, 'espíritu guardián", y *saeculi*, "del siglo"). Los románticos alemanes, habitualmente tentados a reducir el pasado a su esencia, trataron el *Zeitgeist* como un carácter histórico en su propio derecho, en lugar de usarlo como un instrumento meramente conceptual. / *Zeitgeist* ha alcanzado un gran estatus dentro de las palabras alemanas incorporadas a otras lenguas y se ha convertido en una entrada en inglés, español, portugués, holandés e incluso japonés (…)». (http://es.wikipedia. org/wiki/Zeitgeist, consulta realizada el 20 de marzo de 2012).

cambios de transformación en el horizonte: fueron las personas ideales para desarrollar el Reino de Dios durante tiempos más difíciles. Estas personas no solo fueron capaces de realizar una exégesis y una hermenéutica bíblicas, sino que, de manera adicional, supieron interpretar los tiempos y los contextos de misión que eran relevantes y pertinentes en su época. El concepto de «espíritu de la época» puede ser intangible, pero los riesgos de no ser sensible al contexto son concretos. La «inteligencia contextual» resultó ser crucial para el éxito de la misión. Es aquí donde la necesidad de un espíritu apostólico (en el sentido de abrir nuevas brechas de misión, de caminar como Cristo caminó) surge con fuerza en todo el ámbito iberoamericano. Existe una necesidad real en la Iglesia latina e inmigrante de reconocer y facilitar el desarrollo de líderes que posean esa capacidad, dada por Dios, para guiar a un pueblo que no tiene camino ni sendero que recorrer. Eddie Gibbs sostiene que:

> Los pastores de hoy deben ser experimentados en la exégesis tanto de las Escrituras como de la cultura, produciendo la comprensión derivada de esta interacción a la tarea de aplicar bíblicamente los bien fundados conocimientos a los problemas de la post modernidad. Ellos son desafiados no solo a ser capaces de pensar con claridad, sino a tener el coraje y la fe para actuar decididamente al navegar por las tempestuosas y desconocidas aguas.[2]

No perdamos esta valiosa oportunidad, en el contexto de la lectura y estudio de este libro, para revisar una vez más nuestra historia, identidad, sentido de misión y visión de futuro. El pueblo latinoamericano tiene mucho que ofrecer desde sus propios contextos a la Iglesia local, universal, y al Reino de Dios. La rica tradición y experiencia ministerial desde los márgenes puede contener la clave hermenéutica contextual para hacer la tarea de Dios, bajo la dirección del Espíritu Santo y su Palabra, de una manera diferente, pero pertinente al tiempo y momento que vive la sociedad hoy.

Esta Iglesia debe unir fuerzas para levantarse como un gigante y así, en el nombre de Jesucristo, liderar los procesos de cambio, transformación e innovación que la Iglesia hoy necesita para alinearse con los propósitos de Dios en la Tierra.

La iniciativa del Dr. Miguel Álvarez de trabajar el tema del rostro hispano de Jesús llega en un momento de alta definición para la Iglesia latinoamericana en todas partes del mundo. Hoy es el tiempo de materializar la diferencia, de abandonar el «complejo de langosta» (de inferioridad) y hacer frente a los grandes desafíos del momento. Nadie sabe con exactitud cuál es la dimensión de la Iglesia hispana en los Estados Unidos de Améri-

---

2. Eddie Gibbs: *La Iglesia del futuro: Cambios esenciales para lograr un desempeño eficaz*, Buenos Aires: Peniel. 2000; pág. 35.

ca, y menos la situación del inmigrante latinoamericano en Europa y otras partes del mundo, pero son miles las iglesias y comunidades de fe latinoamericanas a lo largo y ancho del globo terráqueo que se encuentran activas en su misión. Su pasión, visión, compromiso, abnegación, sacrificio, determinación, pero sobre todo, su amor por el Señor, las mantienen firmes en sus trincheras. Es difícil determinar el potencial de este segmento del Cuerpo de Cristo. Sin lugar a dudas esta Iglesia ya es un gigante dormido que al levantarse con valor e intencionalidad puede llegar a ser un factor determinante de vida, posibilidades, testimonio y ministerio misionero de la Iglesia evangélica en los Estados Unidos de América, Europa y la diáspora latinoamericana alrededor del mundo.

En la primera sección prestaremos atención a la historia bíblica, usando el caso de la inmigrante y extranjera Rut como un ejemplo claro de misión en movimiento. En la segunda sección atendemos a los desafíos de la Iglesia latina —particularmente de los Estados Unidos de América— en las últimas dos décadas. En esta sección enfatizamos el proceso de encarnación que se requiere para realizar la misión hispanolatina efectiva hoy (programas formativos y de actualización ministerial con alto impacto misional) y prestamos atención al desafío litúrgico contemporáneo que demanda la nueva generación latina emergente y, por último, nos referimos también a la gran necesidad que existe en la comunidad latina evangélica de desarrollar un liderazgo trascendente. Hoy realizamos un llamado a la Iglesia desplazada a vivir el momento histórico único que les ofrece Dios para cumplir con su misión.

B. El inmigrante y extranjero como instrumento de misión

> Y Rut la moabita dijo a Noemí: «Te ruego que me dejes ir al campo, y recogeré espigas en pos de aquel a cuyos ojos hallaré gracia». Y ella le respondió: «Ve, hija mía».[3]

La simple presentación de las protagonistas de esta historia parece indicarnos que no habría un final feliz. Personas que al parecer no tienen futuro por encontrarse en circunstancias que ahogan la vida haciendo difícil la existencia. Una familia que no cuenta con un destino porque su presente es oscuro, no puede ver el horizonte, solo siente y entiende su presente angustioso. Personas que, al parecer, nacieron solo para sufrir y llorar sus tristes historias de nunca acabar, sin vislumbrar señal de esperanza alguna. Una familia que es víctima o sobreviviente de las circunstancias y que no tiene derecho a soñar porque los sueños son para otras personas, para los que tienen un destino, para los que nacieron en cuna de oro, para los que disfrutan el poder, el domino y los privilegios. Pero los que sufren la realidad del hambre, la marginación y la injusticia no alcanzan a percibir otra opción, la opción de migrar y vivir como extranjeros en el exilio. Esta realidad ha pasado a ser la cruda experiencia en un mundo globalizado, donde las fronteras políticas y culturales no han podido evitar ni frenar el movimiento y desplazamiento humano desde y hacia todas las direcciones imaginables.

La última década se ha caracterizado por los grandes desplazamientos y movimientos humanos en todo el mundo. Solo en Ecuador, en junio de 2004, según estadísticas, había 500 000 ecuatorianos en toda España, cuando en 1998 no llegaban tan siquiera a 40 000. Este es el colectivo que más ha crecido en el conjunto de la inmigración, y el 60 % de ellos se encuentra indocumentado.[4]

El libro de Rut denuncia que en esos días había hambre en la tierra del pan, Belén de Judá. Un varón llamado Elimelec y su esposa Noemí, junto a sus dos hijos, estaban experimentando necesidad, hambre y desesperanza en la ciudad de la abundancia, Belén. Seguramente habían hablado mucho entre ellos buscando soluciones a su incapacidad de satisfacer las necesidades básicas y menos la de realizarse como personas. Tal vez buscaron opciones como tantos latinoamericanos que han sufrido la separación de su familia y han tenido que emigrar para buscar el «sueño americano», una alternativa de vida, una manera de romper con la inseguridad permanente, con la incapacidad de resolver los problemas más básicos y elementales de la vida. Elimelec y Noemí, junto a sus dos hijos deciden abandonar la tierra

---

3. Rut 2:2
4. LEÓN LEÓN, Alicia: *Campus digital,* www.um.es/campusdigital/Breves/ecuatorianos.htm, 2008.

del pan para buscar pan en otro lugar. La historia se repite cuando millones de personas deben abandonar sus tierras ricas en recursos naturales para servir a las naciones que explotan las riquezas de sus propios países.

Salieron en busca de otro lugar donde se pudiera volver a soñar, donde construir la vida, donde hallar signos de esperanza y bienestar, señales del Reino de Dios. Al parecer, los campos de Moab fueron su mejor opción; no sabemos por qué: los moabitas habían sido sus enemigos de siempre. Una tierra donde no había valores centrales y los antivalores que los conducían habían sido siempre una afrenta a Jehová. Eran politeístas —adoraban a muchos dioses— y se idolatraba la fertilidad y se practicaba la promiscuidad sexual para alcanzar los beneficios divinos.

De todos los lugares posibles donde emigrar, este era el peor; un pueblo que había surgido de una relación de incesto de Lot con su hija. Es irónico pensar que, frente a la realidad existencial, los lugares menos pensados pueden convertirse en la única esperanza para la vida. Visto de otro modo: Dios siempre usará otras regiones de la Tierra como lugares de refugio temporales o como plataformas de misión estratégica. De todos modos inician un largo camino en busca de un nuevo destino. Al poco tiempo de llegar a la nueva tierra, muere Elimelec esposo de Noemí, que se queda sola con sus dos hijos. Seguramente le embargó la tristeza y el desconsuelo de perder a un ser amado en tierra extranjera. Pasó a ser parte de un grupo cuestionado y muy descuidado, el mundo de las viudas, el de la mujer, mujer desamparada y extranjera. Como madre y viuda tuvo que hacerle frente a la vida en tierra desconocida. Es en esa tierra de Moab donde se casan sus dos hijos con moabitas, mujeres cuestionadas, no por ser ellas, sino por ser moabitas: «todas eran iguales». A los diez años mueren sus dos hijos, dejando viudas a Rut y a Orfa. Ahora son tres las mujeres viudas que deben hacer frente a la vida en circunstancias de un abandono prematuro.

Lo que admiro de Noemí es que a pesar de tantas penas y desconsuelos, de su estado depresivo por un profundo duelo, todavía tiene fuerzas para tomar una decisión. Había escuchado que ahora sí había pan en la ciudad del pan, Belén de Judá, y decide regresar a casa. Salieron de su casa y con sus dos nueras extranjeras inician el largo camino de regreso. Tres mujeres, que habían perdido su sentido de dirección y destino, su protección familiar, su tierra y heredad, ahora recorrían un camino abierto a lo desconocido.

Según el filósofo chileno Humberto Giannini, el camino tiene profundidades desconocidas e inquietantes:

> Y así como para el poeta la palabra es medio de comunicación —pero al mismo tiempo, cosa, problema, resistencia, tentación—, el camino es, por un lado, medio expedito de comunicación espacial, y, por otro,

territorio abierto en el que el transeúnte, yendo por lo suyo, en cualquier momento puede detenerse, distraerse, atrasarse, desviarse, extraviarse, seguir, dejarse seguir, ofrecer, ofrecerse.[5]

Cabe afirmar, a este respecto, que el camino se convierte así en algo como un lenguaje que se dice a sí mismo, en cuanto no lleva necesariamente más allá —a un referente, a un término— sino que, «en uno de sus juegos, puede sumergirnos en su propio significado, abierto hacia adentro».[6] El camino, como espacio público, representa, en verdad, el lugar de todos y de nadie. En tal espacio soy una persona indiferentemente igual a todos los demás. Es en el camino que, de alguna manera, logro desprenderme del peso, de la responsabilidad, del cuidado, de «ese ser disponible para sí» tal como lo somos en nuestra casa.

Esa era la experiencia de camino de Noemí. Al parecer, el estado de ánimo de Noemí, su necesidad de estar sola, no por deseo propio sino por no tener la energía para tratar con ella misma ni con nadie, la hizo detenerse en su camino, que era el de todas, y pedirles a sus dos nueras que regresen a su tierra y con su parentela. Noemí está pasando por una crisis emocional y espiritual y les insiste a sus nueras para que vuelvan cada una a sus respectivas casas, a sus domicilios: «vuélvanse a su pueblo y a sus dioses». Sus nueras lloran y se lamentan, no desean volver atrás, quieren ser parte de algo más grande, quieren estar unidas, en la unión hay más esperanza. Habían encontrado en Noemí un nuevo camino, a una líder a quien seguir, habían encontrado en ella un sentido de propósito y destino. Esa extranjera inmigrante les había mostrado una vida distinta, tal vez un propósito de vida, tal vez un sentido de significado. Pero Noemí insiste tanto que Orfa decide regresar. Algo extraño le pasa a Noemí al querer mandar a su nuera a la tierra del pecado, donde gobiernan otros dioses. Noemí pierde el sentido de misión, de ser luz para las naciones. En vez de pensar en la misión está pensando en su propio dolor, se deja influir por un profundo sentido de pena personal. Experimenta una profunda preocupación y desolación que ciega su visión espiritual y su propósito misional. En esta historia se confunde la identidad del inmigrante. En un momento Noemí y su familia son los inmigrantes, luego la inmigrante es la propia Rut. En cierto sentido, todos somos, en algún momento u otro, inmigrantes, forasteros y extranjeros.

Algo similar le ocurre a algunos sectores de la primera Iglesia en los Estados Unidos, y en otros países del mundo, donde el inmigrante descubre a través de la Iglesia señales del Reino de Dios para su vida, pero es sorprendido después por una iglesia que prefiere pensar en su propio

---

5. GIANNINI, Humberto: La "reflexión" cotidiana. Hacia una arqueología de la experiencia, Chile: Editorial Universitaria, 1987; pág. 31.

6. Ib. pág. 31.

bienestar, seguridad y sentido de autoprotección. Se da cuenta de que la Iglesia, en ocasiones, opta por sacrificar el fruto de su misión. Hasta es capaz de desarrollar toda una teología que justifique la frialdad, la segmentación y la ceguera misional. Lo importante aquí es que nada ni nadie ponga en riesgo la capacidad de sobrevivir, posición radicalmente opuesta al mensaje de Jesús y a la lógica del Reino.

Esta actitud indolente me hace recordar una experiencia vivida hace varios años en la ciudad de Baldwin Park, en el sur de California, donde me encontraba pastoreando un grupo hispano junto a un pastor americano que se responsabilizaba de sus fieles anglos. Dos años antes este pastor me había invitado a iniciar un ministerio en su iglesia con el fin de alcanzar la comunidad hispana que en ese momento representaba el 80 % de la ciudad. Durante el primer año de ministerio enfocado hacia los hispanos de la comunidad, observamos un crecimiento importante en este sector, que alcanzó rápidamente el número de feligreses anglos. Durante el segundo año, la parte hispana seguía creciendo con energía y vitalidad, generando temor y preocupación en la iglesia madre, que estaba concentrada en hacer cuanto se les ocurría para detener el franco declive que experimentaban los anglos en cuanto a asistencia, membresía, moral y finanzas. Ese año la iglesia perdió a su pastor y tuvo la gran oportunidad de considerar a un pastor bilingüe hispano para dirigir los destinos de una iglesia inserta en una comunidad mayoritariamente hispana. Para mi sorpresa, la iglesia en ningún momento consideró la posibilidad de un pastor hispano, más bien contrató a un pastor con un alto prejuicio racial que al final expulsó al grupo hispano de sus instalaciones. Años más tarde, la iglesia quedó prácticamente vacía y procedieron a vender las instalaciones, a pesar de recibir varias ofertas de compra por parte del sector hispano. Esta historia se ha repetido decenas de veces en los Estados donde la influencia hispana se proyecta con fuerza y donde la iglesia anglo ha perdido su sentido misional. Pero retomemos la historia de Noemí.

Noemí le dice a sus nueras que no tiene nada que ofrecerles, que no hay destino con ella. Ya no puede aportar con sueños, no puede dar esperanza a nadie, está muerta por dentro. No puede darles frutos y les dice «¡regresen a casa!». Pero Rut (amiga) al parecer había desarrollado otro nivel de relación con Noemí y le responde:

> No me ruegues que te deje, y me aparte de ti; porque adonde quiera que tú fueres, iré yo, y dondequiera que vivieres, viviré. Tu pueblo será mi pueblo, y tu Dios mi Dios. Donde tú murieres, moriré yo, y allí seré sepultada; así me haga Jehová, y aun me añada, que solo la muerte hará separación entre nosotras dos.[7]

7. Rut 1:16,17.

Rut es una joven mujer que debe afrontar la pérdida de su esposo, aunque es extranjera, y los extranjeros no siempre son bienvenidos en Israel, pero decide viajar con Noemí aún sabiendo que su suegra no podrá garantizarle un futuro mejor.

Me gusta pensar que Noemí representa a una iglesia que ha pasado por todo tipo de vicisitudes y que ha perdido el horizonte que Dios le ha trazado. Cuando la luz del destino se apaga es ahí donde Dios se hace presente, es ahí donde Dios dice aquí estoy, tengo un plan para ti. Por pensar en sí misma, Noemí no alcanzó a darse cuenta que había traído una persona de la tierra del mal para introducirla en la tierra del Señor. Hay veces que buscamos las multitudes, pero Dios busca a una persona, a esa persona que quiere usar para renovar la visión, a esa persona que estaba perdida pero que ahora ha encontrado. Es interesante observar aquí que la solución para la desdichada Noemí es precisamente una extranjera. Es interesante observar los paralelos que ocurren entre la actitud de Noemí y la actitud de la Iglesia actual. Una Iglesia obsesionada por su propia complejidad, su problemática institucional, su desconcierto por las repetidas pérdidas, y que fácilmente remplaza su compromiso misional por un sentido de supervivencia radical.

Rut no tenía mucho para ofrecer a Noemí; Noemí tenía menos todavía para ofrecerle a ella. Pero se tenían la una a la otra, y eso fue lo que marca la diferencia en esta historia. ¿Qué hubiese sido de Noemí si Rut también se hubiese ido, como Orfa, a su tierra de Moab? Quizá habría muerto de tristeza. Pero Rut persistió, y su persistencia cambió la historia; no solo la de Noemí, sino también la suya propia. Cuántos proyectos de la joven Rut habrían animado a Noemí en el largo viaje de Moab hacia Israel; cuántos consejos de la mujer experimentada habrían abierto los ojos a la joven; cuántas de sus charlas habrían ahuyentado a los fantasmas de la depresión y el desánimo por el camino. Me gusta pensar en Rut como el rostro del Jesús hispano. La Iglesia inmigrante es la semilla de la esperanza, la pasión y la visión de la Iglesia joven que, con fidelidad y lealtad, quiere darle a su madre espiritual lo que necesita: una renovación de su pasión, la restauración del amor por su misión y, sobre todo, el trabajo misional que no solo trae frutos para celebrar la vida, sino que tiene la facultad de alinear la Iglesia toda con el propósito divino.

Una vez ya en la ciudad del pan «… Rut la moabita le dijo a Noemí, te ruego que me dejes ir al campo y recogeré espigas en pos de aquel a cuyos ojos hallaré gracia. Y ella le respondió: Ve, hija mía».[8] Rut recupera un sentido de destino, tiene una visión clara del futuro deseado. Le dice a Noemí que está lista para conseguir trabajo como extranjera y espera que el jefe

---

8. Rut 2:2.

sea buen mozo y soltero: necesita casarse. Rut manifiesta una pasión por salir adelante y cumplir con el propósito divino.

Veo a Rut como el rostro hispano de Jesús, la Iglesia joven morena que se inquieta por salir de su postración, que traza planes concretos para alcanzar el futuro deseado, que se dispone a trabajar con una actitud de servicio, que es capaz de abandonar su estado de comodidad para lograr el propósito de Dios. Que no se deja influir por un estado de postración y conformismo generado por una actitud mezquina, mecánica y de pobreza espiritual. Es lamentable observar cómo la Iglesia establecida ha perdido a Orfa, toda una generación que trató de identificase con ella, pero que su fiebre institucional la expulsó del sistema. Hay sectores importantes de personas que en un momento fueron seguidores incondicionales de la Iglesia establecida, pero que, en el camino de la vida, la propia Iglesia las rechazó por no saber priorizar su interés por ella. Era más importante salvar su propia institucionalidad que invertir vida en lo nuevo, en lo distinto, en lo extranjero.

El destino mismo se acerca al presente para arrastrarnos al futuro de Dios. Rut conoce a Booz, y Booz la invita a la mesa para comer del pan y tomar de la copa. Símbolo de redención y liberación, símbolo del poder de la intervención de Dios en los asuntos de las personas. Símbolo de valorización, donde el extranjero pasa a ser parte vital del propósito de Dios y de su misión redentora.

Rut se casa con Booz y tienen un hijo llamado Obed; durante diez años no había podido concebir, pero ahora estaba alineada al propósito de Dios, a los planes del Señor. Y Rut se lo entrega a Noemí. Las mujeres le dicen a Noemí: «alabado sea el Señor, que hizo que no te faltara hoy pariente, cuyo nombre será celebrado en Israel; el cual será el restaurador de tu alma, y sustentará tu vejez; pues tu nuera que te ama, lo ha dado a luz; y ella es de más valor para ti que siete hijos».[9]

Una mujer que había perdido su destino descubre ahora el poder que este tenía: el niño será el padre de Isaí, que fue el padre del rey David, el mejor rey de Israel, y de su descendencia llegaría Jesús, el Rey de reyes: aquellos pañales envolvieron el destino de todos nosotros. Una mujer que había perdido la luz vuelve a apreciar las posibilidades de su destino. Rut provenía de una tierra pagana, de tierra extranjera, y con profundas experiencias de dolor, pero con un gran entusiasmo, conoce al Dios verdadero y encuentra el destino glorioso de ser nada menos que la portadora del linaje del Señor Jesús. Jesús también lleva en su rostro las marcas de una mujer extranjera e inmigrante.

[nota manuscrita: Creo que es un poco existencialista este Sermón]

9. Rut 4:14,15.

Es interesante que en esta historia se describe al extranjero como la clave y pista existencial para el cumplimiento misional de Dios. El profesor Van Engen, del Fuller Theological Seminary, entiende que «en la historia de Rut se combinan la persona, como agente de la misión de Dios, y la inmigración, como medio de la misión de Dios».[10] Es precisamente este rostro extranjero de Dios que cumple un rol fundamental de realinear la Iglesia con su tarea de redención. Es aquí donde la Iglesia inmigrante debe entender su identidad y su propósito. Sin lugar a dudas, la Iglesia desplazada es la Iglesia joven que va a revitalizar el resto del Cuerpo de Cristo en los Estados Unidos de América, Europa y alrededor del mundo. Es la Iglesia inmigrante la que en su momento tendrá más valor para el resto del Cuerpo de Cristo que siete hijos. Son los inmigrantes de los Estados Unidos y Europa los que pagarán las jubilaciones de las mayorías blancas envejecidas. Es ella la que tendrá «más valor que siete hijos».

Preguntas para reflexionar

1. ¿Qué paralelos encuentra entre la narrativa del libro de Rut y el movimiento migratorio hispano o latinoamericano mundial?

2. ¿En qué sentidos puede ver el desplazamiento humano como instrumento de misión en el libro de Rut?

3. ¿Encuentra en la narrativa de Rut un paralelo entre la Iglesia establecida (Noemí) y la Iglesia joven o emergente (Orfa y Rut)? ¿Qué elementos aporta la joven Rut (liderazgo emergente) a la Iglesia institucionalizada?

4. ¿Cuál es la tarea y responsabilidad de la iglesia frente a las generaciones cristianas emergentes?

---

10. MALDONADO, Jorge y Juan F. Martínez Guerra, (editores): *Vivir y servir en el exilio, Buenos Aires: Kairos, 2008; col.* FTL, n.º 29, pág. 28. En este libro el Dr. Carlos Van Engen realiza una excelente contribución bíblicateológica sobre los inmigrantes y extranjeros (en movimiento) en la misión de Dios.

C. Los desafíos de la iglesia inmigrante en el siglo XXI

> Si has corrido con hombres de a pie y te han cansado, ¿cómo competirás con los caballos? Y si en una tierra segura has caído, ¿cómo lo harás en las selvas del Jordán?[11]

Juntos estamos involucrados en una tarea difícil y compleja por sus factores internos y externos, y por diversas variables, como la diversidad cultural, generacional, étnica y nacional, la cuestión migratoria, los recursos económicos, los estilos litúrgicos y la educación, por mencionar algunos. Frente a estos grandes desafíos gozamos de grandes oportunidades que no podemos permitirnos el lujo de ignorar.

Fue Dietrich Bonhoeffer quien observó que «las espadas oxidadas del mundo antiguo no tienen poder para combatir el mal de hoy y de mañana». Este comentario hecho años atrás, hoy parece profético cuando miramos el mundo cambiante al que la Iglesia inmigrante ha sido llamada a ministrar en los Estados Unidos de América, Europa y otros lugares del mundo. Las palabras de Bonhoeffer nos confrontan aun más al observar la incapacidad que algunas de nuestras iglesias tradicionales tienen para alcanzar y retener a los que hoy buscan un camino de fe, en especial a la gran gama de jóvenes latinos o hispanos que siguen representando nuestro mayor desafío. Con urgencia debemos movernos de la *tradición a la misión*.[12]

Gerald A. Arbuckle escribió un libro titulado *Del caos a la misión*.[13] En esta aportación el autor subraya el hecho de que son precisamente estos momentos de caos los que brindan una oportunidad a la iglesia para su renovación y reedificación a partir de su intención original. McBrien menciona que:

> El espacio inevitable entre el Reino prometido y el Reino actual proveen la oportunidad en la cual los miembros de la iglesia pueden con mucho amor desafiar a la iglesia para que sea más fiel a su llamado y a su misión. Pero las palabras claves aquí son *con mucho amor*.[14]

A esta fase del caos también se le llama el estado o el momento de reflexión —fase de una enorme ambigüedad que debe aceptarse con respeto y paciencia—, el momento entre los viejos patrones y las nuevas maneras de ver la realidad. Este es un estado peligroso debido a que podemos esquivar las preguntas fundamentales sobre la identidad y el propósito.

---

11. Jeremías 12:5

12. HUNTER III, George G.: *Leading & Managing a Growing Church*, Nashville (Tennessee): Abingdon Press, 2000; pág. 9.

13. ARBUCKLE, Gerald A.: *From Chaos to Mission: Refounding Religious Life Formation*, Minnesota: The Liturgical Press, 1996.

14. MCBRIEN, R. P.: *Ministry: A Theological Pastoral Handbook*, San Francisco: Harper and Row, 1987; pág. 66.

A partir del caos podemos establecer una nueva integración personal o cultural. La realidad es que nunca veremos todo el fruto de nuestro peregrinaje, mas debemos iniciar y continuar con esperanza.[15]

Tal vez la deformación que con el tiempo el cristianismo le ha provocado al Cristo de los Evangelios nos da una pista del por qué, en algunos sectores, el cristianismo ha venido perdiendo efectividad, al generar una fe que no es capaz de transformar la cosmovisión de los individuos y comunidades que dicen profesarla. En ocasiones nos encontramos con un cristianismo ambiguo, espurio, que no cuenta con la vitalidad necesaria para acometer los grandes y profundos cambios que las personas y sociedades demandan a gritos. Para hacer relevante el cristianismo de hoy hemos sacrificado lo esencial: el Cristo de la historia.

En algunos sectores, la Iglesia de hoy ha perdido su sentido de misión, olvidando las intenciones divinas de la encarnación y de la exaltación. Hemos destruido lo fundamental del mensaje de amor de Dios dividiendo el Cuerpo de Cristo en infinitos pedazos que han puesto en riesgo la identidad y la misión de la Iglesia. Hemos cosificado y reducido a meras funciones algo tan sagrado como la relación que ofrece Dios por medio de su Hijo amado. Hoy nuestro éxito cristiano se valora en relación a la producción y no en cuanto a nuestra relación con Dios y con el prójimo y a nuestra identidad como hijos e hijas de Dios. Vivimos con la actitud de Jonás: ser profeta, sí, pero lejos de la presencia de Dios y lejos del pueblo al que debemos alcanzar.

Una cosa sabemos muy bien: no podemos seguir haciendo más de lo mismo. Si como iglesias no cambiamos algunas de nuestras costumbres, estructuras, nuestro estilo de comunicación y de liderazgo, nuestras formas litúrgicas y prioridades eclesiales, nuestro sentido de misión, visión y valores centrales, nos sumaremos a las filas de miles de iglesias que no encuentran el camino y están destinadas a morir (solo en los EE. UU. se cierran entre 3 500 y 4 000 iglesias evangélicas por año).[16] Hoy es el momento de definición, hoy, no mañana. Se deben tomar las decisiones que determinen nuestra dirección y establezcan nuestro sentido de misión. Para esto es indispensable contar con una identidad propia fundamentada en un claro entendimiento histórico, bíblico, cultural, espiritual y misional.

1. La complejidad del mundo latinoamericano

Se hace difícil sintetizar la realidad latinoamericana en un par de hojas debido a lo complejos y diversos que son estos pueblos. Lorenzo Albacete dice que:

---

15. RAMÍREZ, David E.: *Reformando la Iglesia evangélica en Latinoamérica hacia el siglo XXI.* Artículo no publicado. México 2002.
16. BRIGHT, Randy W.: www.churcharchitect.net/1082003.htm, 2008.

No hay una cultura hispánica homogénea que englobe todas las naciones latinoamericanas. Existen tantas diferencias culturales entre puertorriqueños, dominicanos, mexicanos, salvadoreños y cubanos como las existentes entre los pueblos de la vieja Europa, a pesar de sus esfuerzos por establecer una unidad política. Lo importante, sin embargo, no es la situación en América Latina, sino la que afrontamos en Estados Unidos y Europa. Es en Estados Unidos donde ha surgido la conciencia de formar parte de un mundo Hispano —sentimiento que brilla por su ausencia en América Latina—, mientras los distintos pueblos de habla Hispana tienen los mismos conflictos con la cultura norteamericana. Estos conflictos se producen en un ámbito mucho más profundo que el político o el económico; se deben a una forma distinta de percibir, evaluar y situarse ante la realidad misma.[17]

Permítanme solo subrayar algunos factores de importancia que deben tenerse en cuenta en el desarrollo de un plan de alcance misional, contextual, étnico e integral. Lo hispano o lo latino de los EE. UU. es un fenómeno de importancia creciente, aunque desigual: la comunidad experimenta un enorme crecimiento demográfico y económico, pero es menor en el aspecto social y político.

Comenzando por la demografía, actualmente estamos ante una población de unos cuarenta y tres millones de hispanos en los EE. UU. Si a principios de los setenta representaban el 4 % de la población, en la actualidad con un 13 % son la minoría más numerosa, por encima de los afroamericanos, con un 12,7 %. Después de México, los EE. UU. son el segundo país hispano del mundo, por delante de Colombia y España. Existen estimaciones que hablan de una población de cien millones de hispanos en los EE. UU. para el 2050.[18]

En cuanto a su composición, los mexicanos constituyen la mayoría, el 62 % del total, lo que lleva a algunos a hablar de mexicanización, más que de latinización de los EE. UU. Les siguen los hispanos originarios de Cuba, Puerto Rico, República Dominicana, Centroamérica (en particular El Salvador y Guatemala), y Sudamérica (donde sobresalen Perú, Ecuador, Brasil y Chile).

En el aspecto demográfico, también hay que mencionar la considerable concentración geográfica. El 75 % reside en siete Estados: California, Texas, Florida y Nueva York son los lugares donde se encuentran los núcleos más numerosos de población hispana. En algunas ciudades estadounidenses el 50 % de los niños ya son hispanos. Por razones históricas y de proximidad

17. ALBACETE, Lorenzo: «El futuro de la influencia hispana en EE. UU.», *El Mundo, año* XIII, n.º 4 222, junio de 2001.
18. *Primer Encuentro de la Fundación Consejo España EE. UU.* La comunidad hispana en los EE. UU., febrero de 2007, pág. 1.

geográfica, tiende a producirse la aglomeración de determinadas nacionalidades en áreas concretas: por ejemplo, de los cubanos, en Florida; o de los mexicanos, en California. El área de Nueva York, como en muchos otros aspectos, es diferente a todas las demás, ya que allí conviven todos los grupos. Supone un gran experimento que nos puede permitir anticipar cómo se puede desarrollar en el futuro una comunidad hispana cada vez más numerosa y plural.[19] En el caso de California del sur, el 60 % de los hispanos no habla español, un 20 % es bilingüe y el otro 20 % no habla inglés. Esto significa en términos ministeriales que algunas administraciones eclesiásticas hispanas han estado sirviendo casi en exclusiva a la franja del 20 % que no habla inglés, dejando un gran vacío ministerial en el otro 80 % de la población hispana.

La mayoría de las iglesias pentecostales latinas se mueven más bien entre los grupos que solo hablan español, iglesias emergentes compuestas de inmigrantes de primera generación. Algunas denominaciones como la Iglesia de Dios, de Cleveland, y las Asambleas de Dios han desarrollado ministerios amplios y con una administración bien estructurada, con el fin de servir mejor a esta importante población en todo el ámbito nacional. Poco a poco se observa la proliferación de iglesias hispanas que ofrecen un servicio bilingüe, manteniendo el inglés como idioma principal en sus programas de discipulado para la niñez y adolescencia. Algunas de estas congregaciones ofrecen servicios alternados en inglés y en español, y otras iglesias hispanas de segunda y tercera generación solo ofrecen servicios en inglés con un sabor cultural latino.

Es importante desarrollar estrategias más intencionadas con el fin de alcanzar las comunidades hispanas que usan el inglés como idioma principal. No es correcto pensar que si hablan inglés pueden participar de las iglesias anglosajonas ya que el hispano de segunda, tercera y más generaciones ya no busca tanto el idioma, sino la cultura hispana en su experiencia litúrgica.

De todas maneras, también hay que subrayar que el lenguaje se conserva más que en otras minorías. Otro aspecto que permite ser optimistas es que, a medio y largo plazo puede crearse un círculo virtuoso si se mantienen las oleadas migratorias: la segunda generación puede empezar a hablar más el español. A ello también coadyuva que, por el número creciente de los hispanos, entre los anglos también aumenta el interés por el español. Ahora mismo, es la segunda lengua extranjera con más demanda, por delante del italiano, el francés o el alemán.

19. Ib., pág. 2.

Justo González menciona claramente que

> La historia sirve para mostrar que las raíces de los hispanoamericanos en este país son muy profundas, y que de muchas maneras nuestra historia y nuestra realidad son diferentes de las de los demás grupos de inmigrantes que han venido a formar parte de esta nación. Habiendo mantenido su identidad propia en estas tierras por tanto tiempo, es muy dudoso que los hispanoamericanos terminen asimilándose a la sociedad estadounidense tal como ocurrió con los suecos, irlandeses e italianos. Puesto que en tiempos recientes se ha tomado conciencia del valor de las culturas y tradiciones, y esa tendencia global se manifiesta fuertemente en los Estados Unidos.[20]

Con todo, los hispanos se encuentran en desigualdad respecto a los anglos. Sufren importantes discriminaciones salariales: ocupan los trabajos más mal pagados. Uno de cada cuatro está bajo el umbral de la pobreza (con una renta anual inferior a los 20 000 dólares). Otro dato significativo: el 25 % no tiene una cuenta corriente bancaria, con el obstáculo que ello supone en los EE. UU. para acceder a otras posibilidades. También padecen una menor y peor cobertura sanitaria. Algo similar ocurre en otros países del Occidente.

Uno de las mayores desafíos es, sin duda, la alta tasa de absentismo y fracaso escolar. Como mostró el movimiento English Only en algunos Estados, en el sistema estadounidense de educación pública no existe todavía una apertura a lo hispano.[21] Los niños de origen hispano sufren graves problemas de integración escolar.

Siguiendo con los problemas sociales, uno de cada cinco latinos corre el riesgo de acabar en la cárcel (probabilidad próxima a la de los afroamericanos: cerca de uno de cada cuatro). También se dan fenómenos de segregación residencial. A esto hay que añadir que, en algunos casos, los anglos están abandonando ciudades como Miami o Los Ángeles a medida que aumenta la afluencia de los hispanos.[22]

Todo lo anterior no impide que, sobre todo en la segunda generación, empiece a emerger una nueva clase media: uno de cada cuatro hogares tiene una renta de entre 30 000 y 50 000 dólares. Esta clase media crece rápido, a un ritmo del 72 %. La presencia creciente de lo hispano hace que muchos latinos de segunda, tercera y cuarta generación quieran descubrir las propias raíces. Existe un deseo de volver a los orígenes. En los años sesenta y setenta, los recién llegados tenían que «americanizarse», renunciar a su identidad hispana. Ahora, por el contrario, aumenta el número de

---

20. GONZÁLEZ, Justo L.: *Teología liberadora: enfoque desde la opresión en una tierra extraña*, Buenos Aires: Kairos, 2006; págs. 31 y 32.
21. NOYA, Javier, Beatriz Rodríguez y Antonia María Ruiz Jiménez: «La imagen de España en Estados Unidos», *Documento de Trabajo n.º 44/2008. Real Instituto Elcano*.
22. Ib., pág. 2.

hispanos de segunda generación que cuando llegan a cierta edad se identifican como hispanos y desean ejercer su hispanidad con mucho orgullo y dignidad. Las olas masivas de inmigrantes hacen que se dé la masa crítica que invita a los hispanos ya integrados a identificarse como tales. Los medios de comunicación de masas también abren posibilidades inéditas de cristalización de una nueva identidad. Podemos decir que la cantidad se transmuta en calidad.[23] Surge así con fuerza el fenómeno de lo hispano.

En definitiva, tenemos incentivos tanto expresivos como materiales para hablar español y sentirnos hispanos. Esto no significa que en algunos sectores ocurra exactamente lo contrario. Aprender inglés también es una responsabilidad cultural y misionera de todos y todas.

Lo característico del momento actual es la coincidencia en el tiempo de una fuerte ola migratoria global. El desplazamiento humano global genera hoy un momento muy especial en el concierto de las naciones receptoras y de las naciones que sufren la separación de sus familias en busca de un mejor bienestar. Hoy se habla de más de cincuenta millones de personas[24] en el mundo que se han movilizado de un lugar a otro, sin contar con las que han planificado su traslado formalmente. Hoy existen más de cinco millones de desplazados solo de Colombia y Sudán.[25] Estados Unidos es un país receptor más. La gran pregunta es ¿qué significa esto en el concierto misional de Dios?

2. Los desafíos de un ministerio encarnado

Vivimos en un momento caracterizado tanto por el resurgimiento de las espiritualidades como por la imposición de una cultura gerencial en todos los ámbitos de la vida. Por un lado hay sed de Dios y de dioses, por otro lado, hay hambre de capacidad, eficiencia y de productividad. Según Harold Segura, los dos factores explican, en parte, el caos en el que nos encontramos. Las espiritualidades han resultado poco genuinas, y la cultura gerencial, determinante.

En el ámbito de la fe cristiana, tanto católica como evangélica, se siente el influjo de estas tendencias. Nuestras comunidades de fe se ven forzadas a ofrecer fórmulas novedosas de espiritualidad (que «compitan» sin sentimientos de inferioridad con las demás «propuestas del mercado religioso») y a aprender los mecanismos para hacer eficiente la Iglesia y exitoso el liderazgo. Esta asimilación indiscriminada nos aleja cada vez más de nuestras raíces bíblicas y nos distancia del modelo que debemos imitar: Je-

---

23. Ib., pág. 3.
24. MALDONADO, op. cit., pág. 17.
25. ACNUR (Alto Comisionado de las Naciones Unidas para los Refugiados), 2008.

sús. ¡Cuán lejos ha estado Jesús de muchas de las nuevas espiritualidades evangélicas y de los actuales patrones de liderazgo![26]

También nos encontramos frente a una iglesia latinoamericana que, en algunos casos, ha quedado frenada en la historia sin reaccionar o accionar, en relación a lo litúrgico y misional, a los grandes cambios que ha venido experimentando la sociedad estadounidense y, en especial, los grupos de inmigrantes que vienen de países que ya no son los mismos que antes, que también han cambiado. Es interesante notar que los nuevos inmigrantes evangélicos pronto descubren un retraso en los procesos de desarrollo y discipulado cristiano de las iglesias en relación a las experiencias vividas en sus países de origen. Seguramente esto se debe en parte a la falta de oportunidades de formación general y ministerial de la pastoral latinoamericana en los Estados Unidos y Europa, en especial de aquellos que pertenecen a denominaciones que no han abierto sus ojos al gran potencial de las congregaciones inmigrantes independientes y que no cuentan con los recursos y oportunidades necesarias.

Con excepción de algunos «coritos», un importante número de iglesias de inmigrantes siguen funcionando al estilo de las décadas de los sesenta y setenta, que no han evolucionado al ritmo de los grandes cambios culturales y sociales que se han experimentado. Me pregunto ¿por qué ha sido tan difícil cambiar?, ¿por qué ha sido más fácil seguir el patrón tradicional sin reconocer que los tiempos han cambiado, dejando obsoletos nuestros modelos de comunicación y conexión con el mundo al que deseamos alcanzar? Con esto no estoy insinuando que lo contemporáneo sea más efectivo y eficiente que lo tradicional o conservador, sino que en algún momento perdimos nuestro sentido de pasión y visión por aquellos que aún no hemos alcanzado, justificándonos unos a otros al pensar que somos el «remanente santo», desconectándonos de un mundo que se encuentra literalmente en llamas. No puedo desconocer que hay señales claras de esperanza en un buen número de iglesias de inmigrantes de vanguardia que están liderando un proceso de cambio y de transformación en varios países occidentales.

En primer lugar, un ministerio latinoamericano actualizado y contextual debe ser *encarnacional*. Esto quiere decir que la iglesia debe asumir formas y métodos que sean relevantes y pertinentes para la sociedad y las formas culturales contemporáneas. La Iglesia debe desafiar de manera crítica estas expresiones socioculturales, pero al mismo tiempo debe usarlas para tocar las vidas de las personas en todas sus áreas de una forma creativa.

---

26. HAROLD SEGURA, C.: *Más allá de la utopía. Liderazgo de servicio y espiritualidad cristiana*, Buenos Aires: Kairos, 2006; pág. 14.

En segundo lugar, la Iglesia debe contar con un ministerio apostólico *empoderador*. Esto significa que la Iglesia debe cumplir con un ministerio que esté directamente relacionado con desafiar a los poderes de este siglo que mantienen a las personas en cautiverio (1 Tesalonicenses 1: 4-5).

En tercer lugar, la Iglesia inmigrante debe cumplir con un ministerio apostólico de transformación. Esto significa que la Iglesia debe penetrar en las estructuras sociales y políticas que tienden a deshumanizar a las personas y debe buscar renovarlas, y, al mismo tiempo, crear condiciones *humanizantes* y liberadoras para aquellos que están lastimados y quebrantados.[27] René Padilla expresa muy bien esta recuperación de la integridad de la misión:

> La misión apostólica se deriva de Jesucristo. Él es el contenido a la vez que el modelo y la meta de la proclamación del Evangelio. Por eso la tarea apostólica envuelve una preocupación por la total restauración del hombre según la imagen de Dios. Desde la perspectiva del Nuevo Testamento la salvación (*soteria*) que el Evangelio trae es liberación de todo cuanto interfiere con el cumplimiento del propósito de Dios para el hombre.[28]

No todo lo nuevo o novedoso es apostólico, pero no hay ministerio apostólico donde no exista un espíritu y una voluntad de cambio mientras la Iglesia hispana navega en el mundo moderno.

La Iglesia de la diáspora es y debe operar como una comunidad carismática. El Espíritu del Cristo viviente que está dentro de la comunidad lleva consigo de una manera multiforme y universal todos los dones necesarios para su vida y misión. La Iglesia es una comunidad carismática con relación a su misión y a sus ministerios, a su vida y vocación.[29] Solo cuando la comunidad de fe responde de un modo fiel a su naturaleza y origen, tiene el poder para transformar la vida, dándole dirección y energía, pasando su experiencia de una generación a otra.[30]

Angelit Guzmán insiste en que hay una necesidad de ruptura profunda de esquemas: primero en el ámbito íntimo y luego a escala institucional. Los cambios exigen cabida en instituciones renovadas: el vino nuevo, y aun el viejo, tienen que estar en odres nuevos que permitan responder a la situación cambiante que se vive. La institución que no se abre al cambio, dando

---

27. Ib., pág. 155.
28. PADILLA, C. René: *Misión integral: ensayos sobre el Reino y la Iglesia*, Grand Rapids (Michigan): Nueva Creación, 1986; págs. 72-73.
29. DRIVER, John: *Images of the Church in Mission*. Ontario: Herald Press, 1997; pág. 194.
30. SHAULL, Richard y Waldo Cesar: *Pentecostalism and the Future of the Christian Churches*, Grand Rapids (Michigan): Eerdmans, 2000; pág. 205.

lugar a la renovación y conservando su tradición esencial, muere.[31] ¿Hasta qué punto tenemos espacios para que se viva la libertad en Jesucristo? O, más bien, ¿tenemos espacios de esclavización y adormecimiento de las conciencias en nombre de nuestro celo *denominacional* o etnicocultural?

Como en todas las épocas, la Iglesia puede mantenerse relevante para el mundo solo cuando Cristo está presente en ella. El entendimiento del término 'sacramento' tiene que ver con la afirmación de que la presencia de Dios se hace manifiesta. La Iglesia desplazada puede pararse como un sacramento en medio de la sociedad estadounidense y europea (con todas sus expresiones multiétnicas y culturales) solo si encarna a Cristo y ejemplifica su Reino. Solo cuando el Reino se hace visible en la Iglesia, la Iglesia se hace visible y relevante en la sociedad.[32]

En su clásica obra *Misión integral*, René Padilla desarrolla una extensa y profunda reflexión sobre la necesidad de *contextualización* del Evangelio. Deja claro que el Evangelio es la buena noticia de que «Dios se ha puesto al alcance del hombre».[33] Padilla subraya que:

De manera definitiva la encarnación muestra que la intención de Dios es revelarse desde dentro de la situación humana. Solo conocemos el Evangelio como un mensaje contextualizado en la cultura, en virtud de su propia naturaleza.[34]

La comprensión del Evangelio está condicionada por la cultura del que interpreta. Dice Padilla que «este no viene en un vacío, sino en una situación histórica concreta, en una cultura de la cual deriva no solo su idioma, sino también sus patrones de pensamiento y conducta, sus métodos de aprendizaje, sus reacciones emocionales, sus valores, intereses y metas».[35]

Porque no hay elección posible: en el vacío no existe la fe. Si no se puede hablar de la persona en concreto sin concebirlo como cultura, no es más que una fe *acultural* o, en palabras de Jesús M. Alemany, una fe «*inculturada*». Se trata, en el fondo, de la ley de la encarnación. Cuando la Palabra de Dios se introduce en la historia con Jesús de Nazaret, lo hace con todas sus consecuencias. Según Jesús M. Alemany:

Se da la paradoja más sorprendente. Lo más universal, la Buena noticia de salvación ofrecida a todos, a través de lo más particular, el hombre Jesús y sus circunstancias de pueblo, familia, mentalidad, lengua, educación, vecinos. En la persona, en las palabras y en las obras de Jesús,

---

31. GUZMÁN, Angelit: ¿Vino *nuevo en odres viejos? Sustento bíblico*, Quito: CLADE IV, 2000; pág. 32.
32. Ib., pág. 9.
33. PADILLA, op. cit., *pág. 80.*
34. Ib., pág. 80.
35. PADILLA, op. cit., pág. 84.

ofrecimiento definitivo del Padre, encontraremos las huellas de la cultura en sus coordenadas de lugar y tiempo. ¿Y cómo, si no, podría haberse introducido en la historia la Buena Noticia?

También la fe en Jesús y su Buena Nueva es recibida en comunidades, con sus rasgos culturales propios, dando origen a los Evangelios. Y en las cartas de Pablo es claro que el rotundo testimonio apostólico utiliza como vehículo un modelo cultural determinado. Toda la historia de la Iglesia es una muestra de cómo el mensaje de Jesús ha necesitado mediaciones culturales para ser profundizado y transmitido, y la misma comunidad de creyentes se ha institucionalizado socialmente a través de modelos que tienen un origen cultural.

Si no son posibles ni la fe ni la Iglesia sino inculturadas, rechazar la inculturación de la fe y de la iglesia no es sino un engaño. Es vivirla inconscientemente. Con un enorme peligro: el de confundir la fe con sus mediaciones culturales y otorgar el valor de absoluto a estas, que, aun necesarias y valiosas, por ser obra cultural del hombre en crecimiento, tienen un carácter limitado, efímero y provisional. Este es uno de los orígenes de los fundamentalismos religiosos. La absolutización [o autoritarismos] de las mediaciones culturales que, por necesidad antropológica, encarnan la religión es muchas veces la paradójica consecuencia del supuesto rechazo de la inculturación de la fe, de la ruptura del diálogo fe-cultura.[36]

Muchas veces, pues, entorpecen la comunicación del Evangelio. Un claro ejemplo de esto lo observamos en aquellas iglesias latinoamericanas que por ser fieles a su tradición generacional, cultural, y o *denominacional*, no logran impactar con el Evangelio en la cosmovisión de las generaciones emergentes, como tampoco logran incidir en las necesidades más profundas de las personas en la sociedad donde se encuentran.

El Evangelio habla inseparablemente de «otro Dios» y de «otra Humanidad». Es un Dios diferente de aquel que era concebido como rival del hombre. Creer en Dios da nuevos horizontes al quehacer humano. Es una efervescencia de trascendencia que se traduce en quilates de esperanza y utopía. Dios y las personas coinciden en el deseo de «otra humanidad». El Evangelio no puede sustituir a la cultura ni puede ignorarla. Pero necesita de la cultura como mediación para ese trabajo de humanización a que Dios nos convoca. Y la cultura recibe, en el regalo, una confirmación de su tarea. Ambos, fe y cultura, miran incansablemente a un futuro que sea a la vez digno de Dios y digno del hombre. De ahí la sorpresa de K. Rahner al decir «es curioso que nosotros los cristianos, a quienes incumbe el riesgo radical de la esperanza en lo indisponible del futuro absoluto, hayamos incurrido en la sospecha de haber hecho de la voluntad de conservación la virtud fundamental de la vida».[37]

36. ALEMANY, Jesús María: *Fe y cultura. Un diálogo difícil, pero indispensable.* Centro Pignatelli, Zaragoza. <http://www.mercaba.org>. Sal Terrae/89/09.
37. Ib.

Muchas de nuestras iglesias se han convertido en verdaderos reservorios de tradición y convicciones personales olvidando por completo la razón que les dio origen y misión.

En resumen, la fe encuentra en la cultura la pluralidad de mediaciones necesarias para encarnarse hoy. Las mediaciones culturales precisan permanentemente ser regeneradas y reorientadas al servicio del hombre, y a esta conversión —al hermano [y hermana]— apela el Evangelio del Padre. La renuncia a encarnarse en una cultura implicaría la inviabilidad histórica de la fe. El rechazo de la dimensión religiosa por parte de la cultura empobrecería notablemente el horizonte de esta. El diálogo fecultura puede ser difícil, pero, en cualquier caso, es indispensable [para la misión de la iglesia].[38]

Como bien afirma Alemany:

La primera actitud del creyente no puede ser la defensiva, ni menos la agresiva. Debe aceptar voluntariamente lo que es un dato físico: ser de su tiempo y de su mundo. Hay que abrirse a ese tiempo y a ese mundo y recibirlo como algo fundamentalmente positivo. Descubrir los valores como signos de los tiempos. Sumarse al esfuerzo de las personas que tienen hoy caracteres muy concretos. Impregnarse de la sensibilidad cultural actual. Pasar mucho tiempo escuchando, preguntando, asimilando, conviviendo. Dejarse poseer de una inmensa ternura hacia todos los que compartimos la aventura humana precisamente hoy. El cristiano se va haciendo compartiendo el quehacer cultural con que hoy se configura la sociedad humana.[39]

Solo a partir de la encarnación la muerte de Jesús fue salvadora. Pero, precisamente por compartir con amor la vida de las personas en todas sus relaciones, llega el momento de la cruz. Es signo de caos, conflicto, desorden e incompatibilidad. Desde dentro de la cultura misma, el creyente entra en profundo conflicto necesariamente con lo que se ha establecido como orden y es desorden; con lo que el sistema quiere manifestar como liberación y es explotación; con lo que es producto no de lo mejor de la persona, sino de su abundante ego y profundo pecado. Pero este conflicto o contraste es legítimo con unas condiciones: que proceda de un discernimiento evangélico y no del automatismo o del miedo. Que se realice con amor, sufriendo más que haciendo sufrir, sirviendo más que siendo servido, al estilo del Maestro Jesucristo.

Pero ni la cruz ni la protesta abierta contracultural tienen la última palabra. En Jesús resucitado la nueva humanidad ha comenzado ya [pero

38. Ib.
39. Ib.

todavía no], como primicias de una enorme cosecha [de personas]. Lo que es presente para el resucitado es utopía futura para el resto de los hermanos [y hermanas]. No una utopía alienadora del presente, sino enormemente creativa.[40] No puede ser la última palabra o acción del cristiano el quehacer cultural, la crítica, por fundada que esté, sino la esperanza. Pero en la cultura [en particular la hispana] no vale la esperanza teórica, sino la esperanza creativa, la que hace surgir signos o pistas pequeñas de lo que se espera. Desde este punto de vista, el cristiano es *transcultural*, porque el futuro que aguarda no está vinculado al completo éxito o victoria de ninguna de las culturas [ni necesariamente vinculado a la historia personal de ningún individuo, sino que] de su esperanza [y vergüenza] saca fuerzas para alentarlas creativamente a todas. Ninguna cultura llegará a la Justicia, a la Verdad, al Amor [ni siquiera la hispana (tenemos la tendencia de sacralizar la cultura propia)]. Pero la certeza y convicción del futuro en el cristiano le hará capaz de aportar siempre nuevos signos de justicia, nuevos signos de verdad, nuevos signos de fraternidad.[41]

Una fe que es capaz, aunque sea de manera imperfecta, de atreverse a trazar con el barro de esta historia los rasgos de la vida futura. Desde la eternidad, Dios nos sorprende en la historia, en nuestro presente histórico para llevarnos a su futuro deseado.

3. Los desafíos de una formación ministerial teológica de alto impacto

Los vientos del Espíritu Santo dirigen la Iglesia peregrina a nivel mundial en cuanto a su misión y visión. Todas las iglesias, denominaciones e instituciones cristianas del mundo están experimentando drásticos cambios en sus modalidades operativas de edificación de iglesias, curso de acción misionera, formación de liderazgo, modelos administrativos o acción social, entre otros. Esto también está afectando las actividades desarrolladas por las instituciones de formación teológica, como son los seminarios, institutos bíblicos y programas de formación ministerial tanto nacionales o regionales como locales. Estos últimos buscan recuperar su legitimidad histórica e de forma intencionada se centran cada vez más en áreas que afectan directamente al quehacer de las iglesias en sus respectivas comunidades. Aquellos centros de estudio que no se sensibilizan con la misión de Dios en el mundo pierden relevancia y pertinencia y anticipan serios problemas de permanencia y razón de ser.

El eslogan «La educación teológica está en el centro del Cristianismo: así como va el seminario irá la iglesia» debe ser tomado seriamente. Son

---

40. Ib.
41. Ib. El texto introducido en los corchetes pertenece al autor de esta sección, David Ramírez. (Nota del editor).

los seminarios e instituciones de formación ministerial los que determinan la dirección de la Iglesia en el futuro. Los profesores de seminarios, los libros de estudio, programas y currículos, las cátedras bíblicas y teológicas son el fundamento sobre el cual el liderazgo de nuestras iglesias y organizaciones cristianas se construyen. Pastores, misioneros, evangelistas ponen en práctica lo que han aprendido, trasmitiendo sus experiencias a los miembros de las iglesias. Todo lo que son y hacen refleja, en parte, lo aprendido en sus respectivas escuelas y programas locales de discipulado y formación teológica. La dirección en la que se mueve el seminario, cualquier fracaso en comunicar elementos básicos y esenciales de la fe y del ministerio, o cualquier omisión en el aspecto formativo del ministro y sus funciones ministeriales se reflejarán en el desarrollo ministerial de los participantes. Es por esto por lo que se hace indispensable un estudio exhaustivo de los énfasis en nuestras casas de estudio para determinar si los estudiantes están participando de un desarrollo ministerial adecuado que garantice el cumplimiento del mandato de Cristo. Aquí nos enfrentamos a una triste realidad al reconocer que la educación teológica formal para los inmigrantes no ha sido una prioridad para las instituciones teológicas. Las cabeceras denominacionales han padecido de miopía aguda al no visualizar la importancia misional y estratégica de invertir en la educación teológica formal de la población inmigrante. Esto no quiere decir que no se haya invertido en educación; más bien, en la mayoría de los casos no ha sido una inversión significativa que logre asegurar el fruto de la gestión.

En 1983, Edward Farley, en su obra, *Theologia: The fragmentation and Unity of Theological Education,* analizó asuntos de la reforma en la educación teológica. El autor indica que en los siglos XVIII y XIX se produjo abundante literatura enciclopédica sobre educación teológica. Durante este período se realizaron reflexiones serias sobre la naturaleza de la teología. Sin embargo, la gran ausente de estos escritos fue la conciencia del gran cambio de la teología que, desde la era del oscurantismo de la Edad Media y el entendimiento de la Reforma, se produce como un *habitus*, «un acto del conocimiento práctico que tenía como primera característica la sabiduría de la teología usada como un término genérico para el conjunto de disciplinas».[42]

Los eruditos contemporáneos del Nuevo Testamento están afirmando lo que el teólogo sistemático Martin Kähler dijo más de ocho décadas atrás: «La Misión es la madre de todas las teologías». Kähler insiste en que la teología se inicia como «una manifestación de acompañamiento de la misión cristiana y no como un lujo del mundo eclesiástico dominante».[43] Los

---

42. FARLEY, E.: *Theology: The Fragmentation and Unity of Theological Education.* Filadelfia (Pensilvania): Fortress Press, 1983.

43. DUANE, Elmer y Lois McKinney, editores: *With an Eye on the Future,* California: MARC, 1996; pág. 95.

escritores del Nuevo Testamento no eran grandes eruditos que contaban con la bendición de investigar las evidencias antes de ponerlas en papel; más bien escribieron en el contexto de una «situación emergente» de las iglesias a las que servían; debido a los encuentros misioneros con el mundo se vieron forzados a teologizar.[44]

Farley sugirió que el centro o la coherencia de la educación teológica es la teología, nosotros sugerimos que el centro de la educación teológica es la *misiología*. Es en el entendimiento de la *missio Dei* donde encontramos coherencia en todas las disciplinas teológicas y el propósito principal de la educación teológica. La *missio Dei* no se aplica solo a la tarea misionera realizada más allá de las fronteras culturales o en las labores pastorales, educativas y diaconales dentro del contexto de la Iglesia, también ocurre cuando un erudito escribe un comentario bíblico. Debemos entender la misión en toda su dimensión.

Al parecer los años, además de brindarnos grandes logros y satisfacciones, nos han venido causando el mismo daño que han experimentado otros movimientos espirituales en la historia de la Iglesia, que, con el paso del tiempo, fueron perdiendo su visión, su sentido de misión y la pasión por los no alcanzados. Cambiaron su estado de movimiento por el de una institución; su identidad de peregrinos, por la de propietarios de infraestructuras; sus inocentes estrategias misioneras, por complicados y costosos esquemas burocráticos; y sus llamamientos apostólicos, por perfiles de liderazgo autoritarios y *verticalistas*, olvidando que las instituciones y denominaciones eclesiásticas son agencias humanas convocadas por Dios para facilitar el ministerio de Jesucristo y producir los frutos de su Reino.

¿Qué hemos hecho como organizaciones eclesiásticas e institutos bíblicos frente a los grandes cambios de nuestra sociedad y al desafío tan grande que tenemos frente a la población inmigrante? ¡Muy poco! ¿Qué hace la Iglesia para preparar teológicamente a su liderazgo hispano? ¡Muy poco! En la búsqueda de soluciones concretas, debemos tener en cuenta estas dos consideraciones:

Los cambios de paradigmas en el mundo deben llevarnos a actualizar los paradigmas de la formación teológica ministerial

Cualquier persona que ataca un paradigma dominante muy temprano puede esperar que lo vean con cierta sospecha parte de los intelectuales y religiosos que operan desde lo establecido. Pero los paradigmas —incluyendo los paradigmas religiosos— no son permanentes.

---

44. Bosch D.: *Transforming Mission: Paradigm Shifts in Theology of Mission*. Maryknoll (Nueva York): Orbis Book. 1991: pág. 16.

Cuando los paradigmas antiguos se derrumban y los nuevos todavía no se han impuesto, es precisamente cuando experimentamos lluvias de ideas creativas.[45] Este es un momento muy importante para que denominaciones e institutos bíblicos generen, dirigidos por el Espíritu Santo, alternativas que surjan de la reflexión bíblica y del contexto multiétnico actual. Aquí es donde se puede generar un espacio intencional para que el Espíritu hable a la Iglesia imperante y a la Iglesia latina con relación a su tarea educativa. Las instituciones teológicas anglos en los Estados Unidos y en Europa deben ser sensibles a las necesidades que la sociedad inmigrantes y las iglesias locales hispanas plantean, y deben estar listas para servir a las iglesias como recurso, a fin de aportar con la formación apropiada para las tareas que la Iglesia hispana requiera hacer en sus respectivas comunidades y desde sus comunidades al mundo entero.

El problema consiste en que aunque las experiencias de caos constituyen la manera de estimularnos para el cambio, preferimos mucho más la seguridad del orden y lo predecible que las oportunidades de cambio. La cultura eclesiástica actual constituye el mejor mecanismo de defensa ante la ansiedad del caos. Nos hemos dado el lujo de institucionalizarlo todo, menos el cambio. Recordemos la reacción de los israelitas cuando se enfrentaron con el caos del desierto. Dejaron Egipto con entusiasmo inspirados por el gran líder Moisés, pero más tarde se sintieron superados por los inconvenientes del desierto. Culparon a Moisés y quisieron regresar a Egipto. Era mejor el orden de la opresión conocida al caos de la incertidumbre. Ellos dijeron: «Preferimos trabajar para los egipcios que morir en el desierto».[46] Hoy decimos: «Preferimos apostar a más de lo mismo, aunque no funcione ni cumpla con la misión de Dios, que invertir en un pueblo pobre que no estará en condiciones de financiar su educación».

Los cambios de paradigmas hacen que la vida se perciba de otra manera; se piensa distinto, se procesa y ordena la información en segundos, pero muchos seminarios e institutos teológicos, al parecer, siguen sus viejos patrones, sin dar lugar a lo nuevo, insistiendo en ser una casa de estudio para un mundo que ya no existe. Es hora de que las iglesias de inmigrantes, con intencionalidad estratégica y *misionológica*, respondan a la gran demanda y necesidad que existe de crear centros de formación teológica de alta calidad y credibilidad. Es lamentable observar que la educación teológica latina no es todavía una prioridad para el sistema de educación formal en la mayoría de las denominaciones e instituciones independientes. Si bien es cierto que algunos seminarios de vanguardia —como, por ejemplo, el

---

45. TOFFLER, Alvin y Heidi: *Repensando el futuro*, Londres: Nicholas Brealey Publishing, 1997; pág. 7.
46. Éxodo 14:11-12.

Seminario Fuller de Pasadena (California)—, han implementado durante años un programa para el mundo hispano, los resultados son mínimos con relación a la gran necesidad de este sector. Por otro lado, los pocos programas de formación teológica en español acreditados por las asociaciones de acreditación correspondientes no pueden ajustarse a la realidad económica de la mayoría de los candidatos para la pastoral latinoamericana. Llegó la hora de ser creativos e intencionales. Se deben buscar maneras de cómo utilizar y vincular el sistema de formación teológica de América Latina con los programas de formación teológica ministerial en los Estados Unidos de América y Europa. El desafío mayor lo tienen las iglesias pentecostales, neopentecostales, carismáticas e iglesias evangélicas hispanas que observan con preocupación su crecimiento numérico y no disponen de un sistema de formación teológica que solidifique su desarrollo y garantice su efecto transformador.

La ventaja que tenemos en el sector hispano es que podemos aprender de los errores que las instituciones hermanas han cometido en sus procesos de formación ministerial y discipulado cristiano.

Una investigación realizada con ochocientos laicos, pastores y profesores de seminario muestra una sorprendente divergencia a la hora de establecer las cualidades de un pastor ideal.[47]

Rango	Laicos	Pastores	Profesores
Primero	Espiritualidad	Relaciones interpersonales	Conocimiento teológico
Segundo	Relaciones interpersonales	Habilidades administrativas	Carácter
Tercero	Carácter	Habilidades en comunicación	Habilidades de liderazgo
Cuarto	Habilidades en comunicación	Espiritualidad	Habilidades en la comunicación
Quinto	Conocimiento teológico	Conocimiento teológico	Habilidades en consejería

47. MORGAN, Timothy C. y Thomas S. Giles: «Re-Engineering the Seminary: Crisis of Credibility Forces Change», *Christianity Today*, n.º 38, 24 de octubre de 1994; pág. 75.

La diferencia más sorprendente fue la expectativa del laico con relación a la del profesor de seminario. Los laicos señalan la espiritualidad como elemento principal en la formación del pastor y los profesores señalan el conocimiento teológico. Para los laicos la espiritualidad es lo más importante, los profesores de seminario ni siquiera mencionan la espiritualidad como factor indispensable para el ministerio.

Al mismo tiempo, los profesores de seminario señalan el conocimiento teológico en primer lugar, mientras que los laicos y los pastores lo ubican al final.

Si los seminarios y programas de formación teológica ministerial existen para servir a Dios, a la Iglesia y a la comunidad, ¿a qué tipo de Iglesia pensamos que deberíamos servir? ¿Cuál es la Iglesia a la que estamos sirviendo? ¿Será que nuestros programas responden a fortalecer y dar continuidad a un modelo de Iglesia que no logra satisfacer las demandas del Reino? ¿Será que adecuamos nuestro *pensum* de estudio con relación al momento que vive nuestra sociedad hispana? Y, más que esto, ¿responderán nuestros seminarios y programas de formación ministerial futuros a un eje *misionológico* como el centro más importante de todo el quehacer institucional, o se distraerá en varias direcciones descuidando la *missio Dei*? ¿Responderán los programas futuros más al pasado con el fin de seguir siendo y haciendo más de lo mismo, sin un sentido crítico, o generarán propuestas creativas de alto impacto misional? Esto está por verse.

Es hora de que nuestros institutos bíblicos locales y de distrito, y programas varios, reflexionen a partir de un serio compromiso bíblico-teológico y contextual con el fin de producir una generación que, bajo la guía del Espíritu Santo, sea capaz de provocar cambio y transformación en el modelo actual de la Iglesia, una Iglesia que manifiesta un serio retraso en la agenda misional de Dios. Es hora ya de sentarnos a evaluar la condición de los odres. Esto de confundir los odres con el vino sin valorar la preminencia de lo dinámico del Evangelio y lo temporal y vulnerable de las estructuras humanas perjudica gravemente nuestra tarea cristiana.

Evidentemente, el nuevo siglo requerirá un retorno a los patrones bíblicos de misión. Nuevos escenarios han surgido con los cambios culturales, políticos y económicos, como también ha crecido el cristianismo en el hemisferio sur y entre la hispanidad de Norteamérica y Europa.

No puede haber reforma curricular sin un centro diferente. La educación teológica, como indicó Farley, ha estado dominada por el concepto teológico enciclopédico. Schleiermacher fue el primero en desarrollar las categorías que han llegado a ser la ortodoxia en el diseño curricular y en el desarrollo de la educación teológica. Él causó la reforma curricular porque ofreció un nuevo centro. Con su afán de responder al momento histórico que le tocó vivir, puso a la humanidad y su experiencia con Dios en el centro de la teología. Una crítica tradicional a Schleiermacher ha sido creer que desarrolló más bien una antropología en vez de una teología.[48]

De acuerdo con Rowen, existen dos obligaciones primarias para la reforma de la educación teológica:

> Cada división o departamento de la institución teológica debe comenzar por discernir las implicaciones *misionológicas* de cada una de las disciplinas de estudio. Todas las materias deben pasar la prueba *misionológica*.[49]

El asunto de la formación espiritual y ministerial se debe contemplar desde su perspectiva misionológica. La espiritualidad no es simplemente una cuestión del ser interior como está articulado en varios escritos sobre el tema. También debe ser contemplada en su expresión externa. No hay lugar para la dicotomía entre el corazón y la mente, o entre la mente y el servicio. Necesitamos desarrollar lo que Bosch llama «una espiritualidad del camino».[50]

Los modelos misioneros tradicionales heredados de la mentalidad de la cristiandad y la era colonial ahora están obsoletos. Es tiempo de un cambio de paradigma que nos regrese a la Palabra de Dios.[51] Las nuevas perspectivas requerirán un firme compromiso con los imperativos de nuestra misión, que forman parte de la misma estructura de nuestra fe, y un serio trabajo de erudición e interpretación bíblica. El profesor Samuel Escobar insiste en que debemos aplicar una «hermenéutica de caridad», en vez de una «hermenéutica de la sospecha»,[52] como el teólogo Richard Mouw de manera elocuente nos recuerda: «El futuro demanda un caminar juntos de mutuo entendimiento y aprendizaje para la misión».[53]

La *misiología* no puede ser periférica en los currículos teológicos, aunque en algunos contextos sea periférica para la Iglesia. La misión no debe relegarse solo a la predicación del Evangelio en los pueblos paganos donde la Iglesia no ha existido. Es esta la definición que ha mantenido la misión de Dios en los márgenes y no en el centro. Necesitamos una agenda *misionológica* para la teología del inmigrante, en vez de solo una agenda

---

48. DUANE, Elmer: *With an Eye on the Future* (op. cit.). ROWEN, Samuel F.: *Missiolgy and the Coherence of Theological Education*; pág. 98.

49. Ib., págs. 98-99.

50. BOSCH, D.: *A Spirituality of the Road*, Scottdale (Pensilvania): Herald Press, 1979.

51. ESCOBAR, Samuel: *Global Scenario at the Conclusion of a Century*. WEF: International Missiological Consultation, 1999; pág. B-17.

52. Ib., pág. 17.

53. RAMÍREZ, David E. (editor): *Educación teológica y misión hacia el siglo XXI*, Quito: FLEREC-SEMISUD, 2002; pág. 87.

teológica para la misión. La teología no tiene razón de existir si no acompaña en forma crítica a la *missio Dei*.[54]

Hoy necesitamos seminarios e institutos bíblicos que representen fielmente la missio Dei. El entrenamiento de los pastores y pastoras supone prepararlos para que se involucren en la misión de Dios en el mundo. El entrenamiento de los misioneros y misioneras consiste en prepararlos para que se involucren en la misión de Dios en el mundo. La preparación de un teólogo o erudito bíblico es para que se involucre en la misión de Dios en el mundo. La preparación del sacerdocio real se realiza para que se involucre en la misión de Dios en el mundo.

Es lamentable observar cómo en los últimos cuarenta años los sistemas eclesiásticos imperantes han hecho abortar prometedores programas hispanos de formación teológica que estaban intentando (con mucho sacrificio) responder a la gran demanda y necesidad de formación teológica hispana. Sin anhelar juzgar las motivaciones que llevaron a algunas de estas instituciones a una muerte anunciada prematura, no puedo dejar de pensar qué hubiera sido de estos proyectos misionales si hubieran sobrevivido a las presiones económicas y, en varios casos, a los intereses políticos mezquinos que facilitaron su fracaso. Gracias a Dios, otras iniciativas han mantenido su vigencia gracias a la visión comprometida de sus líderes y al esfuerzo sacrificado de sus participantes. Pienso, por ejemplo, en la gran contribución y en la dirección que el Dr. Justo L. González ha venido realizando como miembro fundador de la Asociación Teológica Hispana (ATH) y sus programas de verano.

La creación, actualización y alianzas de seminarios e institutos bíblicos es fundamental para la misión de Dios en los Estados Unidos y Europa

Los seminarios teológicos deben estar orientados al futuro sin perder su naturaleza de peregrinos si desean ser conductores en una sociedad vacía de esperanza y llena de incertidumbre en cuanto a saber cómo proceder de aquí en adelante.

¿Qué hay más allá de la ruta? En su libro El cambio de poder, Alvin Toffler describe el lugar como la *terra incognita,* la tierra no conocida del mañana. Adelante se ve el mundo en caos e incertidumbre. Un mundo de cambios acelerados. Un mundo donde la economía no estará basada en las tierras, el dinero o los materiales en bruto; sino en capital intelectual. Un mundo que tendrá acceso infinito a productos, servicios e información. Donde las redes de trabajo serán más importantes que las naciones. Estamos yendo de forma colectiva hacia lo que los científicos llaman la edad

---

54. BOSCH, op. cit., pág. 494.

del caos: un período de transiciones violentas donde el orden antiguo de las cosas dará lugar finalmente a lo nuevo.

Es aquí donde la educación teológica debe actualizar el paradigma de Abraham, su llamado a un futuro incierto. Su estado de nómada y peregrino, en búsqueda de la ciudad prometida por Dios, nos debe proporcionar las mejores condiciones y recursos para enseñar y dirigir un mundo en caos. Las instituciones teológicas poseen una oportunidad grande de protagonismo que transforme y oriente a las personas y comunidades hacia el futuro.

El pensamiento de un futuro diferente al pasado genera incertidumbre. La ruta que veníamos usando en nuestro viaje durante décadas está llegando a su fin. De aquí en adelante la jornada hacia el futuro será una experiencia sin vía. «Los pensamientos que crearon los problemas actuales son insuficientes para resolverlos» (Albert Einstein).

Hoy más que nunca el mundo requerirá de una visión, un destino, una perspectiva del futuro, una dirección donde pueda canalizar sus recursos y su vida. No se podrá usar un mapa ya que no hay mapa para la *terra incognita*. Este es el momento de crear algo nuevo, este es el momento del liderazgo institucional anglo e hispano para explorar los horizontes y hacer camino donde no lo hay.

La Iglesia de Jesucristo tiene una gran responsabilidad frente a las nuevas generaciones de líderes que se encuentran expectantes de protagonizar cambios que se ajusten a los tiempos y hagan de la misión de Dios visiones concretas, visiones que respondan a la necesidad del inmigrante en todas sus dimensiones.

El mensaje es el mismo; pero el vehículo de transmisión debe cambiar con urgencia si queremos conectarnos con la gente de hoy. Las famosas rutas romanas fueron buenos instrumentos de misión para la primera Iglesia; hoy los instrumentos de misión son otros. Debemos aprender a encarnarnos en las nuevas realidades que nos presenta el siglo XXI, sin temor a cambiar modelos de trabajo y algunas tradiciones que nos limitan a ser congruentes solo para las personas de ayer, sin saber como conectarnos con la gente de hoy, y menos con los extraviados que nos necesitarán mañana. Como bien lo expresó Helmut Thielicke, «El Evangelio debe ser enviado continuamente a nuevas direcciones debido a que los receptores están constantemente cambiando su lugar de residencia». Toda intención de educación teológica ministerial es un ejercicio de comunicación y acción transcultural.

En esta forma de ministerio apostólico podemos ver el ministerio *transformador* de Cristo como el que crea los nuevos patrones y paradigmas para el ministerio en la tarea misional de la Iglesia en el mundo.

El Espíritu del Cristo viviente que está dentro de la comunidad lleva consigo de una manera multiforme y universal todos los dones necesarios para su vida y misión. Las instituciones teológicas deben ser comunidades carismáticas con relación a su misión y ministerios, vida y llamamiento.[55] Solo cuando la comunidad de fe responde fielmente a su naturaleza y origen tiene el poder para transformar la vida dándole dirección y energía al transmitir su experiencia de una generación a otra.[56]

Daniela Augustine, teóloga de la Iglesia de Dios, elabora diez tendencias que afectarán de una manera drástica el futuro del cristianismo, dándole una nueva forma a los seminarios en el siglo XXI, que se basan en la aportación de Howard Zinder y Daniel Runyon:[57]

> De iglesias regionales a iglesias mundiales. Esta tendencia se refiere al proceso intenso de la internacionalización de la Iglesia y del avance del cristianismo en el mundo. El centro de gravedad cambia de los países del norte a los países del sur del hemisferio.
>
> De un crecimiento esporádico a un avivamiento mundial.
>
> De una China comunista a una China cristiana.
>
> De una tradición institucional a una teología del Reino... Los cristianos deben comprometerse a la construcción de comunidades del Reino... donde la gente se reconcilie con Cristo y entre ellos.
>
> Del clero y los laicos a una comunidad de ministros.
>
> De un liderazgo masculino a un compañerismo ministerial de hombres y mujeres.
>
> De una familia nuclear a una diversidad familiar.
>
> De la separación de Iglesia-Estado a un activismo político cristiano.
>
> De naciones amenazadas a un planeta amenazado.
>
> De la secularización a un relativismo religioso.

Escobar nos invita a recordar que las misiones protestantes vinieron de los movimientos evangélicos en Europa. El movimiento misionero después de Carey fue inspirado, más que por los reformadores del siglo XVI, por los avivamientos wesleyanos y los misioneros pioneros moravos. Ellos percibieron la verdad y la dirección del Espíritu Santo. La voluntad y la apertura de hombres como Juan Wesley y Count Zinzendorf para abandonar las estructuras de la antigua Iglesia, y su creatividad para desarrollar nuevas estructuras para su misión fue posible debido a la sensibilidad ante el movimiento del Espíritu Santo. Esa actitud de apertura al Espíritu

---

55. DRIVER, John: *Images of the Church in Mission*, Ontario: Herald Press, 1997; pág. 194.

56. SHAULL, Richard y Waldo Cesar: *Pentecostalism and the Future of the Christian Churches*, Grand Rapids (Michigan): Eerdmans, 2000; op. cit., pág. 205.

57. AUGUSTINE, Daniela: *Facing Today´s Challenges of Being the Church and Fulfilling its Mission*. Cooper City Mission Conference, febrero de 2001; pág. 2.

es lo que el misionólogo brasileño Valdir Steuernagel clama de la Iglesia: «Entender la misión desde un lenguaje neumatológico es un acto con dos pasos. Lo primero es percibir el soplo del Espíritu y la dirección de donde viene, y luego, consiste en correr en la misma dirección donde el Espíritu está soplando».[58] Tal vez este sea el desafío más grande de nuestros seminarios e institutos hoy. Hemos desarrollado un espíritu tan cauto con el fin de proteger nuestra doctrina y formas de gobierno que hemos perdido sensibilidad para reconocer el movimiento de Dios en nuestros contextos y en el mundo.

Existe una necesidad crítica de aceptar a los innovadores,[59] personas que se arriesguen a tratar nuevas formas de llevar a cabo la misión educativa. Permitamos que estos innovadores se equivoquen sin que por ello tengan que perder la credibilidad ni sean rechazados o marginados. Muchas veces estos innovadores son los que han egresado de nuestros seminarios teológicos que no encuentran espacios en sus respectivas iglesias y denominaciones para cumplir la misión de Dios.

Las iglesias y seminarios deben evaluar deprisa los modelos de liderazgo bíblicos y contemporáneos con el fin de identificar imágenes, conductas y áreas de competencias en ellos para desarrollar programas formativos que tiendan al logro de la misión y a la multiplicación del liderazgo misionero contemporáneo. Existe una clara necesidad de modificar y redefinir las funciones y estilos del líder hispano en la misión de la Iglesia.

¿Qué paradigmas estructurales y de misión debemos reformar, renovar, actualizar o *refundar* en nuestras instituciones de educación teológica para agilizar la tarea misional de la Iglesia desplazada?

En los Estados Unidos de América se está levantando una generación de pastores y líderes hispanos instantáneos, ignorantes de las cuestiones teológicas fundamentales y sin herramientas para discernir lo verdadero de lo falso. El entusiasmo originado por la creciente presencia de la Iglesia de inmigrantes en todos los ámbitos de la sociedad ha servido para tapar «multitud de pecados». Pero estamos entrando en un tiempo nuevo. El ritmo de crecimiento ya no es el mismo, el testimonio de la Iglesia evangélica se ha debilitado y los pastores están desprestigiados frente a la sociedad. Hoy muchos preguntan, ¿por qué la sociedad no se ha visto afectada si la iglesia ha crecido? Junto al crecimiento de la Iglesia evangélica también crecieron la violencia, el alcoholismo, la corrupción, etcétera. Es decir, por alguna razón el mensaje del Evangelio no ha trastornado al mundo y esto no es por debilidad del Evangelio, más bien responde a un serio problema de comunicación

---

58. PADILLA, op. cit., pág. 18.

59. VEST, Lamar: *Charting the course: A vision statement for the Church of God*, Tennessee: Pathway, 2000; pág. 5.

del Evangelio que no alcanza a afectar la cosmovisión de los individuos. Al no afectar su cosmovisión no hay transformación de la mente ni del corazón, y, por ende, no hay transformación en la conducta humana.

Creemos que este principio de crisis servirá, entre otras cosas, para que la Iglesia inmigrante revise su agenda y su estrategia de preparación ministerial. La Iglesia del siglo XXI deberá pensar seriamente en qué clase de ministerio formará para que la sociedad se transforme por el poder del Evangelio. Es imprescindible entrar en una etapa de revalorización del ministerio pastoral y del sacerdocio de todos los creyentes. Esto exige una apertura al funcionamiento de todos los dones, ministerios, fortalezas, y a la preparación no solo de los pastores y pastoras, según el modelo tradicional, sino de todos aquellos llamados a servir.

Una vez más la misión será el punto de encuentro entre las iglesias y la educación teológica. Una formación ministerial teológicamente sólida tendrá sus raíces en el pasado, pero los ojos puestos en el futuro. ¿Qué significa hacer teología del tiempo futuro? No es profetismo falso ni adivinación. Es saber discernir los signos de los tiempos, mostrar el rumbo y ayudar a la Iglesia a entender y anticipar los desafíos. La velocidad de los cambios sociales, tecnológicos y culturales demandan de la Iglesia respuestas cada vez más rápidas. Los seminarios deben formar teológicamente a las nuevas generaciones para el mundo de mañana. El mundo secular se mueve de esta manera. Hoy en los mercados de futuro de Nueva York, Londres, Chicago o Tokio se conoce el precio que tendrá el trigo, el oro o el ganado en el año 2015. Sabemos que el último modelo de ordenador o de teléfono móvil que está a la venta tiene una antigüedad de por lo menos cinco años. Hoy está inventado lo que será el último modelo dentro de cinco años. Nadie compra cosas nuevas, todos compramos antigüedades *desactualizadas*. ¿Qué espacios hay en nuestras iglesias para la teología del futuro?[60]

Hoy más que nunca impera la necesidad de un acercamiento de los centros de formación teológica tradicionales con las iglesias inmigrantes para entender sus necesidades y, de forma creativa, generar un plan maestro que garantice formación teológica a miles de ministros que hoy no cuentan con ninguna opción de superación teológica ministerial. Esto demandará la creación de centros te teología hispana, la contratación de eruditos hispanos, habilitar bibliotecas con recursos en español, ofrecer becas especiales para la población hispana y elaborar programas basados en consorcios y alianzas estratégicas con varios seminarios y universidades afines. Demandará la flexibilización de las asociaciones de acreditación, con el fin de aceptar programas creativos, diversos, y que estén desarrollados con

---

60. SARACCO, Norberto: «La educación teológica en el siglo XXI», <http://setemin. blogspot.com.es/2011/11/norberto-saracco.html>. Manila, 2005.

una metodología distinta; establecer programas de aculturación para los estudiantes de América Latina que terminaron sus programas en los seminarios latinoamericanos y que desean servir en el contexto estadounidense: firmar convenios estratégicos entre las universidades cristianas y los seminarios teológicos con sus pares en América Latina. La educación en los Estados Unidos es extremadamente costosa, y debemos descubrir formas de cooperación con los centros de formación fuera de ese país. Hoy, las palabras y frases claves son colaboración, cooperación, trabajo en red (*network*), trabajo en equipo, sinergia, innovación o creatividad, por mencionar algunas.

El desarrollo de las inteligencias múltiples será indispensable en los programas de formación ministerial.

Hoy no es suficiente solo el desarrollo de las destrezas intelectuales. La complejidad del ministerio exige varias áreas de competencias que pueden desarrollarse teniendo en cuenta otras aportaciones de las teorías del aprendizaje. La formación del liderazgo pastoral efectivo para los próximos años demandará el desarrollo de varias inteligencias necesarias para la realización de la *missio Dei*, a saber:

Inteligencia espiritual. La inteligencia espiritual o bíblica es la capacidad de valorar de manera fundamental la Palabra de Dios como principio absoluto para la vida y el desarrollo de todos los miembros de una comunidad. Esta inteligencia surge y se desarrolla a partir de un encuentro y relación personal con Dios a través de Jesucristo. La valoración del rol de la persona del Espíritu Santo como el paracleto que nos acompaña en el proceso de transformación de nuestra cosmovisión es absolutamente necesaria para seguir la voluntad de Dios en el cumplimiento de nuestra misión de vida.

Inteligencia contextual. Es la capacidad de verse a sí misma en estrecha relación con la comunidad y con el mundo del que forma parte. La adaptabilidad es un principio operativo central. Esta habilidad permite entender el contexto en el que sirve reconociendo las oportunidades que le presenta su época. La inteligencia contextual agudiza la capacidad de discernimiento del «espíritu de la época» hasta el punto de anticipar sus implicaciones. Con el desarrollo de esta competencia se hace más fácil y natural la lectura del contexto, sus necesidades más profundas y su cosmovisión, facilitando así una comunicación contextual con capacidad de transformación. Aquí se hace indispensable la aportación de la Antropología Cultural. Esta es una de las áreas donde los liderazgos eclesiásticos necesitan de asistencia. No solo es importante saber realizar una hermenéutica bíblica sino también saber leer e interpretar el contexto ministerial donde estamos inmersos. No podemos tener una Iglesia sana si no está involucrada en la mejora de la comunidad enferma de la que forma parte.

Inteligencia estratégica. Significa pensar con claridad en los objetivos, que, además, deben ser compartidos; planificar la acción; la habilidad para establecer y desarrollar planes cooperativos, creando el futuro y anticipando las consecuencias. Uno de los pecados más grandes de la Iglesia es el cortoplacismo. Son pocas las iglesias que se benefician de un plan estratégico para los próximos diez, quince o más años. La visión corta nos mantiene ejerciendo conductas improvisadas, viviendo el día a día sin un sentido de dirección ni destino.

Inteligencia académica. Representa la capacidad de valorar y promover una alta calidad de los programas de formación, ofrecer altas expectativas a todos los estudiantes ministeriales y promover la implicación activa de los ministros en su aprendizaje.

Inteligencia reflexiva. La integran las destrezas y procesos de control, reflexión y evaluación sobre la efectividad de la formación y el ministerio en general. Hemos dejado pasar mucho tiempo antes de evaluar con objetividad y honestidad espiritual la efectividad y la eficiencia.

Inteligencia pedagógica. Se trata de la organización del aprendizaje; de la capacidad de aprender sobre el aprendizaje.

Inteligencia colegial o colectiva. Es la capacidad del ministerio para trabajar juntos, para entender que «el todo es más que la suma de las partes».

Inteligencia emocional. Significa la capacidad de reconocer los sentimientos propios y los de los demás, y de permitir a los miembros de la comunidad y a los ministros que se expresen y sean ellos mismos, a la vez que son respetados.

Inteligencia ética. Es la que reconoce la importancia de los derechos de los ministros y feligreses, y la necesidad de implicarlos. Permite a los programas de formación ministerial aprender sobre los estudiantes y sobre lo que ellos quieren.

Inteligencia futura. También se conoce como prospectiva. Es el proceso sistemático y participativo que recoge inteligencia futura y construye visiones a medio y largo plazo destinadas a influir sobre las decisiones presentes y a desarrollar acciones conjuntas, para comprender los retos que plantean los desarrollos tecnológicos, económicos y sociales.[61] Desde la perspectiva de la formación ministerial también debemos facilitar el desarrollo de la prospectiva para la construcción de visiones a medio y largo plazo que incidan sobre las decisiones presentes y desarrollen acciones conjuntas *denominacionales* y del Reino alineadas con la *missio Dei.*

---

61. ESLEE, Estudio de los lenguajes especializados en español. Prospectiva Tecnológica. www.eslee.org, 2007.

4. Los desafíos de una pastoral hispana relacional y relevante

De manera lamentable, en el seno de la Iglesia también encontramos ejemplos del poder dañino de los elementos funcionales. Pensamos que hacer es más importante que ser. Recuerdo muy bien que en una experiencia de ministerio supervisado, en el hospital Memorial Hermann System, de Houston (Texas), Dios me volvió a enseñar que más importante es la relación que cumplir con una serie de tareas mecánicas y frías. Esto ocurrió cuando conocí a don Marcos, un anciano inmigrante mexicano al que le habían diagnosticado leucemia y estaba esperando la muerte. Mi intención era «evangelizar» a don Marcos antes de que partiera a la otra vida: quería cumplir con la tarea de evangelizar de la manera mecánica, funcional y tradicional que me habían enseñado en mi iglesia y seminario. Entré a su habitación y, después de presentarme como un capellán, le pregunté si quería charlar acerca de Dios. Me contestó con una voz fuerte y precisa:

> «Mi querido capellán, Dios no está aquí... Él se encuentra ocupado atendiendo asuntos mucho más importantes alrededor del mundo. ¿Qué le va a importar a Dios mi persona cuando no le importo ni siquiera a mis doctores y enfermeras...? Ellos vienen de vez en cuando solo para abrir un poquito la puerta y confirmar si todavía estoy vivo. ¿Cómo le voy a importar a Dios si mis propios hijos vienen de noche y entran a mi cuarto en silencio directamente a mis pantalones en busca de mi billetera? ¡Solo quieren sacarme la plata! ¡No! Señor capellán, Dios no está aquí. Yo no tengo valor en este lugar por ser viejo, enfermo y mexicano».

Aquel mismo día me di cuenta que, en ocasiones, despersonalizamos tanto el ministerio que lo convertimos en algo mecánico, formal y estereotipado. En realidad no nos interesa establecer una relación con los don Marcos, no nos interesa pasar tiempo con él; no es nuestra intención ni deseo escucharlo más de lo necesario, solo queremos asegurarnos de que rece la oración de fe y así poder contarlo como un alma más en nuestras estadísticas ministeriales. Fue en ese momento que me dirigí a la enfermería para pedir permiso y así poder visitar a don Marcos todos los días de diez a quince minutos y ofrecerle una taza de café. La enfermera me dijo que estaba muy bien pero que el café podía hacerle daño. En ese momento pensé «qué tanto problema con el café, si el viejito se está muriendo de todos modos». Todos los días visité a don Marcos: lo único que nos separaba era la taza de café. Conversamos de todo, me contó la historia de su vida, de cómo llegó a los Estados Unidos y cómo sufrió con su esposa e hijos, y cómo se sintió cuando le dijeron que su enfermedad era terminal.

Tres meses después, en una de mis programadas visitas a don Marcos, al entrar en su habitación me detuvo en el camino con una voz alta y segura diciéndome: «Capellán: ¡Dios está aquí!». Al otro día, cuando volví a verlo, su cama ya estaba vacía. Seguramente se fue a caminar con su nuevo amigo: Jesús.

Hasta hace poco, la naturaleza del trabajo pastoral en las iglesias y seminarios ha tenido una orientación básicamente funcional. El énfasis se pone en lo que se debe hacer frente a una persona en crisis. Hoy nos estamos dando cuenta de que no es solo lo que se hace, sino lo que se es.

Incluso en nuestra formación espiritual, en ocasiones, caemos en la tentación de pensar en técnicas, en cosas que se deben hacer para el desarrollo espiritual. Nos domina la seducción de poner el énfasis en lo que hacemos, en los métodos, en los programas más efectivos para la adoración. Las últimas modas de los modelos de alabanza y adoración, que en un momento ayudaron a la Iglesia a modernizar la liturgia, hoy se han convertido en un límite para la creatividad y han frenado la autenticidad en la adoración moderna.

Con cuánta frecuencia vemos la adoración como algo que hacemos para estar bien con Dios, en vez de ofrecernos a Dios en adoración y así disfrutar la profundidad de la presencia amorosa de Dios. Hoy la Iglesia se conforma con la celebración sin un sentido de sacrificio, con una actitud de victoria sin necesidad de sufrir una batalla.

Existen dos elementos que surgen en el bautismo de Jesús. Uno es el elemento de ser *empoderado* o investido: Jesús recibe poder para su ministerio a través de la unción del Espíritu Santo. El segundo elemento es el *llamamiento* de Jesús: Jesús recibe su llamamiento a través de la voz celestial que le dice «Tú eres mi hijo». En este punto Jesús tiene una clara conciencia de su llamado para ser el hijo de Dios en su vida terrenal. La experiencia de bautismo de Jesús es una experiencia de investidura (*empoderamiento*) para su llamado ministerial. La intención de ese pasaje no es darle poder a Jesús para legitimar su identidad y relación con su Padre, sino que más bien es investido de poder para realizar la obra del Padre.

El grave peligro es querer ser religioso sin necesidad de tener una relación con Dios, querer desarrollar el cristianismo como un sistema religioso sin depender de manera necesaria de la voluntad de Dios.

Una vez escuché una historia de un pastor que pasaba largos ratos en presencia de Dios. Su rutina diaria era levantarse a las seis de la mañana para orar, leer la Biblia, estudiar su sermón dominical y meditar en la presencia de Dios. Con el pasar del tiempo, su iglesia comenzó a crecer, y sus tareas y compromisos se multiplicaron. Debido a la presión por sus nuevas responsabilidades comenzó a cortar el tiempo de oración: ya no oraba de seis a once de la mañana sino de seis a diez, a nueve, a ocho, y, por último, le dedicaba a Dios, apurando, media hora. Un día lo llama un pastor amigo y le dice que tiene un mensaje de Dios para su vida. El pastor saltó de alegría imaginándose las palabras de satisfacción de Dios por sus muchos logros y por el crecimiento que estaba experimentando la iglesia. Se juntaron para tomar un café y su pastor amigo le dice: «Mira, el mensaje que Dios me dijo que te dijera es este: "¡te extraño!"».

Aunque gran parte de la tarea de la Iglesia es comunicar el Evangelio de nuestro Señor Jesucristo en palabras y hechos, no debemos olvidar que nuestra tarea fundamental es ser testigos (con toda nuestra vida) de Jesús, quien lleva a la gente a la salvación eterna. Lo lamentable es cierta tendencia de la Iglesia establecida que reduce esta comunicación a una mera técnica de mercadeo haciendo del producto algo que llaman la «salvación». El consumidor es el pecador y el que hace el negocio es el misionero, evangelista o líder eclesiástico. El pastor entra y sale de este castillo donde se mercadea con la salvación, involucrándose casi nada en la sociedad del consumidor. Lo que falta en dicha acción es una vida comprometida y que acuse redención en la sociedad. La vida y obras de Cristo fueron *redentoras* y reveladoras. Nuestra vida nunca podrá ser redentora al estilo de Jesús, pero no puede haber una ausencia de vida redentora en la sociedad donde Dios nos ha puesto. Solo el equilibrio entre una vida redentora con el aspecto comunicacional del Evangelio evitará caer en el profesionalismo y en la comercialización de la tarea misional de la Iglesia.[62]

Al comunicar el Evangelio también debemos ser proféticos, desafiando así los valores de la sociedad que la conducen a la alienación, a la opresión y al crimen social. En otras ocasiones seremos llamados a invertir el resto de nuestra vida en responder a las necesidades de los pobres, inmigrantes, huérfanos, de las familias quebrantadas, la niñez en riesgo, la adolescencia y la ancianidad, y a todo lo que nos rodea con una sincera compasión. En los tiempos de persecución será cuando debamos probar con más fuerza nuestra lealtad al Señor Jesucristo y nuestra respuesta al llamado de defender el Evangelio. Pero sobre todo debemos indicarles a las personas el camino hacia el Señor y explicarles que concede la salvación de forma gratuita a los que creen en Él.

La realidad central supone llevar una vida en la comunidad *empoderada* por el Espíritu Santo para vivir en Cristo de forma total, compartir su pasión por el poder de su resurrección. A veces es la Palabra la que porta una nueva visión; en otras ocasiones es el Espíritu, que hace temblar toda la estructura tradicional y conformista. Cada uno se sostiene y se interpreta con el otro. Las palabras explican los hechos, y los hechos

---

62. D'SOUZA, Joseph: *The Scriptures, the Church and Humanity: A Missions Map for the Church in the New Millenium.* Iguassu: WEF Mission Commision, Iguassu Missiological Consultation, octubre de 1999. S-3.

validan las palabras. Donde la comunidad vive en fidelidad, el Espíritu se manifiesta.[63]

Necesitamos convertirnos en una comunidad de adoración, de verdad, de amor, de servicio, y sobre todo, debemos convertirnos en una comunidad de esperanza.

5. Los desafíos del culto público hispano

La imagen que por lo general tenemos de la Iglesia es a un pastor mirando a sus ovejas y de ellas mirando al pastor, pero ambos le dan la espalda a la comunidad inmediata. Hoy debemos poner nuestros ojos donde los puso Jesucristo: en la ciudad, en las personas, en los de afuera, en los inmigrantes y extranjeros, en los perdidos, en los que no tienen esperanza, en los más frágiles de la sociedad, en los niños y niñas, en la juventud que se pierde, en los ancianos que mueren sin esperanza. Para esto debemos realizar cambios radicales litúrgicos y misionales con el fin de alcanzar a los que no se ha alcanzado. El documento *Liturgia y adoración* de CLADE IV afirma:

> En contraste con un tipo de cristianismo que se impuso sobre nuestras culturas como una supuesta «cultura cristiana» (…) hoy abogamos por el respeto y la valoración de lo cultural como mediación de la expresión litúrgica.[64]

Con relación a esto, Juan Fonseca menciona que «tanto en el lenguaje como en la música, los símbolos, el estilo y la estética del culto necesitamos incorporar las expresiones folclóricas propias de cada pueblo».[65] Está claro que hoy en día, además de ser diverso, el culto es heterogéneo. Existe un entrecruzamiento de culturas y tradiciones. Más bien nos hallamos en presencia de liturgias multiculturales en las que se intercambia lo foráneo y lo autóctono, lo tradicional y lo moderno. Es importante seguir estimulando estos intercambios y asimilaciones culturales que enriquecen los modelos *de culto* hispanos afirmando la universalidad de la liturgia cristiana.

A mi entender, debemos revisar con urgencia los siguientes factores del culto hispano contemporáneo, a saber:

---

63. PADILLA, René (editor): *La fuerza del Espíritu en la evangelización.* RAMÍREZ, David: *La Palabra y el Espíritu en la vida de la Iglesia.* Buenos Aires: Kairos, 2006; pág. 141.

64. «Palabra, espíritu y misión. El testimonio evangélico hacia el tercer milenio». Documentos del Congreso Latinoamericano de Evangelización, CLADE IV, Buenos Aires: KAIROS, capítulo 18, págs. 203209.

65. PADILLA, René y Tetsunao Yamamori (editores): *La iglesia local como agente de transformación: una eclesiología para la misión integral.* Buenos Aires: KAIROS, 2003; pág. 230.

Predicación

Para predicar a la segunda y tercera generación de inmigrantes se requiere un cambio radical de estilo y forma. Hoy la audiencia no entiende nuestro lenguaje religioso; la culpa ya no los motiva; el pecado no les resulta un asunto clave (piensan en término de heridas y necesidades, significado y propósito). La audiencia de hoy carece de esperanza, no confían en los líderes, les falta dirección, ven la verdad como algo relativo, valoran los sermones pragmáticos —un mensaje para los lunes—. El mensaje de hoy debe ser relevante, bíblico, no debe asumir nada y debe ser más dialogal y estar bien preparado; debe producirse mucho contacto visual, fuera del púlpito, que facilite la comunicación; debe ir al punto, usar el humor, las historias y las ilustraciones, y que ser auténtico. La audiencia de hoy aprecia las series de sermones que usan títulos atractivos, que se predican con pasión y entusiasmo. Se aprecia el uso de la narrativa, los cuentos, las historias, el uso de elementos visuales, de los íconos, etcétera. La gente de hoy quiere que su predicador sea genuino y transparente. Y, sobre todo, que mantenga la integridad del Evangelio. También se debe evitar la idolatría de las palabras religiosas en el púlpito.[66] Es de suma importancia hoy priorizar la forma y el estilo del sermón para asegurar su adecuada percepción, procesamiento, retención y aplicación.

En una ocasión, Valeria, mi hija de ocho años, me dijo: «Ustedes los adultos no saben predicar porque no saben pensar como niños. Cuando yo voy a la Iglesia llevo mis colores para pintar mientras el pastor predica, solo dejo de dibujar cuando el pastor cuenta una historia». Esa lección la aprendí en mis estudios doctorales, aquí mi hija de ocho años me recordaba la lección. Jesucristo fue claro en Mateo 18 cuando dijo que debemos poner al niño en el centro. Me pregunto cuánto variaría nuestro estilo de predicación dominical si además de dirigirnos a los adultos pensáramos en la niñez y en la adolescencia. El doctor González nos invita a recordar que «en la esencia de la gramática bíblica está el que ha de ser comprendida por los niños, los simples y los pobres (…) leer la Biblia en español significa que hay que poner mucha atención a lo que los "niños" puedan encontrar en ella».[67]

En este nuevo siglo la Iglesia de inmigrantes deberá buscar de un modo creativo modelos de comunicación que conecten a la hispanidad de hoy. Si bien es cierto que el contenido del mensaje bíblico es trascendente, la forma que empaqueta la transmisión de ese mensaje debe ser atractiva para el oyente que participa. El mensaje narrativo bíblico que usa la estructura

---

66. WRIGHT, Timothy: *A Community of Joy*. Nashville (Tennessee): Abingdon Press, 1994; pág. 85.
67. GONZÁLEZ, op. cit., pág. 140.

literaria de la novela puede ser una buena alternativa al estilo abstracto y lineal al que hemos estado tan acostumbrados. La audiencia de hoy es visual, y ordena sus datos sensoriales de una manera muy distinta a aquellos que se desarrollaron antes de la televisión. El lenguaje descriptivo es vital para la comunicación en esta nueva era.

Música

La adoración tradicional confunde a la gente nueva, en especial los himnos. La gente joven y los de afuera no entienden los conceptos teológicos. La adoración tradicional usa un lenguaje religioso. Los himnos son una alternativa para nuestros cultos dentro de la comunidad de fe, pero deben adaptarse para las generaciones más jóvenes, en especial para los de afuera. La adoración tradicional se percibe desconectada con la vida. Los himnos —adoración tradicional— suelen ser muy difíciles de cantar. También la música tradicional carece de intimidad. Algunas expresiones musicales modernas también. Debemos preguntarnos qué comunica la música que usamos en nuestros servicios religiosos y en quién pensamos cuando escogemos la música y organizamos el culto. ¿Pensamos en la comunidad que deseamos alcanzar o pensamos en los gustos de los feligreses? Por otro lado, debemos revisar la teología que cantamos hoy en nuestra adoración contemporánea y usar música contemporánea en la liturgia, sin olvidar algunos cantos e himnos que nos conecten con la tradición de la Iglesia. Debemos escoger himnos que se puedan cantar y equilibrar las oraciones espontáneas con oraciones más preparadas para incluir los asuntos más importantes del momento, además de simplificar los servicios litúrgicos y usar maneras creativas y visuales para los anuncios, la ofrenda, y la predicación.

Tenemos que incrementar la calidad de los servicios litúrgicos usando a las personas con relación a sus competencias personales y dones espirituales y reducir el tamaño de los púlpitos para que la gente pueda ver al pastor o pastora, porque mejora la comunicación; debemos prestar más atención a la comunicación semiótica. Es muy importante estudiar y analizar el lenguaje musical de la comunidad que deseamos alcanzar, porque la música también es un instrumento de misión.

Centralidad de las Sagradas Escrituras

Hoy preocupa el poco uso de la Palabra de Dios en el culto. Debemos ser creativos a la hora de buscar las maneras apropiadas para que la lectura de la Palabra de Dios cobre un protagonismo central en el culto público. Debemos elegir los pasajes de lectura bíblica de manera intencionada, con el fin de alinearlos con el objetivo general del culto público. Los coros e himnos deben contener una buena dosis bíblica. Las oraciones se deben preparar y fundamentar en la Palabra de Dios. Los sermones deben estar centrados en la Palabra de Dios y las ofrendas deben responder a los criterios y ordenanzas de la Palabra.

Adoración centrada en la Santa Cena

Debemos encontrar los momentos y los lugares apropiados para invitar a la membresía alrededor de la mesa del Señor. Grandes sectores de la Iglesia evangélica hispana han perdido la centralidad de la cena del Señor en sus cultos de adoración.

Velocidad de los cultos

La generación de la imagen no tolera los cultos de antes. Se debe trabajar en los tiempos (más no es mejor) y las transiciones en el culto deben programarse. Hay que programar los servicios dominicales para que resulten sensibles y amigables para los visitantes. Muchas personas que visitaron alguna vez un servicio evangélico o pentecostal nunca más volvieron a visitar una Iglesia cristiana. Qué importante es hoy en día iniciar el culto con música de celebración, porque los tonos menores tienden a deprimir a las personas. En una ocasión visité una iglesia donde el pastor inició el servicio informando a la congregación de las personas que habían fallecido esa semana. Esa información marcó el tono de toda la experiencia litúrgica. Hay que generar un clima de anticipación y expectación. La participación de la niñez en el culto es imperativa. La decoración y el mantenimiento del santuario debe invitar a la participación de las personas. Comodidad, relajamiento, seguridad, protección, privacidad e higiene son valores importantes para la Iglesia contemporánea. Si es posible, debe resaltarse lo ecológico, la belleza del medio ambiente, lo natural y las fragancias agradables. En lo posible debe controlarse la temperatura del lugar.

Suele confundirse los estilos de adoración con la sustancia de la que están compuestos —si es moderno, es *light*—. Por otro lado, los estilos de los cultos también comunican la sustancia de la fe. Los estilos deben cambiar para ofrecer cultos relevantes para las personas. Los estilos creativos y contemporáneos resultan vitales si deseamos ganar las nuevas generaciones para Jesucristo. El estilo y la forma del culto no tienen tanto que ver con lo litúrgico, sino, más bien, con lo evangelizador.

Se debe decidir a quiénes se orientará el culto público. ¿Es un culto para adentro o para afuera? Esto hará variar la estrategia del estilo. No creo que Dios disfrute con un estilo en particular; me da la impresión de que Él disfrutaría cualquier estilo bien ejecutado como un acto de adoración y compromiso. Se debe guardar el equilibrio entre la presentación y la participación. Se debe mantener el equilibrio entre lo cerebral y la celebración. Debe existir un balance entre la intimidad y lo trascendente.[68] Algo que la Iglesia evangélica perdió en la Reforma, y también, posteriormente, los Pentecostales, fue el sentido del arte en la liturgia y en la adoración a Dios. Debemos redescubrir las artes como elemento litúrgico. La participación en el culto es fundamental para una adoración contemporánea. Los grupos pequeños y las sociedades amigas, la interacción, los espacios de confesión, los rendimientos de cuenta y el cuidado por las otras personas resultan fundamentales en la comunidad litúrgica hispana.

Fonseca hace un llamado a la Iglesia contemporánea para:

> … que busquen redimir aspectos de la cultura incluyéndolos en el culto, tratando de limitar los modelos de consumo religioso que nos vienen del entusiasmo de la modernidad. Se trata de iglesias que le dan más importancia a la coherencia y unidad del culto que al volumen de la amplificación. Iglesias que hablan más en el plural comunitario que en el singular individualista. Iglesias avivadas (…) pero que no se dejan atrapar por una renovación manipulada (…) Iglesias que incorporen las riquezas de otras tradiciones cristianas en sus experiencias cultuales…[69]

Necesitamos una teología del culto para la Iglesia hispana que enseñe a valorar la relación entre la cultura y la fe, que se informe bien de la herencia litúrgica y de la renovación en la alabanza y adoración contemporánea, que incremente la participación y promueva los factores teológicos claves en la *himnología* moderna.

6. Los desafíos de un liderazgo hispano creativo y trascendente

Fue en 1920 cuando unos inmigrantes búlgaros llegaron a las hermosas y esperanzadoras tierras del Chaco argentino; sus nombres eran Atanasio y Olga Robeff. Iniciaron un ministerio que quebró todas las ideas establecidas y los paradigmas de su época. Sin ninguna preparación académica, Atanasio, prácticamente considerado analfabeto por la sociedad de aquellos días, aprendía a leer cuando preparaba sus sermones dominicales.

Dios le dio la visión de edificar una iglesia urbana en el centro de la ciudad de Resistencia, Argentina. Junto a su esposa y a sus cuatro hijos inició una nueva Iglesia de Dios en su casa, que alquiló de manera estratégica junto al barrio universitario. La vocación apostólica de Atanasio era

---

68. Ib., pág. 86.
69. PADILLA, René y Tetsunao Yamamori (editores), op. cit., pág. 233.

incuestionable: fue un llamado de Dios para llevar a cabo una tarea pionera sin precedentes en la labor misionera. Toda la comunidad conoció enseguida su actitud de siervo, cuya clara visión lo dirigió a tierras que hasta ese momento no se habían podido conquistar. El deseo de reproducir la misión lo llevó a potenciar y a equipar a un ejército de personas, quienes hasta hoy, a los veinte años de su muerte, continúan llevando adelante la misión con pasión y compromiso.

La Iglesia de Dios de Resistencia se ha reproducido en más de cuarenta congregaciones sin perder una membresía creciente, que cuenta con un promedio de 1 200 miembros. Los ministerios sociales de esta congregación fueron y siguen siendo de alto impacto y de transformación social y espiritual; entre ellos se encuentran: un colegio, programas de alimentación para los niños y adultos que viven en extrema pobreza, una emisora de radio y una variedad de ministerios cristianos de alto impacto en la ciudad y en todo el país.

Una de las características más importantes de esta congregación ha sido su celo y pasión misionera, y ha enviado misioneros a diferentes áreas no alcanzadas en Argentina, España, Francia, Rusia y Bulgaria.

Como inmigrante, Atanasio no tuvo miedo de hacer las cosas de forma diferente, como por ejemplo, invitar los lunes a la comunidad para que asistieran a la iglesia donde les dictaría conferencias sobre diferentes aspectos de la vida. Colocaba ceniceros en las esquinas de las bancas del templo para que las personas que desearan fumar se sintieran bien. Después de una serie de conferencias, invitaba a las personas para que consideraran a Cristo como la única alternativa de vida para el ser humano. Cientos de personas aceptaron a Cristo de esta manera, en especial la juventud universitaria que buscaba respuestas a los problemas originados en los estudios. Atanasio era una persona muy popular entre los jóvenes universitarios y los profesionales de la ciudad. ¿Cómo lo hizo? Sin duda estamos hablando de un líder de oración, lleno del Espíritu Santo, que entendía los tiempos con precisión, de un maestro en conectarse con la generación joven, de un hombre de convicciones claras y con una profunda pasión por los perdidos y los necesitados.

Personas como los Robeff han vivido entre nosotros durante décadas, aunque, por desgracia, no han sido esos los modelos de liderazgo cristiano que hemos privilegiado ni reconocido. Tal vez de otra manera la historia de la Iglesia hubiera sido diferente.

Hoy vivimos en un nuevo tiempo, que nos expresa la necesidad de una nueva visión, una nueva moralidad, una renovada y comprometida conciencia social; la necesidad de líderes que potencien (*empoderen*) comunidades enteras y que sean capaces de transmitir y pasar sus competencias y habilidades a las nuevas generaciones con el fin de realizar múltiples tareas de liderazgo cristiano. La Iglesia latinoamericana, tanto en las Américas como en Europa, necesita una nueva generación de líderes con un alto sentido misional.

La realidad migratoria de los Estados Unidos de América clama por un liderazgo ministerial autóctono, comprometido con los valores culturales contextuales y dirigido a dar respuestas relevantes a las necesidades de nuestros pueblos. Debemos buscar imágenes, competencias y conductas de liderazgos que sean profundamente bíblicos; pero sensibles a las culturas hoy representadas en este gran mosaico de diversidad cultural.

Antes de iniciar un proceso para desarrollar esta nueva generación de líderes latinos debemos plantearnos preguntas que nos ayuden a identificar, a la luz de los movimientos sociopolíticos y religiosos, qué está pasando con la imagen del líder cristiano en el país. Tal vez los estilos de liderazgo que fueron pertinentes en el pasado, no son necesariamente los modelos que facilitarán la dirección de la Iglesia hispana ni la fundación y desarrollo de las tan requeridas nuevas iglesias.

La Iglesia hispana de hoy de los Estados Unidos y Europa, y de modo especial entre pentecostales, carismáticos y neopentecostales, están experimentando un avivamiento sin precedentes en la historia. Se están fundando cientos de iglesias, y otras ya existentes están alcanzando un crecimiento fenomenal. Esta situación ha generado un serio déficit de liderazgo. Hoy la Iglesia ha limitado la función de su liderazgo al aspecto redentor de la misión. También parece ser que las frágiles y contadas instituciones teológicas no están produciendo el tipo de líderes trascendentes que la Iglesia necesita para este nuevo siglo.

El tenor del tiempo dicta la necesidad de líderes que posean una nueva visión, una nueva conciencia respecto a los asuntos de las personas. Necesitamos líderes que potencien comunidades enteras, líderes que transmitan sus competencias y habilidades a las nuevas generaciones.[70]

Leo Sullivan ha comentado que «nunca en la historia del mundo ha habido más necesidad de liderazgo...».[71] El estudio de Sanders sobre este tema afirma la misma necesidad en un contexto diferente: «La Iglesia necesita desesperadamente de un nuevo liderazgo».[72]

En ninguna parte este asunto es más crítico que en la Iglesia protestanteevangélica en la que su realidad presente llama a un liderazgo autóctono

---

70. C. Peter Wagner, citado en «Let Ethnic America Hear His Voice», Boletín 5, 1985.

71. Leo Sullivan, citado en DUNCAN, Ann Huberty: *A Study to Identify Desired Leadership Competencies for future Chief Executive Officers of American Community an Junior Colleges*, Culver City, (California): Ed. D. diss., Pepperdine University, 1980.

72. SANDERS, Oswald J.: *Spiritual Leadership*. Chicago (Illinois): Moody, 1980, pág. 42.

que tome en cuenta los valores culturales, las formas de los líderes y de los seguidores, como también las imágenes y valores revelados en las Sagradas Escrituras.

Los cambios de paradigmas hacen que la vida se perciba de otra manera; se piensa distinto, se procesa y ordena la información en segundos. Pero parte de la Iglesia, al parecer, sigue sus viejos patrones sin dar lugar a lo nuevo e insistiendo ser Iglesia para un mundo que ya no existe.

Evidentemente, el nuevo siglo requerirá un retorno a los patrones bíblicos de misión. Nuevos escenarios han surgido con los cambios culturales, políticos y económicos, como también ha crecido el cristianismo en el hemisferio sur. Los modelos tradicionales de hacer misión y edificar iglesias heredados de las llamadas primeras iglesias ahora están obsoletos. Es tiempo de un cambio de paradigma que nos haga regresar a la Palabra de Dios. Las nuevas perspectivas del liderazgo cristiano requerirán un firme compromiso con los imperativos de nuestra misión, los cuales requerirán de un serio trabajo de *erudición* e interpretación bíblica. El futuro demanda un caminar juntos en mutuo entendimiento y un aprendizaje para la misión.

Los desafíos en el liderazgo latinoamericano

Estudiar el liderazgo de la Iglesia me ha llevado a identificar por lo menos cuatro problemas que afectan de manera negativa el desarrollo ministerial en nuestro contexto latinoamericano y en calidad de inmigrantes en los Estados Unidos de América, a saber:

Formación deficiente. Mi propia observación es que el liderazgo revela una desesperada necesidad de desarrollo personal. Un pastor o pastora, para ser un líder efectivo, debe poseer los suficientes y necesarios conocimientos bíblicos, teológicos, culturales y científicos. Hay líderes que son poco efectivos debido a que no han sido debidamente capacitados, carecen de un sentido de identidad y de capacidad para relacionarse con su tarea vocacional.

La formación para el liderazgo cristiano no solo consiste en la adquisición de conocimiento; sino también de formación espiritual: la preparación interna es la más dura. La formación del líder cristiano debe ser tan profunda que lo capacite para sobrevivir a las tentaciones de la deshonestidad, a los sentimientos de desesperación, de fracaso, y a los síntomas del agotamiento fisicoemocional.

Comunicación inadecuada. Adicionalmente al desarrollo de las habilidades y los talentos de forma apropiada, existe la necesidad en el liderazgo de mejorar sus técnicas de comunicación, y de manera especial en este nuevo siglo. La correcta articulación de los valores centrales y de la visión-misión es vital para los líderes contemporáneos. Algunos de nuestros exalumnos de seminario que se graduaron con honores no funcionaron bien en la misión pastoral, debido a que no supieron comunicar lo aprendido a las demás personas. Por otro lado, algunos estudiantes que no mostraron gran capacidad en el salón de clases han tenido éxito en el ministerio, debido a que han sabido cómo comunicarse y relacionarse bien con los demás.

El liderazgo cristiano de este nuevo siglo debe saber cómo conectarse con la gente secular no cristiana. A pesar de vivir en sociedades que emigran y cambian con rapidez, la tarea básica de todo líder cristiano nunca cambia. Es esta: la de comunicar el significado eterno de la vida, estimular, informar, y guiar el diálogo entre Dios y el ser humano. Su tarea es ayudar a las personas a descubrir el significado de la vida, pero desde una perspectiva teológica y bíblica en el marco cultural en que estas se encuentren.

Irrelevancia cultural. Aunque las condiciones sociales estén cambiando, el liderazgo cristiano no debe ceder los absolutos bíblicos por libertades falsas. Si bien es cierto que las aplicaciones de la fe cristiana varían con el tiempo en relación a los nuevos contextos de misión, su principio básico nunca cambia. Este cambio debe esperarse en el aspecto formal, pero no en lo sustancial.

La mayoría de las organizaciones cristianas no están encarando con la rapidez necesaria los cambios que ocurren en el mundo y están más bien siendo redundantes e insensibles a las necesidades del momento. Las iglesias locales están experimentando dificultades a la hora de permanecer relevantes a las necesidades humanas que las rodean. Por norma general, uno encuentra la vitalidad del liderazgo más bien en los niveles más bajos. Muchos líderes fracasan en su liderazgo, otros no saben cómo hacerlo. David Rambo, un ejecutivo de la Alianza Cristiana Misionera, que coordinaba el Programa Internacional de Liderazgo del Seminario Asbury en Kentucky, realiza la siguiente observación:

> La Iglesia a nivel mundial se encuentra en medio de un problema crítico de liderazgo que está al borde de una crisis. Si, como dice Ralph Winter, hay 60 000 congregaciones en América Latina que están dirigidas por un liderazgo que no se ha capacitado de forma adecuada, probablemente existan más de un cuarto de millón de esas iglesias en todo el mundo.[73]

Si no entendemos lo que pasa en las sociedades de origen, no entenderemos lo que pasa en la sociedad de hoy. En gran medida, la realidad de la Iglesia hispana hoy representa lo que está ocurriendo en las sociedades de origen del inmigrante hispano.

---

73. David Rambo, *Patterns of Biblical Institute Training Overseas*, Pasadena (California): Lectures notes. Fuller School of World Mission, 1981; pág. 1.

Dependencia de las modas eclesiásticas. Los líderes cristianos que experimentan dificultades con el crecimiento de la Iglesia tienden a depender de los últimos avances de las técnicas gerenciales y de los aspectos sociológicos del liderazgo en la búsqueda del éxito en su ministerio. Por lo general, el liderazgo fracasa al darse cuenta de cuánto daño le han hecho a la congregación los cambios experimentales, los que, en gran medida, producen inseguridad en la congregación y afectan a la credibilidad del líder. Los modelos de mercado son relevantes para la Iglesia, siempre y cuando estos respondan al modelo bíblico. De acuerdo con Howard A. Snyder, la Iglesia puede aprender de los modelos comerciales, pero estos modelos no la proveen de los recursos primarios para la confección de los *nuevos odres* que se requieren hoy. Él aduce las siguientes cuatro razones:

a) *Por lo general, el mercado opera a partir de presuposiciones seculares.* El motivo principal de cualquier negocio son las utilidades, aunque en ocasiones esto está moderado por otras consideraciones tales como la asistencia social de los empleados, la justicia social o asuntos del medio ambiente.

b) *El modelo fundamental del mercado se encuentra en tensión con las Escrituras.* El mercado en sí no es malo, las mismas Escrituras dan consejo útil de cómo actuar responsablemente en los negocios. Pero hay una gran diferencia entre el mercado y la Iglesia... El mercado y la sabiduría comercial son parte de una «tradición humana y de los principios básicos de este mundo». Los cristianos deben tener cuidado de no confundir el mundo de la empresa con la Iglesia.

c) *Los modelos de mercado están muy limitados en el contexto cultural, como las megaiglesias* que no son capaces de proveer la materia gris de los odres nuevos: sería pecar de inocentes pensar que las iglesias deberían imitar a las grandes corporaciones de vanguardia para poder alcanzar el éxito.

d) *Por último, el mercado no hace de la comunidad su consideración primaria.* Más bien usa a la comunidad como medio para un fin deseado. En contraste, la comunidad (koinonia) es la consideración primaria de la Iglesia. La Iglesia es la «koinonia del Espíritu Santo»; «está dedicada a la comunidad» (2 Corintios 13:14; Hechos 2:42).[74]

En síntesis, los modelos de mercado tienen poco que enseñar a la Iglesia como *Iglesia*. Sin embargo, es importante destacar, que las organizaciones creativas efectivas de alto rendimiento tienen mucho que enseñar sobre cómo deben conducirse y hacer funcionar las organizaciones cristianas: como organizaciones humanas.

---

74. Snyder, Howard A. y Daniel V. Runyon: *Decoding The Church: Mapping the DNA of Christ´s Body*, Grand Rapids (Michigan): Baker Books, 2002; págs. 70 y 71.

Imágenes bíblicas de un liderazgo latinoamericano trascendente

Todos tenemos imágenes en nuestra mente; imágenes de Dios, del mundo, de la Iglesia y de la familia, y vislumbramos a dónde deberíamos ir. Usar las imágenes que traten con el liderazgo cristiano nos ayuda a aclarar la confusión que, por lo general, se forma alrededor de este tema. Encuentro que las imágenes son útiles para comprender con mayor precisión una idea abstracta.

En primer lugar, la Biblia no nos ofrece una definición de liderazgo cristiano ni provee de bases doctrinales para entenderlo. Más bien esta depende de imágenes y narrativas para revelar el significado del liderazgo cristiano. En segundo lugar, el lenguaje simbólico de las imágenes introduce riqueza y variedad al concepto. La Biblia emplea docenas de imágenes diferentes de liderazgo, lo que aporta una figura compuesta que, como un mosaico, nos da el sentido al completarse con un significado exhaustivo. La tercera razón que favorece este abordaje es que las imágenes tienen una singular atracción y validez. Estas imágenes son totalmente trasladables y reproducibles y ayudan a exponer las motivaciones culturales erróneas y los puntos ciegos que todos tenemos cuando se nos invita a repensar en la *contextualización* del mensaje bíblico en nuestro tiempo y en nuestra cultura.

Existen razones específicas para buscar imágenes contemporáneas de liderazgo. Estoy convencido que una parte esencial de nuestros problemas dentro de la Iglesia hispana y su liderazgo hoy tiene que ver con nuestra necesidad de descubrir y apropiarnos de las imágenes contemporáneas de ministerio que sean fieles al Evangelio de nuestro Señor Jesucristo.

Las imágenes pueden inflamar la imaginación otorgando identidades que están más allá de la expectativa de los oficios y roles. Es peligroso definirnos solo en relación con lo que se hace. No confundamos los roles funcionales con el asunto de quiénes somos como personas.

Debemos recuperar un sentido de urgencia. Muchos de los problemas que encontramos en las congregaciones pequeñas, débiles y raquíticas tal vez tengan que ver con su propio sistema y estructura. Cuando la Iglesia hispana cuente con un liderazgo cristiano que «arda» con el espíritu del compromiso y esté en «llamas» con una competencia sin igual, el ministerio del laico tendrá el sentido de urgencia que con desesperación se necesita.

Somos conscientes de que existe una amplia gama de imágenes de liderazgo en las Sagradas Escrituras, tales como mensajero (Mc 1:2,3; Mt 3:3; Lc 3:4; Jn 1:23), pescador (Mc 1:17-18; Mt 4:19; Lc 5:10), pastor (Jn 10:12), vaso (Hch 9:15), siervo (Hch 16:17 y otros), colaboradores (1 Cor 3:9; 2 Cor 6:1 — el término aquí es *sunergos*—), arquitecto (*architekton*), mayordomo de los misterios de Dios (1 Cor 4:12), atleta (1 Cor 9:24-27), embajador de Cristo (2 Cor 5:20), director técnico (Ef 4:11-12), prisionero de Jesús (Hch 20:22), soldado (2 Tm 2:3), esposo (2 Tm 2:6), y otras. En este estudio nos enfocamos en cuatro imágenes claves del Nuevo Testamento. La integración de las cuatro indican un liderazgo trascendental, vital para el trabajo apostólico de dirigir la Iglesia en un nuevo momento histórico, de preparar los *nuevos odres* para el vino nuevo del Espíritu y de fundar nuevas iglesias. Estas imágenes son las siguientes:

El líder como apóstol. En el presente siglo el liderazgo hispano evangélico afrontará el gran desafío de abrir camino por donde la Iglesia no ha transitado antes, y esto demandará de una generación de líderes con un claro espíritu o llamado apostólico que le permita, entre otras cosas, ir a lugares nuevos, conectarse con una generación postmoderna, y alcanzar con pasión misionera a los grupos hasta ahora no alcanzados en el mundo. En otras palabras, personas que se atrevan a caminar por lo desconocido como peregrinos en la *terra incognita*.

El líder como siervo. Las Sagradas Escrituras ilustran con claridad el valor de humildad y servicio que debe caracterizar al líder cristiano. Su ejemplo principal lo vemos en la persona de Jesús que, teniendo todos los recursos en su haber, decidió no aferrarse a ellos y convertirse en un fiel y obediente siervo del Padre. Él no vino a ser su propia voluntad, sino la voluntad del Padre que lo había enviado. Él no vino a ser servido, sino a servir. Este valor de servicio y de humildad poco común y atractivo en nuestra sociedad moderna y postmoderna, se está convirtiendo en un valor fundamental, no solo para la Iglesia, sino también para las empresas y corporaciones que desean sobrevivir a los tiempos donde cumplen su misión. Para muchos estudiosos del tema, la imagen del líder corporativo más importante en el siglo XXI es la humildad. Hammer manifiesta lo siguiente:

> Yo hago una simple observación que está basada en algo que he visto en muchas compañías: Si tú piensas que eres bueno, estás muerto.
>
> La esencia de una proyección exitosa es la humildad, un reconocimiento de que el éxito del pasado no tiene implicación para el éxito del futuro. El mundo ha cambiado tanto que las fórmulas del éxito de ayer está casi garantizado que serán fórmulas que fracasarán en el futuro. Yo pienso que será una humildad de pensamiento abierto y el reconocimiento de tener que reinventarnos otra vez para lograr la tarea. Esa será la diferencia entre los que sobrevivan y se proyecten en el siglo XXI y los que se conviertan en notas a pie de página en los libros de historia.[75]

75. HAMMER, Paul L.: *Interpreting Luke-Acts for the Local Church*, Nueva York: Mellen Biblical, 1993; pág. 104.

Los desafíos del futuro requieren de un liderazgo de servicio y de humildad. No serán los presidentes, o las personas con los títulos más distinguidos; sino el que modele un desempeño efectivo. No será la persona más bien pagada del grupo; sino el que asuma los riesgos. No será la persona que tenga la casa más grande o el automóvil más nuevo; sino el siervo. No será la persona que se promueva a sí misma; sino el que promueva a otros. No será el administrador; sino el pionero. No será el que adquiera; sino el que dé. No será el que hable más; sino el que sea capaz de escuchar.

Los líderes siervos se caracterizan por su alto nivel de compromiso, por su capacidad de escuchar y aprender de aquellos a quienes dirigen; son los que hacen que las cosas ocurran, son generosos en vez de acaparadores, promueven la diversidad reconociendo que las diferencias de las personas pueden enriquecer y fortalecer al grupo. Son personas que se dejan guiar por los valores y se orientan al logro de sus objetivos. Este es el tipo de liderazgo hispano que se requiere hoy.

Los modelos de liderazgo de mayor vigencia en el siglo pasado no son, necesariamente, los que garantizarán lograr la tarea. El modelo autoritario y jerárquico se ha institucionalizado en nuestros países de origen y se expresa con claridad, y de manera especial, en nuestras comunidades hispanas evangélicas, carismáticas y pentecostales. Solíamos ser ejemplo de un liderazgo más informal como un modelo alternativo de aquel; pero, lamentablemente, hemos perdido esa virtud ajustando nuestros modelos a los estilos que fueron populares en las dictaduras militares y en las administraciones de corte jerárquico. Hoy en día se habla más de la persona, del líder informal, conductor de los denominados «terceros espacios», que son aquellos ámbitos en los que las personas pueden canalizar sus ansias de participación ahogadas por los espacios formales.

Es importante rescatar la convicción de que toda la Iglesia ha sido llamada para que en Cristo esté el sacerdocio real: cada miembro del Cuerpo es llamado para ejercer ese sacerdocio, que debe ser ejercitado por los cristianos cada día en todas las esferas de la vida. También es importante entender que esto no ocurrirá si no existe un sacerdocio ministerial que sirva, dosifique, sostenga y guíe este trabajo sacerdotal. No nos ordenamos para retirar el ministerio de los miembros del Cuerpo, sino al contrario: nuestra comisión es la de ser los *facilitadores* de los ministerios y los *empoderadores* de los dones espirituales (dar libertad al uso de los dones que tiene la Iglesia). La participación integral de los miembros del Cuerpo en sus actividades ministeriales no ocurrirá sin liderazgo. Clericalismo y anticlericalismo son simplemente los dos lados de un mismo error.

El líder no está al servicio de los deseos y metas de las organizaciones; sino que es un siervo de la misión de la organización: esto marca al líder efectivo. El líder es el siervo de la misión del pueblo de Dios y se debe percibir como la visión que informa las metas y estrategias de las personas.

El tipo de líder siervo que será efectivo en la Iglesia hispana debe tener las siguientes características:

El líder siervo será capaz de articular mejor que nadie la visión de la gente de Dios como una interpretación contemporánea de su misión.

El líder siervo estará más alineado con las promesas que se dirigen a la voluntad de Dios y será capaz de insertarlas en el proceso de planificación.

El líder siervo dirigirá a otros y a otras, que son responsables de implementar el proceso de planificación de la promesa, visión y metas, de acuerdo a lo que considera esencial en el proceso.

El líder siervo ejercitará poder a través de empoderar a otros y a otras para que aprecien la visión, trabajen en el plan, y cosechen los beneficios y bendiciones por hacer la voluntad de Dios.

El líder siervo, ante todo, será el defensor de quienes caigan heridos por otros, y atenderá los efectos del fracaso a través del proceso.[76]

El líder como visionario. La ideología central de una compañía o empresa surge de su misión o propósito y de sus principios o valores centrales. No todas las compañías expresan de forma explícita su ideología central; pero aquellas que sí lo hacen tienden a beneficiarse de esa declaración. La visión se convierte en un recordatorio constante y en un marco referencial para evitar acciones que desvíen la atención de la compañía. Esfuerzos y direcciones que poco a poco van separando la institución de su foco fundamental. La visión establece lo que la corporación desea ser en el futuro, la posición que desea tener en la sociedad. Mientras que la misión define lo que la corporación es en el presente y para qué está desarrollando su actividad, la visión apunta a un sentido ideal de cómo quiere ser vista, valorada y percibida en el futuro. De la misma manera ocurre con la visión de la Iglesia a través de su exponente principal. La persona líder debe distinguirse por su habilidad de articular con claridad su visión, creando así un futuro deseado para la Iglesia, que está inspirado por el Espíritu Santo. Lamentablemente, muchas iglesias que se han establecido carecen de un sentido claro de misión y visión. Esto las lleva a ambular por el desierto del tiempo sin lograr los objetivos y propósitos establecidos para ella en las Sagradas Escrituras, insensibles a la dirección fresca del Espíritu Santo.

El líder como empoderador y equipador. Kouzes y Posner argumentan que uno de los aspectos más importantes del liderazgo es la habilidad de «permitir que otros actúen». En una investigación en la que estudió 2 500 casos, se desarrolló una prueba simple para detectar cuándo una persona está en la ruta de llegar a ser líder. La prueba consistía en la frecuencia del

76. GREENLEAF, Robert K.: *Servant Leadership*, Nueva York: Paulist Press, 1977; pág. 21.

uso de la palabra «nosotros». Los individuos de este estudio reconocieron que los sueños grandes no llegan a ser realidades significativas a través de las acciones de un individuo. El liderazgo es el esfuerzo de un equipo. El término 'empoderamiento', aunque todavía no está recogido en el diccionario de la Real Academia con este sentido, puede ser definido por lo que hace y por sus efectos. 'Empoderamiento' es una influencia mutua en la distribución creativa de poder y la responsabilidad compartida. Es vital y está lleno de energía; es global, participativo y duradero. Permite a los individuos el uso de sus respectivos talentos y capacidades, facilita el logro, invierte en el aprendizaje, revela el espíritu de la organización y crea relaciones efectivas. Informa, guía, aconseja, genera ideas y libera. Entonces, el empoderamiento permite tomar más responsabilidad y autoridad a través de la formación, la confianza y el apoyo emocional.

El liderazgo pastoral que valora el modelo basado en el trabajo de equipo, anima al diálogo, le da permiso al equipo para arriesgarse a pesar de la posibilidad de un fracaso, dirige para influir a los equipos, usa un lenguaje de equipo que ayuda a los equipos de trabajo a mantener un ambiente de aprendizaje en la Iglesia.

El liderazgo cristiano debe proceder desde dentro de la misión de Dios. La misión de Dios es la vocación o el llamado de toda la comunidad de fe; cada cristiano recibe un llamado para participar en la misión como apóstoles, siervos, visionarios, *empoderadores* y *equipadores* del mismo Cuerpo de Cristo.

Antes de que la Iglesia pueda proyectar el tipo de líder que necesitará para la conducción, administración, edificación y desarrollo de nuevas iglesias, necesitará regresar a las Sagradas Escrituras con el fin de encontrar los principios y valores necesarios de un liderazgo trascendente.

A pesar de que Dios ha usado y usa una variedad de personas en su misión y ministerio, su principal líder en el Antiguo Testamento debía ser la nación de Israel. El llamamiento de Abraham se encuentra en el contexto de llevar a toda una nación para que a través de ella toda la Tierra sea bendecida (Gn 12:1-3). Cuando pensamos acerca del ministerio en la Biblia lo hacemos rápidamente basándonos en los individuos; a saber: los patriarcas, Moisés, los jueces, los reyes, los profetas, Pablo y los otros apóstoles. No obstante, Dios tenía en mente a un grupo de personas, una nación, a su pueblo como ministro y líder. Esto resulta muy evidente en la liberación de Egipto y en la entrega de la Ley en el Sinaí.

El contexto. Debemos revisar en nuestras mentes el tipo de mundo y la situación en la que estamos viviendo. En primer lugar, estamos viviendo en un mundo de contrastes; por un lado, avance tecnológico, desarrollo industrial y crecimiento en las zonas urbanas y un acelerado proceso de secularización. Por otro lado, entre los hispanos inmigrantes, donde millones de personas están desempleadas o subempleadas, hay pobreza. Desafortunadamente, mientras se produce una aceleración de la modernización en el mundo de hoy, la Iglesia hispana, en su mayor parte, ha permanecido como una entidad conservadora y tradicional. En algunos casos, mientras vivimos en los inicios de un nuevo siglo, nuestras imágenes de liderazgo, nuestras prácticas eclesiásticas y nuestra teología responde a los comienzos del siglo pasado.

Así que necesitamos preguntarnos a nosotros mismos qué tipo de liderazgo necesitamos hoy. Seguramente nos responderíamos que sería necesario un liderazgo que cuente con la voluntad y la capacidad de realizar una reflexión autocrítica y una experimentación radical; un liderazgo que ayude a determinar nuevas imágenes de ministerio, patrones y programas, y que logre integrar de nuevo las imágenes de liderazgo bíblico con las imágenes generales que nos ofrecen las ciencias sociales; un liderazgo que trabaje en una teología práctica de ministerio y de liderazgo. Necesitamos de una expresión de fe que sea relevante para el tiempo que nos toca vivir, que dé importancia a lo cotidiano, al presente, que tenga capacidad de anticipar y disfrutar las primicias del Reino venidero hoy. Un liderazgo con una óptica clara, con sentido de destino. Un liderazgo que instrumentalice una perspectiva dinámica del ministerio de servicio de Cristo en nuestros días. En síntesis, para este milenio necesitamos una generación de líderes que conozcan y entiendan el espíritu de la época, del mundo y de la sociedad en la que viven.

La vida y la historia de Jesús (siervo ungido), Nehemías (líder visionario) y Pablo (empoderador y equipador) pasan a ser paradigmas de un liderazgo trascendente (líder enviado, siervo, visionario, empoderador y equipador) que buscan al Espíritu Santo para que los dirija en su labor de servicio, en la articulación de la visión, el empoderamiento, y capacite a la Iglesia para el cumplimiento de su misión.

Identidad del liderazgo cristiano. El líder debe conocerse a sí mismo, debe conocer sus motivaciones, debe preguntarse qué piensa de las demás personas y cuáles son sus tentaciones más comunes.

Purkiser menciona algunas imágenes básicas que se requieren del líder cristiano: el ministerio es un llamamiento, es un pacto con Dios, es un compromiso, es una comisión, es una consagración y es un desafío.[77]

Arquímedes dijo «dadme un punto de apoyo, y moveré el mundo». Una teología de liderazgo hispano nos da un punto de apoyo desde donde, bajo la dirección del Espíritu Santo, podremos influir sobre nuestro mundo languidecido y fragmentado para transformarlo con su gracia y su poder en comunidades de fe que vivan el propósito divino.

---

77. PURKISER, W. T.: *The New Testament Image of the Ministry.* Kansas City (Misuri): Beacon Hill, 1969; pág. 29.

Cuatro principios claves para el futuro del liderazgo latinoamericano

El liderazgo hispanolatino trascendente del futuro tendrá una clara identidad apostólica. El liderazgo apostólico es un llamado claro de Dios para la continuación del ministerio de Cristo a través del Espíritu Santo. Esto significa que los líderes futuros asumirán formas y métodos relevantes a las formas sociales y culturales contemporáneas. Este espíritu apostólico desafiará la cultura, pero al mismo tiempo la usará en forma creativa para tocar las vidas de las personas.

El servicio será la acción trascendente del liderazgo hispanolatino futuro. Un líder siervo es un hombre o una mujer que ha recibido un llamado de parte de Dios para servirlo a través del poder y la guía del Espíritu Santo. Las marcas del líder siervo son la humildad, la integridad y la fidelidad a las Sagradas Escrituras. Jesucristo es el modelo de las acciones, las actitudes, y los atributos del líder siervo.

Equipar a otras personas distinguirá al líder trascendente del futuro. El liderazgo supone una relación basada en la confianza y en la credibilidad. Sin estos elementos, las personas no tomarán ningún tipo de riesgos y no se producirá cambio alguno. Sin cambio las organizaciones y movimientos mueren. La Iglesia hispana es consciente de que los estilos de liderazgo caudillistas, populistas, individualistas y autoritarios deben cambiar en este nuevo siglo, si toda la Iglesia de Cristo desea concretar el mandato del Señor. Las instituciones religiosas tendrán sus días contados si no ocurren cambios radicales en sus estilos de liderazgo y en sus enfoques administrativos.

La visión-misión guiará al liderazgo trascendente del futuro. Mi observación es que el liderazgo cristiano sufre de una falta de visión personal, corporativa e institucional. Esto surge por su profundo sentido de dependencia que no permite que las personas asuman las responsabilidades de diseñar su propio destino. El sueño global de la Iglesia es que un día el liderazgo cristiano pueda actuar de forma interdependiente en la búsqueda de soluciones para sus propios problemas y disfrute de la libertad necesaria para crear un futuro distinto que nos lleve a terminar la misión de Dios.

Preguntas para reflexionar

1. ¿Cuáles son los desafíos más importantes para la pastoral hispanolatina en el siglo XXI?

2. ¿Qué elementos garantizarían una transformación profunda en la realidad hispanolatina de los Estados Unidos de América, Europa y otros lugares del mundo?

3. ¿Qué aspectos del culto público de hoy acusan la necesidad de pertinencia y relevancia en la adoración hispanolatina?

4. ¿Qué materias o cursos serían fundamentales para garantizar una buena preparación pastoral contextual y altamente misional?

5. ¿Dónde podemos buscar los elementos esenciales para la formación de un liderazgo hispano de alto impacto misional?

D. Conclusiones finales

A través de la historia Dios ha intervenido para alinear su Iglesia con el propósito divino. Todo tipo de avivamientos, despertares espirituales, reformas y contrarreformas han ocurrido con el fin de acercar su Iglesia para santificarla y así recordarle que existe para ser su Cuerpo en la Tierra y cumplir con su propósito divino.

Hay esperanza para la Iglesia hispana mientras siga siendo la Iglesia de Jesucristo. Es claro que la Iglesia de Jesucristo tiene varios rostros, y uno de ellos es la Iglesia compuesta por inmigrantes extranjeros, en su mayoría comunidades de fe hispanas, que ganan con rapidez un sentido de identidad, propósito y significado.

Existe una necesidad crítica de aceptar a los innovadores, personas que se arriesguen a intentar nuevas formas de hacer misión. Es importante que la Iglesia permita que estos innovadores se equivoquen, sin que por esto se pierda la credibilidad en ellos, ni sean rechazados y marginados.

Debemos pensar en nuevas maneras más efectivas de edificar y desarrollar iglesias. Nuestras comunidades están buscando micromodelos de comunidades alternativas que funcionen. Las comunidades eclesiales deben convertirse en modelos de vida dignos de imitar; deben ser solidarias, sensibles al dolor, y a las necesidades más profundas de las personas.

La Iglesia está prosperando con fuerza entre los pobres y los perseguidos del mundo, mientras se atrofia entre los ricos y entre los que gozan de seguridad. Durante los siglos IV y V el cristianismo llegó a ser la religión de la dominación y del imperio; durante la Edad Moderna la Reforma protestante representó la fe obstinada de las personas explotadas; en el siglo XIX los poderes cristianos se extendieron por todo el mundo. Saber lo que pasará en siglos venideros requerirá de un buen profeta inspirado, pero si hay una lección que podemos aprender de estos registros históricos es que el cristianismo nunca es tan débil como en ocasiones aparenta ser. Siempre ha demostrado una habilidad sorprendente de resiliencia, de transformar la debilidad en fortaleza,[78] lo que constituye un signo de esperanza grande para nuestra Iglesia de inmigrantes y extranjeros. ¡Aleluya!

78. JENKINS, Philip: *The Next Christendom*. Oxford: University Press, 2002; pág. 220.

Bibliografía

Sección I

1. Documentación de carácter teológico

DE LA TORRE, Miguel y Edwin Aponte,: *Introducing Latino Theologies*, Maryknoll (Nueva York): Orbis Books, 2001.

DECK, Allan: *Frontiers of Hispanic Theology in the United States*, Nueva York: Orbis, 1992.

— Ismael García, Justo González et al.: *Nuestra teología: A Handbook of Latino-Hispanic Theology*, Fortress Press. 2002.

ESCOBAR, Samuel: *La fe evangélica y las teologías de la liberación*, El Paso (Texas): Ed. Casa Bautista de Publicaciones, 1987; pág. 224.

GUTIÉRREZ, Gustavo: *Teología de la liberación*, Salamanca: Ediciones Sígueme.

NÚÑEZ, Emilio: «El despertar de la conciencia social de los evangélicos», *Teología y misión: perspectivas desde América Latina*, Visión Mundial, 1995.

— «Misión de la Iglesia». *Teología y misión: perspectivas desde América Latina*, Visión Mundial, 1995.

— *Teología de la liberación*, San José (Costa Rica): Ed. Caribe, 1986; 2.ª ed.

ZALDÍVAR, Raúl: *Teología sistemática desde una perspectiva latinoamericana*, Barcelona (España): CLIE, 2006.

2. Documentación especializada sobre temas de migración

2.1. Recursos bibliográficos

ANTÓN, Alex y Roger Hernández: *Cubans in America. A vibrant History of a people in Exile*, EE. UU.: Kensington Books, 2002.

ARELLANO, Elvira: *Wikipedia, the free encyclopedia*.

RAMOS SÁNCHEZ, Raúl: Diario digital *The Times.com*: «Las leyes antinmigrantes locales solo se polarizarán». (Este artículo se publicó el 8 de agosto de 2007, en el desaparecido diario digital sobre inmigración *The Times.com*, EE. UU.)

RAMOS, Jorge: *The other face of America*, Harper Collins Books. 2002.

RODRÍGUEZ, Robert y Tamra Orr: *Great Hispanic Americans*, EE. UU.: Publications International.

VICENTE TORRADO, Trinidad L.: *La inmigración latinoamericana en España*, Departamento de Economía y Asuntos Sociales de las Naciones Unidas. UN/POP/EGM-MIG/2005/12. 25 de mayo de 2006; pág. 2.

WILLS, Chuck: *Destination America*, EE. UU.: DK Publishing, 2005.

2.2. Artículos de prensa

«Cumple 20 años albergando ilegales», *La Tribuna*, Tegucigalpa (Honduras), 4 de diciembre de 2008.

«Denuncian sistema de explotación contra inmigrantes hispanos». <http://www.terra.com/finanzas/articulo/html/fin3291.htm>

«El miedo y la desesperanza acaban con el sueño de indocumentados», *El Nuevo Herald*, Miami, 1 de septiembre de 2008.

«Hispanos en Colorado sin pastores».

«Historia de la inmigración de EE. UU.»

«Impunes a los crímenes contra los inmigrantes», *La Tribuna*, Tegucigalpa (Honduras), 3 de septiembre de 2008.

«Remesas en el mundo»

«Suben multas por contratar indocumentados», *El Diario*, México, 23 de febrero de 2008.

2.3. Referencias electrónicas

<http://www.rapidimmigration.com/spanish/3_esp_immigration_history.html>
<http://www.remesas.us/envios/transferencias/recepcion/remesas_en_el_mundo/>
<http://www.univision.com/content/content.jhtml?chid=3&schid=0&secid=278&cid=1333863#p>

3. Documentación jurídica

Código civil de la República de Honduras, 1906.

DE LA CUEVA, Mario: *El nuevo derecho mexicano del trabajo*, México: Ed. Porrúa, 1979

DE PINA, Rafael: *Diccionario de Derecho*, México: Ed. Porrúa, 1984.

GOULD, Wesley L.: *An introduction to International Law*, Nueva York: Harper and Brothers Publishers, 1957.

GUGGENHEIM, P.: *Traité de droit international public,* Genève, 1947.

Ley Orgánica 4/2000, de 11 de enero, sobre derechos y libertades de los extranjeros en España y su integración social (Ley de Extranjería), Madrid (España): Boletín Oficial de Estado, 30 de abril de 2011, núm. 10.

ORTEZ COLINDRES, E.: *El derecho de asilo,* Tegucigalpa (Honduras): Ed. Nuevo Continente, 1971.

PETIT, Eugene: *Tratado elemental de Derecho romano,* México: Editorial Época, 1977.

ROUSSEAU, Charles: *Derecho internacional público,* Barcelona (España): Ed. Ariel, 1967.

SEPÚLVEDA, César: *Derecho Internacional,* México: Editorial Porrúa, 1984.

SUAZO LAGOS, René: *Lecciones de Derecho penal I,* Tegucigalpa (Honduras): Cettna, 1980.

The McCarran-Walter bill of 1952, Public Law n.° 82-414.

VALLADARES LANZA, Leo: *Las ideas jurídicas de Castán,* Madrid (España): Ed. Revista de Derecho Privado, 1975.

ZALDÍVAR, Raúl: *Honduras y El Salvador: la controversia limítrofe,* Centro de Documentación de Honduras, 1995.

4. Documentación histórica

COOPER, Frederick: *Colonialism in Question: Theory, Knowledge, History,* Berkeley (California): University of California Press, 2005.

MEZA, Víctor: *Historia del movimiento obrero hondureño,* Tegucigalpa (Honduras): Ed. Guaymuras, 1981.

MORRISON, S. et al.: *A Concise History of the American Republic,* Oxford University Press; 2.ª edición.

NOVAS, Himilce: *Latino History,* EE. UU.: A Plume Book; 3.ª edición.

RODRÍGUEZ, Gregory: *Mexican Immigration and the future of race in America,* Nueva York: Pantheon Books, 2007.

SHANE, C. J. (editor): *The Mexicans,* EE. UU.: Greenhaven Press, 2005.

5. Otra documentación

5.1. Recursos bibliográficos

AMAYA AMADOR, Ramón: *Prisión verde,* Ed. Ramón Amaya Amador: Tegucigalpa (Honduras), 1974; 2.ª edición.

BELLONCH, E. y C. Tejedor: *Filosofía,* Madrid (España): Ediciones S. M., 1975.

BERRY, Bertice: «Biography», <http://www.berticeberry.com/auto.html>

Berry, Brewton: *Race and Ethnic Relations,* Boston (Massachusetts): Houghton Mifflin, 1978.

Fletcher, Joseph: *Situation Ethics: The New Morality,* Filadelfia (Pensilvania): Westminster Press, 1966.

Galeano, Eduardo: *Las venas abiertas de América Latina,* Argentina: Siglo XXI, 1970.

Hitler, Adolf: *Mi lucha,* México: Ed. Época, 1979.

Martínez, José: *Hermenéutica bíblica,* Barcelona (España): CLIE, 1984.

Pazos, Luis: *Marxismo básico,* México: Editorial Diana, 1986.

Preston y Smith: *Sociology a Contemporary Approach,* EE. UU., 1989; 3.ª ed.

Slutzky y Aloso: *Empresas transnacionales y agricultura: El caso del enclave bananero en Honduras,* Honduras: Editorial Universitaria, 1980.

Zaldívar, Raúl: «La cultura de la pobreza, la pobreza de la cultura». Diario *La Razón,* Tegucigalpa; diciembre 2008.

— «Relación EstadoIglesia y su apertura al protestantismo en Honduras». Revista *Vida y Pensamiento,* Costa Rica: Universidad Latinoamericana, 1996.

— *Realidad moral y social de América Latina,* Módulo de Fe y Política de Universidad para Líderes, 2010.

5.2. Referencias electrónicas

<http://www.nrlc.org/abortion/aboramt.html> «Over 40 million abortions in the US since 1973».

<http://www.berticeberry.com/auto.html>

Sección II

1. Recursos bibliográficos

Álvarez, Carmelo E.: *Santidad y compromiso (El riesgo de vivir el Evangelio),* México, df: Casa Unida de Publicaciones, 1985.

Álvarez, Miguel. «Reflexión sobre el muro en la frontera sur», El Evangelio 1; abriljunio, 2007.

— «The South and the Latin American Paradigm of the Pentecostal Movement», *Asian Journal of Pentecostal Studies,* vol. 5, n.º 1; enero, 2002.

Anderson, Allan: *An Introduction to Pentecostalism: Global Charismatic Christianity,* Cambridge (Reino Unido): Cambridge University Press, 2004.

Anzaldúa, Gloria: Borderlands *(La Frontera): The New Mestiza,* San Francisco (California): Aunt Lute Books, 1999.

CLAPP, Rodney: *Una persona peculiar: la Iglesia como cultura en una sociedad post cristiana*, Downers Grove (Illinois): InterVarsity Press, 1996.

Congreso Latinoamericano de Evangelización. «El Evangelio de poder», Congreso Latinoamericano de Evangelización CLADE III, (Quito, Buenos Aires: Fraternidad Teológica Latinoamericana, 1993).

COSTAS, Orlando: *Compromiso y misión*, Miami (Florida): Editorial Caribe, Colección Centro Evangélico Latinoamericano de Estudios Pastorales, 1979.

DE LA TORRE, Miguel y Edwin Aponte: *Introducing Latino Theologies*, Maryknoll (Nueva York): Orbis, 2001.

ESCOBAR, Samuel: «¿Qué significa ser evangélico hoy?» *Misión 1:1*; marzo-junio 1982.

— *Tiempo de misión. América latina y la misión cristiana hoy*, Santa Fe de Bogotá (Colombia): Ediciones CLARA SEMILLA, 1999.

FLOROVSKY, George, V.: *Bible, Church, and Tradition: An Eastern Orthodox View*, Belmont (Massachusetts), 1972.

GIBBS, Eddie: *La Iglesia del futuro*, Miami (Florida): Editorial Peniel, 2005.

GONZÁLEZ, Justo: *Mañana: Christian Theology from a Hispanic Perspective*, Nashville, (Tennessee): Abingdon Press, 1990.

GRACIA Juan y Victoria Gracia: «Adaptación cultural: momentos de alegría y/o tristeza». *Iglesia y Misión* n.º 69, vol. 18, n.º 3; julio-septiembre, 1999.

GRENZ, Stanley J.: *Un cebador en el post-modernismo*, Grand Rapids (Michigan): Eerdmans, 1996.

HENCILES, Jehu: «Migration and Mission: Some Implications for the Twenty-First Century Church», *International Bulletin of Missionary Research*, n.º 27; 4 de octubre de 2003.

HILBORN, David: *Recogiendo los pedazos*, Londres (Reino Unido): Hodder y Stoughton, 2001.

HUGHES, Richard: *Mitos de los Estados Unidos de América*, Grand Rapids (Michigan): Libros Desafío, 2005.

JONES, Rachel L: «Los hispanos ahora: el grupo más grande en los Estados Unidos». u. s. Census Bureau: Knight-Ridder/Tribune News Service, P701K3770, 1996.

LUDIN, Roger: *La cultura de la interpretación*, Grand Rapids (Michigan): Eerdmans, 1993.

LUND, Enrique y Alice C. Luce: *Hermenéutica. Introducción Bíblica*, Grand Rapids (Michigan): Zondervan, 2005.

MAKAY, Juan A.: *El otro Cristo español*, Guatemala: Ediciones Semilla, 1989.

MARROQUÍN, Óscar Clemente: «Hacen falta resultados», *La Hora*, Guatemala de la Asunción (Guatemala): Opinión Editorial; miércoles 28 de mayo de 2003.

MARTÍNEZ Guerra, Juan Francisco. *Sea la Luz. The making of Mexican Protestantism in the American Southwest, 1829-1900,* Denton, (Texas): University of North Texas Press, 2006.

— *Caminando entre el pueblo. Ministerio Latino en los Estados Unidos;* Nashville (Tennessee): Abingdon Press, 2008.

— y Luis Scott (editores): *Iglesias peregrinas en busca de identidad. Cuadros del protestantismo latino en los Estados Unidos,* Buenos Aires (Argentina): Ediciones kairos, 2004.

MIRANDA, Jesse: «Hispanics turn evangelical», *The Christian Century,* 14 de diciembre de 1994.

MOIRA MacKinnon, María y Mario Alberto Petrone: *Populismo y neopopulismo en América Latina: El problema de la Cenicienta,* Buenos Aires (Argentina): Editorial Universitaria, 1998.

NEWBIGIN, Leslie: *El Evangelio en una sociedad pluralista,* Grand Rapids, (Michigan): Eerdmans, 1989.

— *Tontería para los griegos,* Grand Rapids, (Michigan): Eerdmans, 1986.

NÚÑEZ, Emilio Antonio y William D. Taylor: *Crisis and Hope in Latin America. An Evangelical Perspective,* Pasadena (California): William Carey Library, 1996.

ORTIZ, Manuel: *The Hispanic challenge: Opportunities confronting the church,* Downers Grove (Illinois): InterVarsity Press, 1998.

PADILLA, René «Misiones transculturales». *Iglesia y Misión,* n.º 61, vol. 16, n.º 2, julio-septiembre de 1997.

PAGÁN, Samuel: *El Misterio revelado: Los rollos del mar Muerto y la comunidad de Qumrán,* Nashville (Tennessee): Abingdon Press, 2002.

PAREDES, Jorge: «Cruce de civilizaciones: las migraciones internacionales»'. *El Dominical de El Comercio,* Lima, 5 de noviembre de 2006.

REMBAO, Alberto: *El orden de Dios y el desorden del hombre,* México, df: Casa Unida de Publicaciones, 1964.

RIVERA, Geraldo: *His Panic. Why Americans Fear Hispanics in the us,* Nueva York: Celebra, 2008.

SÁNCHEZ, Daniel R.: *Realidades hispanas que impactan a América,* Fort Worth (Texas): Church Starting Network, 2006.

SANDOVAL, Moisés: *On the move: a history of the Hispanic church in the United States,* Maryknoll (Nueva York): Orbis Books, 1990.

SCHALLER, Lyle: *Innovaciones en el ministerio,* Nashville (Tennessee): Abingdon Press, 1994.

SCHWARTZ, Christian: *Las ocho características básicas de una Iglesia saludable*, Barcelona: CLIE, 1996.

SHAW, R. Daniel: «Migrations: Avenue and Challenge to Mission». *Missiology: An International Review*, XXXI, n.º 1; enero de 2003.

SOLIVAN, Samuel: *Spirit, Pathos and Liberation* Sheffield (Reino Unido): Sheffield Academic Press, 1999.

STEUERNAGEL, Valdir: *Obediencia misionera y práctica histórica*, Buenos Aires-Grand Rapids: Nueva Creación-William B. Eerdmans Publishing Company, 1996.

SURO, Roberto y Jeffery S. Passel: «The Rise of the Second Generation», Pew Hispanic Center; octubre de 2003.

VENABLES, Gregorio, Marcelo Vargas, Alvin Góngora, Rolando Villena, Daniel Salinas, Julio Córdova, Marcelino Tapia y Lilia Solano: *Fe y prosperidad. Reflexiones sobre la teología de la prosperidad*, La Paz (Bolivia): Editorial Lámpara, 2008.

WAGNER, C. Peter: *Siete principios poderosos que no aprendí en el seminario*, Miami, (Florida): Ed. Vida, 2004.

ZALDÍVAR, Raúl: *Teología sistemática. Desde una perspectiva latinoamericana*, Barcelona, (España): CLIE, 2006.

2. Recursos electrónicos

<http://www.communityintegration.net/>, 22 de octubre de 2008.

<http://www.latribunacolorado.com/article/20081008/LT01/810089987&title=Historias de Inmigrantes/>, 22 de octubre de 2008.

<http://ibvn.wordpress.com/2007/11/24/peregrinos-y-extranjeros/>, 17 de octubre de 2008.

<http://www.cnn.com/CNN/Programs/lou.dobbs.tonight/>, 19 de junio de 2007.

<http://www.pctii.org/cyberj/cyberj13/bernado.html#_ftn34/>, 12 de junio de 2007.

Sección III

1. Cultura y sociología

ABALOS, David: *Latinos in the United States The Sacred and the Political. South Bend*, Notre Dame (Indiana): Notre Dame Press, 1886.

ACUÑA, Rodolfo: *Occupied America A History of Chicanos*, Nueva York: Harper Collins, 1988.

CHARLES H. Kraft: *Christianity in Culture. A study in biblical theologizing in cross-cultural perspective*, Nueva York: Orbis, 2005.

CHÁVEZ, John: *The Lost Land The Chicano Image of the Southwest*, Albuquerque (Nuevo México): University of New Mexico Press, 1984.

DÁVILA, Arlene: *Latinos, Inc. The Marketing and Making of a People*, Berkeley (California): University of California Press, 2001.

FOX, Geoffrey: *Hispanic Nation Culture, Politics and the Constructing of Identity*, Tucson (Arizona): University of Arizona Press, 1996.

LEÓN, Luis y Alfredo Mirandé: *The Chicano Experience An Alternative Perspective*, Notre Dame (Indiana): University of Notre Dame Press, 1985.

2. Historia

ATKINS-VÁSQUEZ, Jane: *Hispanics Presbyterians in Southern California*, Los Ángeles (California): Synod of Southern California and Hawaii, 1988.

BARBER, Ruth y Edith Agnew: *Sowers Went Forth*, Albuquerque (Nuevo México): Menaul Historical Library of the Southwest, 1981.

BARTON, Paul, R. Douglas Brackenridge y Francisco O. García-Treto: *Iglesia presbiteriana*, San Antonio (Texas): Trinity University Press, 1974.

GONZÁLEZ, Justo (editor): *En nuestra propia lengua Una historia del metodismo unido hispano*, Nashville (Tennessee): Abingdon Press, 1991.

HARWOOD, Thomas: *History of New Mexico Spanish and English Missions*, vol. 1. Albuquerque (Nuevo México): El Abogado Press, 1908. (Reeditado en 1983).

NÁÑEZ, Alfredo: *Historia de la Conferencia Río Grande de la Iglesia Metodista Unida*, Dallas: Bridwell Library, Southern Methodist University, 1981.

RODRÍGUEZ, Daniel y David Cortés-Fuentes (editores): *Hidden Stories Unveiling the History of the Latino Church*. Decatur (Georgia): AETH, 1994.

SÁNCHEZ WALSH, Arlene M.: *Latino Pentecostal Identity Evangelical Faith, Self, and Society*, Nueva York: Colombia University Press, 2003.

Wilson, Rodelo (editores): *Hacia una historia de la Iglesia evangélica hispana de California del Sur*, Montebello (California): ahet, 1993.

3. Ministerio

COSTAS, Orlando: *Comunicación por medio de la predicación*, Miami (Florida): Caribe, 1989.

GONZÁLEZ, Justo (editor): *¡Alabadle! Hispanic Christian Worship*. Nashville (Tennessee): Abingdon Press, 1996.

RAMÍREZ, David E. (editor): *Educación teológica y misión hacia el siglo XXI*, Quito (Ecuador): Flerec-Semisud, 2002.

ORTIZ, Manuel: *The Hispanic Challenge. Opportunities confronting the church*, Downers Grove (Illinois): InterVarsity Press, 1993.

4. Teología

ARANA, Pedro, Samuel Escobar y C. René Padilla: *El trino Dios y la Misión Integral*. Buenos Aires: kairos, 2003.

COSTAS, Orlando: *Compromiso y Misión*, Miami (Florida): Editorial Caribe, 1979; Colección Centro Evangélico Latinoamericano de Estudios Pastorales.

DE LA TORRE, Miguel y Edwin Aponte: *Introducing Latino Theologies*. Maryknoll (Nueva York): Orbis Books, 2001.

GARCÍA ESPÍN, Ismael: *Dignidad Ethics Through Hispanic Eyes*, Nashville (Tennessee): Abingdon Press, 1997.

STASSEN, Glen H., D. M. Yeager y John Howard Yoder: *Authentic Transformation. A new vision of Christ and culture*, Nashville (Tennessee): Abingdon Press. 1996.

GOIZUETA, Roberto: *Caminemos con Jesús*, Maryknoll (Nueva York): Orbis Books, 1995.

GONZÁLEZ, Justo L.: *Santa Biblia*, Nashville (Tennessee): Abingdon Press, 1996.

— *Desde el siglo y hasta el siglo: Esbozos teológicos para el siglo XXI*, México DF: Ediciones STPM, 1997.

— *Teología Liberadora: Enfoque desde la opresión en una tierra extraña*. Buenos Aires: KAIROS, 2006.

ISASI-DÍAZ, Ada María y Fernando Segovia (editores): *Hispanic/Latino Theology Challenge and Promise*, Minneapolis (Minnesota): Fortress Press, 1996.

NEWBIGIN, Lesslie: *The Gospel in a Pluralistic Society*. Grand Rapids (Michigan): Eerdmans, 1996.

LÓPEZ, Darío R.: *El nuevo rostro del pentecostalismo latinoamericano*, Lima (Perú): Puma, 2002.

MALDONADO, Jorge E. y Juan F. Martínez Guerra (editores): *Vivir y servir en el exilio, Lecturas teológicas de la experiencia latina en los Estados Unidos*, Miami (Florida): kairos, 2008.

MÍGUEZ BONINO, José: *Rostros del protestantismo latinoamericano*, Buenos Aires: Nueva Creación, 1995.

PADILLA, C. René. (editor): *La fuerza del Espíritu en la evangelización: Hechos de los Apóstoles en América Latina*. Buenos Aires: KAIROS, 2006.

— (editor): *La Iglesia local como agente de transformación: Una eclesiología para la misión integral*, Buenos Aires: KAIROS, 2003.

PEDRAJA, Luis: *Teología. An Introduction to Hispanic Theology,* Nashville (Tennessee): Abingdon Press, 2003.

RODRÍGUEZ, José David y Loida I. Martell-Otero (editores): *Teología en conjunto,* Louisville (Kentucky): Westminster John Knox Press, 1997.

VILLAFAÑE, Eldin: *El Espíritu libertador,* Buenos Aires: Nueva Creación, 1996.

I have american appointment
today at 1:30 pm

1-800-465-3335